JN160975

山本五十六の真実

連合艦隊司令長官の苦悩

工藤美知尋

潮書房光人社

はじめに

二〇一四年八月一一日（月）と同月三〇日（土）、NHKBS1からスペシャル番組として、夜九時から一〇時五〇分までの一時間五〇分にわたって、『山本五十六の真実』が放映された。同番組はさらにその後、二〇一五年の一月二日朝にも、同じチャンネルから再々放映された。喜ばしいことに、この番組は視聴者から好評をもって受け止められているようである。

私も同番組に解説者の一人として加わり、二〇一五年二月から八月一一日の放映まで半年間にわたって、さまざまな形で協力してきた。

この番組は、NHKのエグゼクティブ・プロデューサーの塩田純氏と井上律氏の制作統括のもとに、「（株）グループアンダリン」（代表・小川道幸氏）の手によって共同制作されたものである。

小川氏のほかに、もう一人のディレクターは渡邊裕鴻氏であった。渡邊氏の五十六に対する強い思い入れがあって、この番組は企画された。このほかにも中富智美氏がプロデューサーの一人として加わって、各方面との対外交渉にあたられた。

私のもとに中富さんより同番組への協力の依頼があったのは、二〇一四年の二月一〇日のことであった。

このとき、私はウィーンに滞在していた。ウィーンは、いまから四〇年前、二四から二六歳にかけて、私が留学していた街である。したがってこの街は、私にとっては第二の故郷とも言える所である。このため私は、毎年二月はじめから一週間ほど、この地を訪れることにしている。

二月一〇日は、ウィーンに到着してから四日目に当たった。前夜はウィーン国立歌劇場で、四時間を超えるドヴォルザーク作曲の歌劇『ルサルカ』を観た。このため深夜の一時すぎにベッドに潜り込むことになった。

日本とウィーンでは、八時間の時差がある。

この日の朝八時ころ、突然、私の携帯電話は、メールの着信を知らせてきた。何事かと思って、ベッドの中で携帯電話のメールを開いてみると、つぎのような文面が表示された。

「こちらはNHKの制作会社の〔アンダリン〕というグループですが、じつは昨年一二月、NHK側から『山本五十六の真実』と題する番組が正式に承認されました。つきましては先生に解説を是非お引き受けいただきたいと思っています。つきましてはご帰国されましたら、早々にお会いしたいのですが……」というものだった。

その後メールと電話で、番組制作の趣旨と狙いについて、担当プロデューサーの中富氏に二、三問い合わせてみると、じつは二〇一一年一一月に光人社NF文庫から刊行した『海軍良識派の研究』と、その二年後の二〇一三年二月に芙蓉書房出版から出版した『海軍良識派の支柱　山梨勝之進─忘れられた提督の生涯』が底本になって、この番組が企画されたことがわかった。

ウィーンから帰国して翌日の二月一七日、さっそく私の事務所に、小川氏と塩田氏、そして渡邊氏と中富さんが訪ねて来られて、私をふくめて五人で、番組の狙いや五十六像などについて、いろいろな角度から二時間ばかり話し合った。

そのときわかったことであるが、いまから二十数年前、渡邊氏はある商船会社で客船のパーサーをやっておられたが、その際、終戦前後に海軍兵学校を卒業あるいは在校中だった方々が還暦を迎えられたことを記念して、東京の晴海埠頭から江田島まで、豪華客船「ふじ丸」で直行し、かつて訓練に明け暮れた江田島の兵学校を再訪するという企画・運営の担当をしておられたのだった。

私はそのとき船中で、『帝国海軍が残したもの―海軍良識派の提督・山梨勝之進』と題して、二時間ばかり講演をした。その際お世話いただいた方が、なんと今回の番組で企画とディレクターを務められた渡邊氏なのであった。

この船には、裕鴻氏のお父上様（穹氏は終戦時海兵七七期・正科生）も船医として乗り込んでおられ、しかも奥様もご一緒だった。したがって私は渡辺様ご一家上げてのおもてなしを受けて、愉快な船旅をすることができた。

以来二十数年間、私たちはお会いすることはなかったものの、渡邊氏は拙著の何冊かを読んでおられ、今回またお声を掛けてくれたのだと言う。じつに奇遇でもあり、海軍研究をしている私にとってはありがたいお話しでもあった。

ここ最近の数年間、私は、「海軍良識派（条約派）」の提督の生き方に焦点を当てて執筆をつづけている。

「海軍良識派」といわれる提督に関連した本を、数冊出してきた。たとえば、『東条英機暗殺計画』『海軍大将加藤友三郎と軍縮時代』『海軍良識派の研究』『高松宮と終戦工作』（光人社NF文庫）、そして『海軍良識派の支柱　山梨勝之進―忘れられた提督の生涯』（芙蓉書房出版）などがそれである。

私がこの「海軍良識派」の提督たちの伝記や研究に狙いをつけたのは、本来、対英米戦争に反対だったはずの日本海軍が、なぜ対米英戦争に同意してしまったのかという問題意識が根本にあるためである。

昭和三年の張作霖爆殺事件から昭和一六年一二月の太平洋戦争の開戦まで、かずかずの謀略と侵略をつづけてきた日本陸軍に対して、唯一対抗勢力となるはずだったのが日本海軍であった。

だからこそ当時、日本の前途を危ぶんだ知識人、たとえば西田幾多郎はじめとする京都学派の教授や、東京帝国大学法学部教授の矢部貞治をはじめとして、そのほかにも慶應義塾大学などから心ある教授の何人かが、陸軍の横暴に歯止めをかけることを期待して、海軍調査課長・高木惣吉少将が主宰するブレーン・トラストに協力したのだった。

もともと日本海軍は、その成り立ちからして、幕末にはオランダ、そして明治に入るとイギリスの指導を受けてきた。したがって日本海軍のDNAは、元来親英米だったはずである。

ところがその日本海軍が、太平洋戦争では、アメリカ、イギリス、オランダを相手として戦ったのはなぜなのか？　いつの時点で、日本海軍は対米英蘭との戦を決意したのか。

こうした問題意識に立って、私は海軍良識派の提督といわれた高木惣吉、山梨勝之進、井上成美、そして今回の山本五十六の思想と生き方を研究してみようと思った。

私は、彼らの生き方や考え方を探ることによって、今日のわれわれの生き方の指針にしたいと考えた。

私は学位論文において、『日本海軍・太平洋戦争開戦原因論』を執筆した。

いまから四〇年ほど前の昭和五〇年当時、日本の研究者のなかで、本格的に日本海軍の研究をしている人はほとんどいなかった。

日本海軍の研究者といえば、東北大学教授の池田清先生や國學院大學の小林龍夫教授、名古屋市立大学の義井博教授、現代史家の秦郁彦教授、同志社大学の麻田貞雄教授ぐらいであった。学界以外では、今回の番組でもコメンテーターを務められた元文藝春秋編集長の半藤一利先生が有名である。

そのほかに、東京大学の伊藤隆先生は、『昭和十年代史断章』（東京大学出版）を上梓されており、それまでのマルクス主義史観とは一線を画した実証主義研究を試みられていた。

私の大学院の修士課程の指導教授は、戦前京都大学教授だった高山岩男先生である。先生は西田幾多郎先生の高弟で、高木少将によるブレーン・トラストに、京都学派を代表して協力された。

したがって戦後も高山先生の研究室には、元海軍省軍務局第一課長だった高田利種大佐などがたびたび訪れていた。

高山先生とお茶をご一緒にした折などは、『太平洋戦争海戦史』（岩波新書）を書かれた高木惣吉少将の名前がときどき出たものだった。

私の博士課程時代の指導教授は、外交史の大家の田中直吉先生であった。

田中先生は、昭和三七と三八年、朝日新聞社から刊行された日本国際政治学会編『太平洋戦争への道』（全八巻）の研究プロジェクトの事務局長として活躍され、昭和期の日本の政治外交に非常に精通されておられた。

また先生は、立命館大学教授時代、石原莞爾将軍が提唱する東亜連盟運動に係わるなど、この時期の日本外交にとても造詣が深かった。

私は高山先生から高木少将宛の紹介状をいただき、田中先生からは、当時市ヶ谷駐屯地内にあった防衛研修所戦史資料室長の島貫武治先生宛の紹介状をいただいた。

以来、私は数年間、毎日のようにこの戦史史料庫に通って、日本海軍の太平洋戦争開戦に関する史料を読みあさった。

当時は、海軍部内で開戦決定に携わっておられた海軍将官の方々が、まだ存命しておられた。

そうした方々の名前を挙げれば、高木惣吉少将をはじめとして、保科善四郎中将、中沢佑中将、高田利種少将、山本親雄少将、大井篤大佐、実松譲大佐、源田実大佐、久住忠男中佐、関野英夫中佐、吉田英三大佐、そして石川信吾氏夫人、陸軍側では林三郎大佐などである。

私はそれらの提督や大佐のお宅を訪問して、直接、太平洋戦争開戦決定に関する話を聞いてまわった。

そうした中で私が知己を得たのが、当時防衛庁防衛研修所戦史室編纂『大本営海軍部・大東亜戦争開戦経緯』の執筆にあたっておられた元海上自衛隊幕僚長の内田一臣海将である。

私が市ヶ谷の戦史史料庫の二階にあった閲覧室に行くと、隣の机で内田先生とその補佐をしておられた中村悌次前海上幕僚長が、『大本営海軍部・大東亜戦争開戦経緯』の執筆中であった。

私と内田先生は、毎日のように顔を合わせているうちに、いつしか話をするようになった。

そんなある日、私が内田先生の机の上に積んである史料に目をやると、『五峯録』と書かれた写真焼きにされた史料が目に入ってきた。

私は『五峯録』が如何《いか》なる史料なのかは、すぐにわかった。それはすでに他の戦史叢書（たとえば『大本営陸軍部・大東亜戦争開戦経緯』）などで、引用史料として多々使われていたからである。

この『五峯録』とは、山本五十六の「五」と、五十六の後継連合艦隊司令長官に就任した古賀峯一海軍大将の一字である「峯」を取って名付けられたもので、両者の書簡や述志などを中心にして、堀悌吉中将と榎本重治氏が編纂したものである。

連合艦隊司令長官として真珠湾奇襲作戦を指揮した山本五十六の胸中を知るためには、欠かすことができない第一級史料である。今回の番組は、この「五峯録」を中心に組まれている。

それまで私は、実際にこの『五峯録』をこの目で見たことはなかった。そこでさっそく私は内田先生にお願いして、これを見せてもらった。

さて、この番組のための私の収録は、実際の放映よりだいぶ前の四月三〇日午後に行なわれた。実際の番組では私はわずか五分ほどしか登場していないが、収録は三時間にわたって行なわれた。

リハーサルなしで五〇問ほどの質問があり、それに間髪入れずに答えていかなければならなかった。結構ハードな仕事だった。

五月中旬、番組制作グループは、大分市にある大分県県立図書館に隣接されている「先哲資料館」や五十六と無二の親友だった堀悌吉の杵築市の生家を訪ね、そこに収められている五十六関係の文書や史料、さらに五十六が書いた数多くの半切などを収録してきた。

それには私も同行させてもらった。

さらに同番組の制作グループは、一ヵ月にわたって、ハワイの真珠湾の米海軍基地やワシントンに赴いて、米太平洋艦隊司令部や米海軍大学校などを収録してきた。

そしていよいよ放映を十数日後にひかえた七月二八、二九の両日、麹町にあるスタジオにおいて、歌舞伎俳優の坂東三津五郎氏と半藤一利氏を迎えて、ナレーション撮りが行なわれた。

この収録には私も立ち合ったが、三津五郎氏が情感を込めて五十六の幾つかの書簡を読み上げるたびに、五十六の生命が吹き込まれるのを感じた。三津五郎氏の、間の取り方、情感を込めた朗読が素晴らしく、私は目を閉じながら、五十六が書簡の中に託したメッセージをじっくりと味わった。

八月に入って私は、数日間大分市に滞在して、先哲史料館を再訪し、「五峯録」をはじめ、未整理の堀悌吉関係史料のいくつかを見せてもらった。

堀関係史料で、これまで整理がついたものは、すでに大分県先哲叢書『堀悌吉資料集（1）、（2）』として平成一八年に出版されている。

なお同館では、その後に出てきた堀関係史料を集めて、『堀悌吉資料集（3）』の刊行の企画を検討されているとのことである。

今回はテレビ番組であったため、映像と、数人の専門家による解説、および三津五郎氏のナレーションと半藤氏のコメントを中心に繋いで、一般の視聴者の方々にも充分理解ができるように制作されている。

ただ放映時間の制約などもあって、今回の番組では充分まとめきれていないところも、じつは多々あったように思う。

たとえば、戊辰戦争の際の長岡藩の悲劇や五十六の生い立ちなどついては、今回の番組では、残念ながらほとんど触れられていなかった。

五十六という人間を解明するためには、私は以下の考察もぜひ必要だと考えている。

（1）五十六が旧長岡藩士の子弟であったこと。および長岡藩家老の山本帯刀家を継承したことが、五十六の生き方にどのような影響をあたえたのかの解明。

（2）五十六が、長岡という裏日本の豪雪地帯で育ったこと。五十六の他人よりも強い情念は、じつは裏日本の豪雪地帯で育った人の特徴の一つであると思っているからである。

（3）彼の実家である高野家が長岡藩の儒学者の家柄であったこととの関係である。五十六の述志や書簡には、漢詩や漢籍が多数挿入されており、それが故《ゆえ》に非常に格調の高い文章になっているからだ。

（4）五十六が、海軍条約派（海軍良識派）の山梨勝之進や堀悌吉から強い影響を受けていることである。このことは、五十六の書簡にたびたび両者の名前が出てくることからもわかる。五十六は、米内海相の下で、海軍次官として、昭和一一～一四年にかけて、日独伊三国軍事同盟に強硬に反対し、その後は連合艦隊司令長官として日米英戦争に敢然と反対している。

（5）日本海軍部内を二分した、いわゆる「条約派（海軍省派、良識派）」と「艦隊派（軍令部派）」の抗争の解説が充分でなかったことがある。

なお「条約派」（私は「良識派」①と呼んでいるが）とは、つぎのように概念づけられると考えている。

①日本海軍の利益にとらわれることなく、日本のナショナル・インタレスト（国益）を考えて行動した日本海軍のリーダー（将官）たちのこと。

②国際政治や国際思潮などを総合的に判断して、海軍政策を立案した将官たちのこと。

③山本権兵衛―斎藤実―加藤友三郎の思想的継承者たちのこと。

④米英協調路線が日本の国益に叶《かな》うと思っていた将官たちのこと。

⑤「常備艦隊」（Fleet in Beinng）、実力を発動しないが、平時は戦略上無視できない牽制艦隊で

よしとする考え方をする将官たちのこと。とはいっても、戦時は「見敵必戦主義」であることは論をまたない。
⑥主力艦に関するワシントン海軍軍縮条約や補助艦に関するロンドン海軍軍縮条約を積極的に評価する将官たちのこと。
⑦財部彪、谷口尚真、山梨勝之進、左近司政三、堀悌吉、下村正助ら、世間から「条約派」と呼ばれた将官たちのこと。
ところが今回の番組では、このへんのことがパネルで図式化されていたため、昭和五年の「条約派」の主な将官が多数予備役に追いやられた問題や意義についての解説が、充分ではなかったように思う。
（6）当然ながらインタビューをした小川氏は、日本海軍と五十六について、充分な知識を持っていなければならない。そうでないと、たとえば、太平洋戦争直前、「連合艦隊司令長官だった五十六が近衛首相に対して、『初めの半年や一年の間は、随分暴れて御覧に入れる』と言ったため、対米戦争を否定しない言質と取られてしまったのではないか？」①などと、これにばかり拘泥《こうでい》した質問になってしまう。
このとき五十六は、「対米戦争をすれば、日本の敗北になるから、絶対すべきでない！」という意味で上記の発言をしているにもかかわらずである。

これでは、文脈を見ずに言葉尻だけにこだわる結果となり、五十六の評価を歪《ゆが》めてしまうことになると思った。

五十六は、明確に海軍条約派（良識派）の範疇に括《くく》られるべき人間である。対米英不戦を心から願いながらも、真珠湾奇襲作戦の最高指揮官に立たされてしまった。ここに五十六の悲劇があった。

太平洋戦を避ける道はじつはあったと、私は思っている。

なぜ日本海軍が、開戦に踏み切ったのかであるが、その原因の第一として、ロンドン軍縮条約締結後、山梨勝之進や堀悌吉など国際感覚に長《た》けた海軍条約派（良識派）の面々が予備役に追いやられた結果、日本海軍の思考にいちじるしい偏りが生じてしまったことがある。

山梨や堀が予備役に追いやられず、その後、順当に海大臣になっていれば、日独伊三国同盟に海軍が賛成するような事はまずなかったはずである。もちろん太平洋戦争もである。

第二に、昭和一六年、五十六を海軍大臣にして、海軍政策決定の中枢に就かせるべきだったことがある。

実際に、五十六を中央に戻そうという運動が密かに進行していた。ところが、このときの海相だった及川古志郎は、自分の地位が脅かされることを嫌って、これを無視した。

時局が緊迫した昭和一六年、八面六臂の活躍をして海軍を避戦へ持って行けるのは、五十六以外いなかった。

五十六には、崖っぷちに立っていても物怖《ものお》じしない度胸と胆力があった。そして五十六を補佐する海軍次官としては、カミソリ的頭脳を持っている井上成美しかいなかったはずである。ところが二人とも艦隊指揮官として前線にあり、海軍の中枢にはいなかった。

私としては、以上のような箇所について、より丁寧な解説がないと、五十六のジレンマや苦悩を充分汲み取れないのではないかと考えている。

今回の番組は、五十六の生き方を映像と朗読で構成した結果、視聴者に対して具体的に印象づけることに成功した。

しかしその一方で、五十六の複雑な胸の内などは、一人の書き手が著述した方が首尾一貫するのではないかとも思った。

拙著では、五十六の生き方と思想を、日本海軍史との関連づけの中で描いている。

なお拙著では、「山本五十六の存念」を中心に書き進めている関係上、「山本五十六」ではなく、単に「五十六」と表記している。

また年齢は満で表示し、年号は読者の容易なる理解を得るうえから、基本的に和暦をもちいている。

以上のことに関して、皆様方のご理解をお願いするしだいである。

山本五十六の真実——**目次**

はじめに　1

第1部

1　生い立ち　25
2　海軍兵学校入学　31
3　日本海海戦　39
4　結婚　46
5　米国駐在　52
6　石油に着目　56
7　長男誕生と欧米視察　58
8　霞ヶ浦航空隊　60
9　駐米大使館付武官　66
10　赤城艦長　67

第2部

11　ロンドン海軍軍縮会議　69
①日本海海戦の大勝利で、大艦巨砲主義と迎撃作戦が固定観念化する　69
②八八艦隊建設へ　76

③ワシントン海軍軍縮会議　79
④加藤友三郎海相の戦略思想　87
⑤補助艦の制限協定を目指して—ジュネーブ海軍軍縮会議　91
⑥ロンドン海軍軍縮会議の開催　93
⑦ロンドン海軍会議以後の五十六　102
12　第一航空戦隊司令官　105
13　海軍良識派の衰退　106
①戦時大本営条例、同勤務令の改定　106
②新軍令部条例、省部互渉規定と井上成美　109
③五十六の親友堀悌吉、大角人事の犠牲となる　115
14　五十六、第二次ロンドン海軍軍縮予備交渉の代表になる　121
15　板ばさみの中で苦悩する五十六　130
16　河合千代子(梅龍)との出会い　135

第3部

17　海軍航空本部長に就任　139
18　日本海軍を支配する大艦巨砲主義　140
19　五十六、海軍次官に就任　147

20 日独伊防共協定強化問題と五十六 150
21 暗殺を覚悟する五十六 161
22 日独伊三国軍事同盟の成立 168
23 三国軍事同盟と五十六 174
24 天皇の憂慮 181
25 連合艦隊司令長官・五十六の深憂 183
26 海軍の立場 187
27 九月六日の御前会議 189
28 東条内閣の出現と開戦決定 200

第4部

29 真珠湾奇襲作戦 206
30 戦術的勝利、戦略的失敗の真珠湾作戦 228
31 五十六の目論見を打ち砕いた開戦通告遅延問題 234
32 革命的な五十六の真珠湾奇襲作戦 237
33 第一段作戦(攻勢作戦)——ハワイ奇襲作戦と軍令部 243
34 南方進攻作戦とマレー沖海戦 246
35 第二段作戦—五十六の焦り 249

第5部

36 珊瑚海海戦 253
37 ミッドウェー海戦 256
38 ガダルカナル争奪戦と第一次ソロモン海戦 267
39 第二次ソロモン海戦 270
40 サボ島沖海戦 273
41 南太平洋海戦 275
42 第三次ソロモン海戦とルンガ沖夜戦 279
43 第三段作戦(ソロモン、ニューギニア守勢作戦)―五十六の死 282
44 五十六死後の太平洋戦争 286

おわりに 291
引用注 293
主要参考文献 301
山本五十六年譜 305
山本五十六系図 307

山本五十六の真実

——連合艦隊司令長官の苦悩

執務中の山本五十六。連合艦隊司令長官として真珠湾攻撃を立案・計画し、作戦を成功裡へとみちびいた。

昭和16年12月21日、連合艦隊旗艦「長門」艦上で撮影された連合艦隊司令部職員。前列左から３人目が五十六、４人目が嶋田繁太郎海軍大臣、その隣が宇垣纏参謀である。

大正12年のワシントン会議後、欧州を一巡したのちに米国のオレンジ油田を訪れた五十六（左から２人目）。

二次ロンドン会議予備交渉のため、ロンドンに到着した代表団（前列中央が五十六）。

グローヴナー・ハウス事務室における山本代表。英国滞在中の昭和９年11月15日に中将に進級した。

南東方面艦隊の指揮所前で搭乗員を激励する五十六。生前における最後の写真といわれている。

ラバウルを出撃する零戦を見送る五十六。消耗あいつぐ最前線将兵の士気の鼓舞にあたった。昭和18年4月11日の撮影。

五十六の生家。新潟県長岡市に生まれた五十六は努力をかさね海軍大将にまでのぼりつめた。

長岡市悠久山蒼柴神社には河井継之助と山本帯刀の碑がある。小千谷会談における河井の精神は、五十六に大きな影響をあたえた。

昭和18年4月18日、ブーゲンビル島方面に向かった五十六は米機の迎撃により乗機を撃墜され戦死した。写真は6月5日の国葬。

写真提供／雑誌「丸」編集部

第1部

1　生い立ち

山本（高野）五十六の実父の高野貞吉《さだよし》は、安政年間から亡くなる（大正二年二月）一年前の明治四四年まで、丹念に日記を付けていた。

明治一七（一八八四）年四月四日付の欄、すなわち五十六が誕生した当日のことを、貞吉はつぎのように記している。

「明治一七年四月四日、晴、甚五郎来り、殺生約束。又小原隠居来り囲む。二戦目妻虫気づき、両人退散。産婆迎に参る。正午出産。男子なり」①

ここに出てくる甚五郎という人は、高野家に出入りしていた貞吉の囲碁相手のことである。また小原翁とは、長岡裁判所の小原直《なおし》検事（のちの内相、司法、厚生相などを歴任）の父のことで、会津藩出身のご隠居であった。「殺生」とは魚釣りのことであり、当時、戊辰戦後の貧困に苦しむ旧長岡藩士たちは、生活の足しにすべく魚釣りをして食料にすることが流行《はや》っていた。

甚五郎、小原の両人が早々に退散すると、さっそく貞吉は産婆を迎えにやった。そしてしばらくすると産声高い男子が誕生した。

このとき貞吉はすでに五六歳に達していたことから、この「恥っかき子」に対して「五十六《いそろく》」と命名した。

それから三〇余年が経った大正四（一九一五）年五月一九日のことである。この日は長岡城落城の日にあたっていたが、とくにこの日を選んで、五十六の山本帯刀家相続の儀式が行なわれた。このとき五十六は満三一歳だった。

山本帯刀家は長岡戦争の際、逆臣の汚名を着せられて、長らく断絶していた。こうしたことから継承すべき財産などまったくなく、五十六が相続したのは墓と古ぼけた裃だけだった。

この裃は現在、新潟県長岡市福住にある日本互尊社・如是蔵《にょぜぞう》博物館に展示されている。

この年の一二月一三日、五十六は海軍少佐に昇進した。そして翌大正五（一九一六）年九月二〇日、五十六は、正式に戸籍変更の手続きをすませ、高野から「山本五十六」と姓名を改めた。

五十六の実家の高野家は、長岡藩（牧野氏七万四千余万石）の儒学者兼槍術師範も兼ねた家柄で、永貞に至ってその名を残した。永貞こと通称秀右衛門は栄軒と称し、禄は百二十石であった。学問に優れ、家老である山本精義とは唇歯の交わりを結んで、ともに藩主忠精を助けた。

秀右衛門から三代下った秀右衛門《しゅうえもん》は、戊辰の役のときはすでに七三歳の高齢に達し、秀山と号していたが、五月一九日、西軍が長岡城下に迫るや、家人の退去の勧めを肯ぜず、一人邸内に踏みとどまった。和銃をもって西兵を狙撃したが、奮戦の最中肩先を切られて壮烈な戦死を遂げた。

当時、遠方に出陣中だった貞吉は、義父の遺骸を手厚く葬りたいと思って、百方手を尽くして探したものの、ついにそれを果たすことは出来なかった。

貞吉は、「父上様御遺骸を求めて得ず、御遺しおかれし、御歯を以て長福寺に葬り候事、金二両と紋付綿入を和尚に遣わす」②と、その無念な気持ちをその日記に綴った。

貞吉は、もともと高野家の人間ではなかった。

長岡藩の長谷川家より出て、高野家の婿養子として長女の美保と結婚、しかし美保が死亡したため、下の妹の美佐と結婚した。

美佐との間には、譲、登、丈三、惣吉の四人を享けた。譲（維新後官途にのぼり、北海道樺戸監獄の初代看守長になる）には、明治九年生まれの力、明治一二年生まれの京、そして明治一七年生まれの気次郎がいた。

ところが、この美佐も他界したため、今度はその妹の峯と三度目の結婚をした。そして、継、慶応二年生まれの加寿、明治一二年生まれの季八《すえはち》（後年〔きはち〕と呼ばれる）、そして明治一七年生まれの末子の五十六の四子を得た。

力は、高野家の長男・譲の長男で、当主になるべき人だったため、譲が北海道へ赴任して不在の間は、祖父の貞吉が預かって育てた。

高野家のこのような入り組んだ家系は、今日の日本ではほとんど見られないが、ともあれ五十六よりも甥の力の方が、八歳も年上という奇妙なことになった。③

力はきわめて優秀で、長岡学校（のちの旧制長岡中学校）の学力試験ではつねにトップにあり、高野家の期待を一身に集めていた。

長岡学校を卒業した力は上京して、貞吉の妹の子である野村貞《ただし》海軍大佐（のちに中将）の家に下宿して医学を学んでいたが、不幸にも明治三〇年に結核のため他界した。

力の死に激しく動揺した貞吉は、五十六に向かって、「お前は高野家にとってはどうでもいい存在だ。力に代わってお前が死んでくれたらよかったのに……」と激情に任せた言葉を発してしまった。この貞吉の言葉に、五十六少年の心は大いに傷ついた。④

五十六が恩師と仰いだ渡部《わたなべ》与《あたえ》は、それを聞いたとき、「なんとむごいことを……」と感じたという。

高野家の子供たちの集合写真は、明治一二年生まれの兄の季八が歯科医になることを目指して上京するため、記念写真を撮るべく、明治二五（一八九二）年、五十六が阪之上小学校三年生だったとき、一八歳も年上の姉の加寿《かず》に連れられて、長岡の遊郭街にある藤田写真館に行ったときのものである。

甥の力も仲間に入って、都合四人で撮った。家計が逼迫しているなか、加寿が写真代を工面してようやく撮ったものだった。このとき加寿は貞吉も誘ったが、武士の面目にかかわるとする古武士然とした貞吉を、説得することができなかった。

ところで季八という名前の由来は、「すえっぱち」という意味である。長岡地方では、余計者という意味で使われていた。この意味からするならば、さしもの五十六の名前は「さらなる余計者」という意味になるのであった。

年の離れた末弟は、姉や兄から見れば可愛い存在だったが、しかし五十六から見れば、余り者の末っ子の悲哀ということにも繋がった。

五十六が海軍を志望した最大の理由は、戊辰戦争に際して長岡藩に着せられた逆賊の汚名を晴らしたいという長岡藩士なら誰でも心に秘めていた宿願があったからである。

慶応四（一八六八）年五月から二ヵ月つづいた長岡城攻防戦は苛烈をきわめ、多くの藩兵が傷つき斃れ、長岡城下は廃墟と化した。

小原直著『小原直回顧録』には、長岡藩士本富栗林が記したつぎの一文が挿入されている。

「弾丸黒子の小城を以て、西南雄藩の大兵に抗し、一旦敵手に委したる城砦は再び之を回復し、其の破るるに及んでは遠く会津に合し、会津亦敗るるや去って米沢に入る。米沢既に降る。即ち去って仙台に至れば、仙台も亦既に降伏せり。敗戦の兵を以て百里に流離す。或は老弱病弱を扶助し、飢寒を冒し、困苦を忍ぶの状、今日到底想像の及ばざるものあり。殊に婦女子の身を以て、難を未知の山中に避け、幾度か生死の間に出入りし、僅かに其の夫の残骸を求め得たるが如き惨事は一にして止まらず」⑤

この一文を読めば、長岡藩士の塗炭の苦しみぶりを充分理解できよう。

結局、長岡藩は新政府軍に降伏したものの、敗戦の屈辱は薩長藩閥政治への反発となって、長岡人の心に深く沈殿した。この屈折した感情は、今日に至るまでこの地の人々が抱いているところのものだと思っている。

長岡人にとっての最大の誇りは、陥落した長岡城をふたたび奪還した「八町沖渡河戦」だった。これは長岡藩軍事総督の河井継之助が編み出した奇襲であったが、用意周到の準備ののち、小勢で敵の本拠地を衝くというこの作戦は、のちに五十六が策定した真珠湾奇襲作戦に相通ずるものがある。

高野家では、祖父の秀右衛門のほか、父の貞吉と二人の兄・譲（当時は楯之進と称す）と登が参戦した。貞吉は重傷を負ったため戦線から離脱し、その後、会津や東北を流浪し、筆舌に尽くし難い辛酸を嘗《な》めた。貞吉が家族とともにようやく焦土の長岡城下に戻ったのは、明治元年一一月のことであった。

しかし戦火のため、すでに家屋敷は焼失していた。当時の高野家は貧窮のため、三度の食事にもこと欠く有様だった。

明治二年、貞吉はその狂詩に、「雪を侵して来り攻む掛取りの敵、玄関に防御、余程長し。到頭追い払い愉快極まる。憚りながら近頃戦場に狎《な》る」と自嘲した。

戊辰戦争の敗北の状況下で再興された長岡藩であったが、将来に繋げようとする新たなる提唱もあった。それは大参事小林虎三郎が唱える教育第一主義の尊重であり、「米百俵の精神」の作興であった。

明治三年五月、支藩の三根山から見舞い米百俵が贈られて来たが、食料に供することなく、これを売って、将来長岡の地を復興する人間を育成する学校設立の資金に当てることにした。誇り高い長岡藩士の気概を表わしていた。

この「米百俵」によって出来た学校が、のちに五十六の母校となった阪之上小学校や長岡中学校であった。

この長岡藩の「米百俵」運動を原資とする長岡社の奨学金によって、五十六はかろうじて中学校へ進むことができた。こうしたことから五十六は海軍に入ってからも、郷里への恩義を決して忘れることはなかった。

藩政期の中頃、「常在戦場の精神」を藩士間に昂揚させたのは、五十六の祖先であり儒学者であった高野栄軒・余慶の親子であった。そしてこの方針を断乎支持したのが、当時の家老の山本老迂《ろうう》斎《さい》だった。大正五（一九一六）年、五十六が、家系が絶えていた山本家を継いだ背景には、このような歴史的背景があった。

五十六の生家は、玉蔵院の一角に建つまことに粗末な家屋だった。現在、山本五十六公園の中に建っている生家なるものは実物ではない。後年復元されたものであり、如是蔵博物館の掲げられている水島爾保布画伯の絵画と比較すると、実際はもっと小さくみすぼらしかったようだ。

当時は五〇〇坪ほどの細長い敷地の中に、寂しく建っていた。かつてはここを中心に堀が廻らされており、それを取り巻いて士族屋敷があった。

戊辰の役で長岡藩は、一度敗れ取り返したものの、また敗れた。焼け跡となった土地に、窮乏の五十六一家がかろうじて建てたあばら家だった。

少年時代の五十六には、早くにこの世を去った力に代わって高野家を背負って立つのは自分であるという立身の自覚が芽生えていた。

五十六の大好物は、この地方独特の水饅頭であった。これは五十六が極貧の中で育ったことと無関係ではなかった。今日の長岡ではお目にかかれない代物である。

この水饅頭は、普通のものより平べったい形をしていた。この粗末な饅頭を、高野家では、冷たい水を満たしたどんぶりの中に浮かして、そこにたっぷりと砂糖を入れて、スプーンですくって口の中に入れた。

五十六が帰郷するたびに、長岡で歯科医院を開業している季八夫婦は、かならず水饅頭を用意して、五十六をもてなしたものだった。こうした粗末な水饅頭を最大の馳走とする家庭の中で、五十六は育ったのである。

2　海軍兵学校入学

前述したことだが、五十六の叔父（父貞吉の妹・貞子の夫）に野村貞《ただし》という海軍少将がいた。

この野村は長岡藩の家老・河井継之助を叔父に持ち、戊辰戦争の際の鳥羽伏見の戦では、薩長軍を相手に砲兵隊長として勇名を馳せた。しかし結局、敗北した。

その後、野村は、近藤真琴が主宰する海軍予備校の攻玉舎（現在の攻玉社学園）に学んだことから、誕生間もない東京築地の海軍操練所（明治三年海軍兵学寮、同九年海軍兵学校に改称）に少得業生算術教授として出仕し、当時幼年生徒だった山本権兵衛（二期、大将、大臣、首相）らを教えた。

日清戦争で野村は、高千穂の艦長（英、巡、三七〇九トン）として活躍し、戦後は初代竹敷要塞部司令官などを歴任したが、明治三三（一九〇〇）年五月、呉鎮守府艦隊司令部在任中に病没した。このとき五十六は、長岡中学校四年生だった。

明治維新において朝敵の汚名を着せられて没落した高野家にとっては、野村の存在は希望の星であった。

明治三四（一九〇一）年一二月、五十六が一七歳のとき、海軍兵学校三二期生として、第二席という非常に優秀な成績で海軍兵学校に入校した。

当時、海軍兵学校は、明治二一（一八八八）年八月に東京の築地から広島県江田島に移転してから、一三年経過していた。英国人技師のジョン・ダイアック設計による赤レンガ生徒館が建てられてから、八年目にあたった。

江田島は、帝国海軍将校の揺籃の地にふさわしい島であった。

昭和七年から三年間にわたって兵学校で英語教師を務めたセシル・ブロックは、『英国人の見た海軍兵学校』の中で、この地を「江田島という島は、ほぼY字型をしている。兵学校は、ほとんど完全に陸で囲まれた江田内という湾を見下ろすYの字の分枝の内側に位置している。兵学校の塀の外には、どちらかと言えばみすぼらしい様子をした江田島の町がある。この町の外観と校庭内の秩序を象徴する雰気とは著しい対照を成している。

この島の大部分を占有する古鷹山の麓に近い傾斜には、沢山の段々に作られた稲田及び蜜柑畑がある。古鷹山の頂上から見下ろした兵学校の景色や、ここから眺めた瀬戸内海の姿は、こよなく美しいものである」①と叙情的に描いている。

当時（明治三四年度）の全国公私立普通中学校の卒業生は、わずか九四九六名だった。兵学校の定員二〇〇名採用に対して一七〇四名が応募してきたから、単純計算すると、この年の中学卒業生の一八パーセント、約五人に一人が志願した勘定になる。倍率は八・五倍で、合格率は一一・七パーセントという超難関だった。

ちなみにその年の陸軍士官学校は四・〇倍（志願者二〇二三名、採用五〇四名）、帝国大学（当時は東京と京都の二校だけ）に進学を保証されていた旧制高等学校（一高・東京から七高・鹿児島）と山口高の八校の倍率は、三・〇倍（志望者四九六七名、合格者一六三四名）だった。②

当時、全国の優秀な頭脳と心身堅固な青年がこぞって挑戦したのが、この海軍兵学校であった。したがって、兵学校に合格者をだすことは、旧制中学校にとっては非常な名誉とされた。

代数、英文、漢文の三科目のふるいおとし方式で行なわれ、残りの科目にも及第点を獲得した四〇〇名中、上位二〇〇名を採用予定者として、明治三四年九月一一日付の官報に発表された。

五十六の成績は、代数七九、算術一〇〇、幾何九七、三角九五、漢文七〇、作文九〇、英文和訳七八、和文英訳七一、文法六二、総計七四九点であった。

ちなみに第一席は、塩沢幸一（長野県出身、大将、航本部長、佐世保鎮守府長官、横須賀鎮守府長官、生家は養命酒本舗として有名）で、のちに五十六の生涯の友人となる堀悌吉（大分県出身、中将、軍務局長）は第三席、四五席に吉田善吾（佐賀県出身、大将、ＧＦ長官、大臣）、五〇席に嶋田繁太郎（東京出身、大将、呉鎮、横鎮、大臣）がいた。

後年、五十六自身が記した「履歴一班」には、つぎのようにあった。

「三四年一八歳四月、中学校卒業、兵学校入学試験を新潟に受く。同級立川七郎君。佐藤六平君同行三名入学す。（中略）

身体検査記憶　体重一二貫三百（入校時一二貫八百、〈四六・一kg〉）。肺活量三八五〇、身長五尺二寸五分＝〈一五九cm〉）。握力右四五、左四三」③

このように五十六は、身丈（一六〇cm弱）は大きくはないが、運動神経に秀でた俊敏な少年だった。

五十六は、兵学校入学を機に念願の上京を果たすべく、東京から江田島に行くことにして、入学前の一ヵ月間、兄丈三の家に世話になった。

明治三四（一九〇一）年一二月一二日、五十六は丈三らに見送られて始発列車で新橋駅を出発し、神戸で、当時は民営だった山陽鉄道に乗り換えて、広島に到着した。そして宇品港から渡し船に乗って江田島に渡った。このときの五十六の出で立ちは、檳榔子《びんろうじ》の紋付羽織に黒袴姿だった。

出発から丸一日経った一二月一三日、五十六はようやく江田島に着いた。

翌一二月一四日午前、兵学校では、米内光政や高橋三吉などがいる二九期の卒業式が挙行された。ただし五十六ら新入生は、その外側だけの見学が許されたにすぎなかった。これは例年のことだが、五十六たちにはまだ正式に海軍兵学校生徒に命じられていなかったためである。

この間、軍服の試着や仮縫いがあり、また指導教官から、入校にあたっての細かい注意などがあった。

一二月一六日、五十六ら新入校生は分宿していた旅館を引き払い、午前九時に校門前に集合した。その後、下士官教官の案内で浴場《バス》に行き、いわゆる娑婆の垢を洗い落とした。

五十六の表現によれば、このバスなるものは、「一間余四方、深さ四尺五寸（約一五〇㎝）ばかりの石の湯船が二つ、まるで地獄の人煮の釜の夫れのごとく並んで居ります」という代物だった。

五十六たち新入校生は、それまで着ていた衣服の一切を洗濯袋に詰め込み、下着から通常軍服のすべてを官給品に着替えた。

兵学校教育の一つに、縦割りの分隊編制があった。これは各学年混在で最上級生徒がある程度の権限を持って下級生徒を指導するという一種の自治方式だった。

翌一七日午前一〇時から赤レンガ生徒館前の練兵場で入校式が行なわれた。校長は河原要一少将で、校長が兵学校出身者になって二代目だった。

新人の三二期生は、第九から第一二の四個分隊に配属された。第九分隊の先任生徒は第一席の塩沢幸一で、第二席の五十六は第一〇分隊の先任生徒となった。

分隊監事の古川鈊三郎《しんざぶろう》（二一期クラスヘッド、中将）は、そのころの五十六について、つぎのように回想している。

「自分は山本生徒の編入された第二分隊［第一〇分隊］の監事として、新入生に衣食住のことから海軍軍人としての心構えなどについて手ほどきをしたのですが、山本生徒は寡黙で少しも飾り気なく、いかにも真面目で、しかも底力のある青年で、その態度や動作など、今日でも彷彿たるものがあります」

このように当時の五十六は、周囲から寡黙で真面目な生徒と思われていた。

五十六の入校時、学科教程の改正が行なわれ、第一学年はつぎのようなカリキュラムになった。

［兵学科］

砲術―銃隊・野砲・艦砲―四　運用術―艦船の種類・艦体の名称・船具用法・端舟運用―三（合計七）

［普通学科］

外国語―英語―九　物理―力学および物理・熱・音・光―三・五　化学―無機・有機―二　数学―幾何（平面・立体）・平面三角・代数―六・五（合計二一）

このときの改正のポイントは、英語の時間の増加であった。改正前では、一学年六、二学年五、三学年では三・五の合計一四・五だったものが、それぞれ九、七、七の二三と、約六〇パーセントも増加した。

教育本部長から河原校長宛訓令では、「英学（殊に語学）は現時の儘にては不充分なるが故に現時規定一時間を約二倍に増加すること」となっていた。この狙いとするところは、三〇期以降の生徒の増員による語学力の低下したことの対策であった。

しかし兵学校側としては、英語の時間を二倍にすることは他の学科との関係からして無理だったため、六〇パーセント増加に止めることにして、その代わり教授法を改良することにした。

このころの兵学校では、英語は英語の時間だけで習うものではなかった。数学、物理、化学、力学、電気工学などの基礎普通学から機関術、運用術などの兵学まで、教科書はすべて英語で書かれていた。

また、それまで普通学と兵学科の授業時間数の割合は三学年合計で、四九対五一とほぼ同数だったが、この改正でその関係は五五対四五と逆転した。

しかし配点は二七対七三となり、やはり兵学科、軍事学が普通学にくらべて三倍ちかくを占めた。④ところが五十六は、慣れない兵学校生活でリズムを崩してしまい、入校後最初の定期試験で不覚を取った。

二学年の夏季休暇の後、兄季八に宛てた手紙には、つぎのように書かれていた。

「かかることは、口にするのも好まざるところに候が、春期なる昨年（明治三五年）五月の試験には、其時の位置（二席入校、第一〇分隊先任）に比し非常なる不成績を得て、多分多人の笑を買い（しかし一人の友を得）候。

小弟は勿論試験が人の優劣をあらわす為のものにあらざると信じおり候へしも（まけ惜しみながら）、校中、上校長より下一般に至るまで試験を見る実に重きに過ぎ、一点にても少なきものは、一点だけ愚かなる者の如く扱はるる残念さに、今後の半期（後期学年試験）だけは、少なくとも九〇パーセント以上得て見せんと決心致候」⑤

海軍士官の出世は、兵学校の成績いかんで決まったから、生徒たちは皆必死になって勉強した。兵学校の序列は、入校時から卒業に至るまで、すべて成績得点で決められていた。後期試験で五十六は、汚名挽回と懸命に頑張って平均九〇点以上を取った。

五十六が「一人の友を得た」と書いたその生徒とは、以後生涯にわたって心を許す友なる大分県杵築市出身の堀悌吉のことであった。

作家の阿川弘之氏の『山本五十六』には、五十六が代表を務めた昭和九年、ロンドン軍縮条約予備交渉に同行した海軍省顧問の榎本重治の言として、「長岡のがむしゃらな田舎武士の山本を、あそこまで飼いならし洗練させたのは、結局堀の力だった」としている。

五十六が兵学校三年生のとき、同室に河野通徳という同級生がいた。ところが、その河野は卒業試験直前チフスに罹《かか》ったため入院せざるを得なくなった。

見舞った五十六に対して河野は、「自分は不幸にして病を得たため、学校の講義を聞いてノートを取ることが出来ない。そうすれば、本年の卒業試験では例え全快だとしても、受験は不可能だ」⑥と嘆いた。

河野の嘆きを黙って聞いていた五十六は、彼が入院していた期間中の講義をすべてノートにとって、河野のノートに写してやった。

退院後、このノートを見た河野が五十六に礼を言おうとすると、五十六はあくまでも、「俺は知らない」と言い張った。このように五十六は、雪国育ちの人間らしく人一倍情に厚い青年であった。

江田島の兵学校では、新潟県出身者が集まって兵学校付近の民家を借りてクラブを作り、日曜日ごとにこのクラブに集って、一週間の憂さを晴らした。

片岡廉は当時最上級で、新潟出身者のリーダー格であったが、当時の五十六について、つぎのように語っている。

「下宿に集まると、よく酒を飲んだものだ。しかし酒買いに行くことは皆が嫌がってなかなか腰を上げない。その時いつも元気に、『よし俺が買って来る』といって、一番嫌な役を引き受けるのは高野五十六君であった。高野君は酒は絶対に飲まぬにもかかわらず、大きな貧乏徳利を持って、酒買いに出かけたものだ。また甘党には江田島名物の羊羹がある。日曜には全校の生徒が一度に買うのであるから、羊羹屋の製造が間に合わぬ。買いに行った者はなかなか長く待たされる。その嫌な役もまた高野五十六君がほとんど一人で引き受けていた」⑦

裏表のない五十六の素直な性格は、周囲の人間から大いに好感を持って受け止められたようである。

このころ五十六は、キリスト教などの宗教面にも関心を見せている。これは長岡時代、貞吉が五十六をはじめ子供や孫たちを、当時この地に在住していた米人宣教師ニューエル牧師のもとに出入りさせていたこととも関係していた。

明治二三年一〇月二六日付の貞吉の日記には、「五十六、耶蘇へ行く」との記述が見える。

兵学校在学中のとある日曜日のこと、例によって新潟県出身の生徒が集まるクラブと称する下宿の部屋の片隅で、五十六が黙々バイブルを読んでいた姿が目撃されている。

明治三七年一一月一四日、五十六は優等な第一一席の成績でもって兵学校を卒業した。首席は、五十六の親友の堀悌吉だった。ちなみにこの堀は、兵学校はじまって以来の超秀才と言われた。

兵学校の卒業席次、いわゆるハンモック・ナンバーは、その後の海軍軍人として昇進に決定的に影響した。

普通、海兵卒の士官は、まず艦隊で砲術、水雷、通信などの訓練を受け、大尉のころ、砲術学校、水雷学校などで専門科目を学び、ふたたび実戦部隊勤務の後、成績優秀な者は、海軍大学校を受験し、合格し、卒業すると、参謀、先任参謀、参謀長、司令官となる。そして艦隊司令長官、あるいは通称「赤煉瓦」と言われる海軍省、軍令部の参謀から艦隊参謀を歴任し、軍令部次長、総長への道を歩んだものだった。

そこでハンモック・ナンバーの秘められた効果についてであるが、二人の司令官が同期生で海大卒業者の場合、海大の成績は関係なく、ハンモック・ナンバーの上の者が指揮官になった。

この順位は、「軍令承行令」という規則で早くから決められていた。したがって、二人の司令官のうち、一人は海大を優等で卒業し、実績を挙げている提督で、今一人はそうでもなくとも、たとえばラバウルという基地で一緒に作戦に従事するときは、ハンモック・ナンバーの上の方が指揮官になった。

海軍では、陸軍における陸軍大学校卒（いわゆる「天保銭組」）のようには海軍大学校出身者をさほど重視しなかったため、海兵卒業席次、いわゆる「ハンモック・ナンバー」が昇進に大きく影響した。

昇任に際しては、クラスをだいたい卒業席次順に数グループに分け、後のクラスの選別者を、前のクラスの中に割り込ませる抜擢制度をとったが、個性的・独創的な人物は敬遠され、大勢順応型が重用される傾向が強かった。

またクラスヘッドが重視され、下のクラスのトップが、上のクラスのトップを超えて昇進することはなかった。

数学を飯より好んだといわれている井上成美（昭和一八年〜一九年、海軍兵学校長。その後、海軍次官、海軍大将）は、兵学校三、四年間の成績が、卒業後二五年の勤務成績に匹敵するほど大きい影響をあたえていると指摘している。

海兵や海大の卒業成績の上位者は、将来日本海軍の中核となる人材となることを期待されていたため、欧米諸国などに駐在武官として派遣され、その後、海軍省や軍令部の主要な部署に配置された。

3　日本海海戦

明治三七（一九〇四）年一一月一四日、五十六は海軍兵学校を卒業し、海軍少尉候補生に任ぜられた。時に五十六は二一歳だった。

ただちに練習艦・韓崎丸（一万五〇〇〇トン）に同級生全員と乗船することになった。なお、この韓崎丸は、日露開戦直後、釜山沖で捕獲したものであった。

この年の二月五日、日本とロシアは断交した。二月一〇日に宣戦の詔勅が下り、日露開戦となった。

明治三八（一九〇五）年一月三日、五十六は、装甲巡洋艦・日進（伊、七七〇〇トン）に配乗を命ぜられた。乗艦を前にして、五十六は写真を撮り、広瀬武夫中佐が閉塞作戦出陣に際して詠み遺した、つぎの『正気ノ歌』の冒頭二行を記して、長岡の両親に送った。

「死生命あり、論ずるに足らず。鞠躬《きつきゅう》唯まさに、報至尊（天皇につつしんでむくいる）」

五十六は、在満野戦部隊の兄季八宛に、「恭賀新年、四日乗船多忙の為今日に至る。多謝。阿兄幸に健全に候や。弟無事益々御忠勤を祈り奉る。弟将に飛躍の時を得んか一月二〇日、遅ればせながら御昇進を賀し奉ります」①と記した絵葉書を送り、自分の所信を明らかにした。

三月一〇日、奉天が陥落した。

五月一八日、バルチック艦隊が日本近くに来航したとき、五十六は両親に対して、その覚悟を記した下記の書簡を送った。

「拝啓仕候。御両親様益々御壮健欣賀候。偖《さて》五十六儀待ちし時到来致し、愈々決戦以て君国に報ずるの栄誉を得んとするを欣喜致居候。一死公に報ずるは武夫の分、素より期し且つ希う所、幸に正義の軍に従うて国難に殉ずるの故を以て、二〇年来訓育の御鳳恩其萬一を報ずるに値せば、亦安んじて瞑せんのみ。生きて記せる愚翰の膝下に馳するの時は少子既に殉国の誉を担うて先輩を海底に追うの時に御座候。

恐惶謹言

明治三八年五月一八日午前一時　　五十六

父上様

母上様」

五十六の初陣の日の前後のことを、貞吉はその日記に書いている。

「五月二七日、烈風晴。海戦。死百余傷四百余〆五百余。

五月二九日、快晴。海戦初めてなり。三日間の海軍大戦闘の結果、敵の戦闘艦四、巡洋艦七、駆逐艦四、敵艦を殆ど全滅せしめたり。二六隻撃沈。右に付き神酒を供え国旗提灯。

五月三〇日、快晴。今日公報来る。敵の艦四隻、都合二〇隻計り捕獲。夜八時、佐世保官報、日進より来る。『二七日沖ノ島付近大海戦負傷す。生命に関せず』又半時計り後れ海軍人事局より官報電信にて『重傷』とあり。

妻平潟神社へ参詣、神仏へ燈明を点ず。

かずへ報知、お京へ手紙、明朝田中と丈三へ手紙、季八も同じ、水饅頭を喫す。

五月三一日、快晴。右に付、かず、えつ、りき、来る、ブドウ酒を貰う」

海軍省からの「五十六重傷」の報せを受けて、長岡の実家に親戚・兄弟が慌しく集まったことがわかる。

この日（三一日）貞吉は五十六に対して、見舞いの手紙を出した。

「本月二七日、日本海の海戦は空前重要の大劇戦にして、而かも敵艦殲滅の大捷利は誠に国家の至慶なり。愛児之に参加して負傷せし事は、官報に於いて正に拝承せり。怕うに一死決然自他共生還を期せざる所、創傷豈に言うに足らんや。雖然前途尚ほ甚だ遠し。此際悠々加療して与に終局の大成功を見んことを切望す

明治三八年五月三一日　　　　　　　　　　貞吉外親類

五十六殿

追て当方一同健全なり。心胆を動かすこと勿れ」

さらに貞吉の日記には、つぎのように記されている。

「六月一日、快晴又曇。午後人事局より電報『ユビ二本切断シ右足ニ大ナル傷アルモ心配ヲ要セザル旨佐世保病院長ヨリ昨日報知アリタリ』海軍省人事局長。

六月二日、快晴。人事局に御礼電報す。

六月三日、軍艦日進候補生高野五十六自筆手紙来る」②

この五十六の自筆の手紙とは、先に五月一八日、鎮海湾にあった日進艦上からその遺書を長岡の両親のもとに送ったものであった。

日本海海戦における日進艦上における奮戦振りについて、五十六自身はつぎのように記録している。

「五月二七日、余は夜半の一二時より二時迄の見張りを終わり吊床に入りて一睡するや、耳元にて夢の如く幽かに『敵見ゆ』の声を聞けり。当時夢に敵艦隊を見る事縷々なりし為、又夢ならんと思う瞬間、更に大声『艦長艦隊見ゆの無線電信がありました』。ガバと決起して見れば夢か夢ならず。同僚の一候補生が艦長に報告せる所なりき。

嗚呼欣喜何か之に譬へん。兵学校三年の苦学僅に了りて、三七年一二月卒業となれば既に旅順は陥落し、敵の東洋艦隊は全滅し、無念至極と腕を撫するの時、敵は来れり。敵の大艦隊は来れり。豈快哉を叫ばざるを得んや。倉皇上甲板に上がれば、各艦は既に至急点火をなし、黒烟濛々として満天を蔽い悽

壮快絶言はん方なし」

戦を前にして、嬉々として武者震いしている五十六の姿が見えるようである。一文はつづく。

「午前一〇時に至れば、艦長竹内大佐総員を甲板に集め、最後の訓示をせらる。曰く『一同の待ちに待ちたる敵艦隊は既に間近く進み来れり。彼と一大決戦を行ひ、国運を賭して勝敗を一挙に決するは二、三時間の後に迫れり。然れども憂ふる所勿れ。神の如き東郷大将は彼（三笠を指し）在り。而して一同は多く既に旅順方面大小幾多の海戦に参加せる歴戦の勇士なり。況や今日迄鎮海湾にありて日夜大砲に水雷に熟練を重ねたる其磨き上げたる妙腕を示すは実に今日に在り。バルチック艦隊何の恐るる所あらんや。宜しく沈着冷静に。故国を仰げば畏くも。天皇陛下を始め奉り、国民上下挙げて我等の戦捷を祈り給はん。我等豈此の重圧をかんせいせざるべけんや。いざ謹みて、天皇陛下の万歳を奉唱せん』と」

日進艦長・竹内大佐の檄に、五十六ら乗組員一同は大いに奮い立った。

五十六の記録はさらにつづく。

「かくて時々刻々敵艦隊は接近するを知り（無線電信にて）、『腹が減っては戦は出来ぬ』の譬あれば、一〇時五〇分昼食をなし、白飯を給し菓子を与ふ。余はこれ二一歳の初陣死後に於て愧無からんと、新鮮なる衣服に着換へ父母の写真を懐に収め、召されて候補生一同司令官室に至り。

両陛下並に皇太子殿下の御真影を拝したる後杯を挙げて戦捷を祈り、陛下万歳を奉唱したる後、各自の武運長久を祈り、士官次室に退く。ここにて最後の会食頗る壮快。一一時半に至れば生別死別を期せる堅き握手に笑みを含み、互に分かれ分かれて配置に就き、余は艦長伝令として最上艦橋に上り、今や遅しと敵艦隊の出現を待つ。

時正に午後一時四五分濛気稍薄らぎし間より忽然として敵の艦影を認む。一隻亦一隻蜒蜿遠く連なりて尽くる所を知らず。限界に入れる総数凡三〇余隻、実に堂々たる大艦隊なり。

此くと見るや三笠の檣頭『サッ』と翻る大戦闘旗、続いて各艦之に倣ふ。旭旗高く青空に翻るの様凄絶なり。

大将何をか命ぜらるると刮目して三笠を見てあれば、一流の彩旗翩々として揚がる。何の信号ぞ曰く。『皇国の興廃此の一戦に在り。各員一層奮励努力せよ』

艦長大呼して之を総員に告ぐれば、志気益々旺盛、戦はずして既に敵を威圧せるを見る」

五十六が重傷を負ったときのことは、自身でつぎのように述べている。

「時正に六時五〇分。夕陽西に傾きて終日の激戦に於いて勝敗全く定まり、昼戦其終わりを告げんとする時、巨弾一発、轟然として残れる前部八吋左砲に命中（右砲は二時四五分折れ、松井参謀戦死）、毒烟濛々として艦の前半を蔽ひ大風に吹き飛ばされし如き心地して思わず二三歩よろめけば、首に掛けたる記録板は飛んで影を失ひ、左手二本指はポッキと折れて、皮を以て僅につながる。

突忽の間、尚ほ部下を愛せらるる艦長、『ウウ……やられたな、しっかりせよ！』と激励して足元に注意さる。気付けば、右足の肉塊六寸を、削ぎとられて鮮血甲板を染めたり（大負傷は決して思ふ程苦痛のものにあらず。敢て恐るるに足らざるなり）。

傍なる同僚丸山候補生直に包帯を取りて、余の手足を緊縛し、兵も余と共に傷を負ふもの一二名、僅々二尺を隔てたる艦長砲術長は幸い無事なり。……七時艦長の命に依り、職を同僚に譲り、蓍巻として治療所に搬び去らる」③

この海戦において五十六は重傷を負った。日進乗組員七〇〇余名中、死傷者は九五名にものぼった。

このときの模様について、五十六より一期上で、『残花一輪』の著者の市川恵治《けいじ》少尉は、「海戦二日目（五月二八日）、高野少尉候補生が担架に乗せられたまま、薄暗い下甲板後部左舷の荷物取入口を開けてランチへ運ばれようとする時、色青ざめて仰臥する顔にかぶさるようになって、『高野君、早く治って帰って来いよ、待っているぞ！』と言ったら、高野候補生は無言のまま唯軽く頷くのみだった。その両眼はかすかに潤んでいた」と述べている。

五十六のほかに三二期生は、重傷二名、軽傷四名を出したが、戦死者はいなかった。
六月五日、長岡で息子の病状を案じている貞吉ら家族のもとに、和紙に墨痕も鮮やかに認められた佐世保海軍病院に入院中の五十六からの手紙がとどいた。
「傷は左手の指二本と右足の肉少々憂ふるに足らず。昨三〇日愈入院異常之無候へば、御安心被下度候。区々たる微傷をもって此大勝の萬一に値せしことを思へば、むしろ感泣に不堪。艦長以下の丁寧なる慰藉に対しても、速に回復し来るべき次回の戦にこそ花々しき討死を遂げんものと偏に祈居候。敵の長官ロジ将軍も、あはれ捕虜として、昨日本病院に入院致候。
陳《のぶれ》ば五十六儀此度の戦こそ、かねて最期の覚悟と存じ候へし為め、臨戦以前期せまるに先ち財嚢を悉く散じ病床にある友人等に分け与へしが、今や僅に身傷つきしのみにて嚢底殆ど存するものなき有様に御座候に付、甚だ申し上兼候へ共、参拾円御都合被下、御送被下候はば幸甚に御座候。先は昨今の状況と右御願まで一筆申上候也。
明治三八年五月尽日　　五十六
父上様
母上様
　君の為め国のためには尽くせかし　散りても馨る武士の花
のハンカチ赤き血潮もて染め出された筐底の宝と相成居候」④
戦に臨んで決死の覚悟の五十六は、ある軍人家族を救うため、有り金を叩《はた》いて寄贈したばかりでなく、病床にあった友人に対しても大いに散財したのであった。
五十六が出陣すると聞いた母・峯子は、愛児のために上記の和歌一首を詠み、これを貞吉が純白のハンカチに認めて贈っていた。
重傷を負った五十六は、すぐに包帯を巻くことが出来なかったため、とっさにポケットから和歌一首記されたこのハンカチを素早く取り出して、みずからの左手の傷をしっかり縛った。

この血染めのハンカチも、長岡の如是蔵博物館に陳列されている。

明治三八（一九〇五）年八月、五十六は少尉に任官した。この年の一〇月には戦傷は全く癒え、一二月横須賀海兵団に、翌年（三九年）二月、軍艦・須磨に転勤を命ぜられた。

貞吉の日記を見れば、五十六は兵学校卒業後も欠かさず俸給の大半を実家に送金していることがわかる。

さらに五十六は負傷後も、五円、一〇円、二〇円、三〇円と、実家の家計を案じて送金しつづけていた。

五十六は、巡航中、澎湖島で、擬似赤痢に罹《かか》って入院することになった。幸いにも一ヵ月弱で全快し、八月には新装巡洋艦・鹿島に移った。

ところが五十六は、戦傷につづく病気の疲れが出て、こんどは軽い肋膜炎になった。軍医の診察を受けると強制的に退艦させられることから、東大病院で看護婦をしている五十六よりも五つ年上の姪の京に相談して処方薬をもらい、密かに自分で治療することにした。

ほどなく日露戦争の論功行賞が発表され、五十六は勲六等旭日章、および賜金三五〇円を貰った。そのうち三〇〇円を貞吉に、残りの五〇円を甥・気次郎の早稲田への入学資金に提供した。

明治四〇（一九〇七）年九月、中尉に進級した五十六は、翌四一年六月に練習艦隊阿蘇に乗り組み、北米方面への遠洋航海の途に就《つ》いた。

明治四二（一九〇九）年一〇月、五十六は大尉となり、軍艦宗谷の分隊長を命ぜられた。なお宗谷の艦長は、終戦の際に首相を務めることになる鈴木貫太郎大佐であった。

五十六大尉より、宗谷乗り組み候補生として指導を受けた中に、後年（昭和一三年〜一四年）日独伊三国軍事同盟締結に対して、海軍次官の五十六とともに身体を張って反対することになる井上成美（のちに軍務局長）がいた。

明治四四（一九一一）年一二月、砲術学校の教官となった五十六は、後年海軍大臣となった同僚の教官の米内光政大尉と、同じ部屋にベッドを並べて住んだ。このとき二人は、手裏剣の稽古に夢中になり、副官に叱られるというエピソードも残している。

横須賀時代、五十六は米内大尉と同室に起居するとともに、親友の堀悌吉とも下宿を共にした。さらに海軍大学校時代には、古賀峯一大尉と二人で、築地の敬覚寺に下宿した。

この時期五十六は、のちに日独伊三国軍事同盟に反対し、日米不戦を堅持する「海軍条約派」を形成する人たちと親交を結んだ。

大正二（一九一三）年二月二一日、五十六が佐世保鎮守府予備艦隊参謀のとき、父貞吉の逝去（八五歳）に遭遇、その半年後の八月二七日には母峯子が七一歳で他界した。しかし両親の最期に際して、五十六は公務のため立ち会うことができなかった。

大正三（一九一四）年五月、五十六は横須賀鎮守府副官兼参謀から、一二月に海軍大学生となり、翌四年一二月に少佐に進級した。そして大正五（一九一六）年九月、前述したことだが、五十六は旧長岡藩主牧野忠篤の懇請で、山本帯刀家の家名を継ぐことになった。

大正五年一二月、五十六は海軍大学を卒業して、第二艦隊参謀になった。ところが間もなく五十六はチフスに罹《かか》り、さらには盲腸炎を起こしたりして、半年間にわたって入院や転地療養に費やさざるを得なかった。しかし翌六年には全快して、軍務局員に補せられた。

4 結婚

大正七（一九一八）年八月三一日、山本五十六海軍少佐は三四歳のときに、旧会津藩士三橋康守の三女礼子・二二歳と、華燭の典を挙げた。五十六と新妻・礼子との齢の開きは一二歳もあった。①

長岡藩と会津藩は共に維新の戦で負けており、この意味で二人はきわめて似た境遇で育った。

今日、写真で見ても礼子の花嫁姿は美しい。礼子は、当時の女性としては体格も良く、身丈があった。礼子の母方は、米沢藩の儒者・片山儀一郎家の出であった。

戊辰戦争の際、米沢藩は、奥羽越列藩同盟軍の盟主として、西軍を敵に回して戦った。長岡と米沢の地はともに盆地で、全国でも有数の豪雪地帯である。したがって、この地方の人々の気質は、粘り強く、情に厚かった。情の厚い五十六の気質は、豪雪地帯の人々の気質を十二分に受け継いでいた。

米沢藩は、上杉鷹山公以来、子弟教育にことのほか熱心で、このため明治期になっても、多くの人材を輩出した。吉田賢輔を迎え、米沢洋学舎の素地を築いた甘粕継成や、立憲制度確立のため斬新な意見書を上申した宮島誠一郎などがそうである。

海軍兵学校の歴代の校長延べ三八名中、米沢出身者が三名という数にも、このことが表われている。第二四代校長（明治四三年一二月〜大正三年三月）の山下源太郎、第二八代校長（大正九年一二月〜一二年三月）の千坂賢太郎、第三三大校長の大湊直太郎（昭和五年六月〜六年一一月）などがそうある。

また、海兵一〇期の山下源太郎大将を筆頭に、米沢が生んだ海軍の将官は、兵科・機関科・軍医科関係をあわせて、大将三名、中将一六名、少将一二名の合計三一名にものぼっており、「米沢海軍」の名を全国に高らしめた。

五十六と礼子の結婚の媒酌人は、米沢出身の侍従武官・四《し》竈《かま》幸輔《こうすけ》大佐（のちに中将）が務めた。旧長岡藩出身の五十六は、似たような歴史的背景を持つ米沢海軍の人脈の中で育った。

五十六が昭和五（一九三〇）年のロンドン海軍軍縮条約締結をめぐる海軍内の人事抗争から抜け出すことができたのは、このような人脈が関係していた。

ちなみにロンドン軍縮条約に際して、これに反対の態度をとるグループを、世間は「艦隊派」と呼んだ。その中心的人物に、米沢海軍の総帥である山下源太郎の女婿の山下知彦大佐や南雲忠一大佐がいた。礼子の兄弟の名前は、上から順に儒学の教えにちなんで、「仁義礼智信忠孝」の字を取って名付けられた。

礼子の実家は、会津と朝鮮で牧場を経営していた。礼子も女学校を卒業後は、ずっと実家の手伝いをしていた。

礼子の従兄の一人である水野礼司が東大病院の医師となり、一方、五十六の姪にあたる高野京子が婦長をしていたことから、五十六がときどき東大病院を訪ねているうちに、自然に水野と親しくなった。そして、あれこれ話をしているなかで、「嫁をもらってもいいな。ただし別嬪《べっぴん》で、体格が良くて、気立てのいいのがいいな……」と冗談めかして言ったことが契機になって、水野が礼子を紹介した。②

この説を採るのは、五十六の長男の義正が書いた『父・山本五十六』であるが、堀悌吉が四竈幸輔を通して五十六に紹介したという他の説もある。

五十六は、見目麗しい礼子の写真を見て、一目で気に入った。礼子の家柄や家族のことを聞くに及び、「よし、これに決めた!」と言ったとのことである。

しかし五十六は、やがて海軍軍人の妻となるべき礼子に対して、つぎのような文面の手紙を送っている。

「ひと筆申上候。暑さ日々増し烈しく相成候処、皆々様には益御機嫌麗しく御起居被遊候御様子、慶賀の至りに奉存上候。

さて此度は、皆々様の御尽力を以て、諸事順当にとり運候こと、あす決行次第と満悦罷在候。御母上様より御許しをも頂き候ことなれば、以後は他人とは思はず、種々申宣べく候に付、拙家当ならば何事も御遠慮なく御申聞有之度候。

自分儀は御聞及の通、多年海上の人となり世事万端に甚だうとく、且公私厳別奉公一途こそ自分一生の主義に有之候へば、一家の私事に就ては人一倍の御辛労を可申、今より御依頼致置候。……何卒御母上様はじめ、皆々様へよろしく御鶴声下度、時下炎暑の候、御自愛偏に祈上候。

怱々

五十六

七月八日

礼子どの」③

一見すれば形式ばった文面のようだが、五十六と礼子とも士風が色濃い家庭の中で育ったことからすれば、この手紙から礼子は、海軍軍人らしい堅実な家庭を築きたいとする五十六の精一杯の愛情を感じ取ったはずである。

五十六が三五歳になるまで結婚しなかった訳としては、給料の大半を実家に仕送りしなければならなかったことがあった。

その後、兄の季八が地元の長岡で歯科医院を開業して成功したため、五十六の負担はかなり軽減された。

もう一つ五十六が結婚をためらった理由としては、日本海海戦の際に負った自身の怪我のことがあった。

前述したことだが、日本海海戦の際、二二歳で少尉候補生であった五十六は、軍艦日進に乗り組んで従軍した。艦橋に立って伝令役を受け持った五十六は、自砲の炸裂によって左手の人差し指と中指を失い、右の腿の肉を赤ん坊の頭ほども抉《えぐ》り取られるという重傷を負った。

日本海海戦から凱旋した後、五十六は佐世保海軍病院に入院し、一六〇日間にもおよぶ長期の療養生活を送ることを余儀なくされた。

戦前、「廃兵」という言葉は、このうえなくうら悲しい響きを持っていた。軍人がもし指を三本失えば、現役ではいられない規定があった。

後年、五十六は海軍次官時代に、現役軍人第一号の傷痍軍人徽章を受けている。

五十六の姪の高野京は、戦傷のため佐世保海軍病院に入院していた五十六を看病した一人であった。彼女の証言によると、五十六の左手は、黴菌のため大きく腫れ上がり、膿を出すまでになっていたそうだ。

担当の医師は、このままでは腕を切断することもあると言ったが、五十六が、「自分は海軍の軍人になろうと志を立てて入隊し、従軍してきた。切断しないために腕が化膿して死するか、治って軍人として留まり得るか、二つに一つに運命を賭けよう」として、これを拒否した。

負傷後の五十六は、祖国のため立派に戦って傷ついた海軍軍人であるという誇りと、肉体的ハンデを負った人間であるとの気持ちとを併せ持つようになった。

のちに五十六は連合艦隊司令長官として前線を視察する際には、かならず現地の海軍病院や病院船に立ち寄って負傷した部下を懇ろに見舞うことを常としていた。

これは昭和一七年ころの話であるが、連合艦隊司令長官の五十六が入院中の患者を一人ひとり見舞ったときのことを、戦務参謀だった渡辺安次が語っている。

司令長官のお見舞いだというので、軽傷の患者はみな床の上に端座し、重傷の患者は仰臥した。

そうした患者に対して五十六は、「ご苦労様、早く良くなってくれよ。また海上で会おうよ！」と優しい言葉をかけて、病室を出るときはかならず帽子を脱いで、「御大切に……」と丁寧に挨拶したという。心労からか五十六の頭にはだいぶ白いものが混じっていた。

そして重傷者には、いちいち立ち止まって負傷の箇所を訊ねた。ふと五十六の足は、眼帯で目を蔽《おお》っている痛々しい傷兵の前に止まった。頤《おとがい》のあたりにまだあどけなさが残っていて、だれの目にも少年航空兵であることがわかった。

五十六は少年兵の肩に手をかけて、「山本だよ……わかるか？」と言った。

「長官……」と若い兵は唇を震わせた。

「視神経をやられています」と院長が説明すると、

「院長、全快の見込みは?」

「ハッ」

「軍陣医学の名誉にかけて治さにゃならぬ」と五十六は激しい気魄で言った。

「帝国海軍は、けっして君を見捨てやしないよ。また海で会おうよ!」

少年兵は五十六の足音が遠ざかると、ワッと声を上げて床の上に泣き伏した。

もう一人の航空兵は、敵機銃弾に右肘の関節を撃たれて、右腕の自由を失っていた。

「長官、申し訳ありません。このくらいの負傷で、もしふたたびお役に立たない身体になっては……」

すると五十六は一歩進んで、「どれ見ろ!」と、白手袋を脱いで、目の前に左手をぐっと差し出した。

その手を見た瞬間、負傷兵はハッと胸をつかれた。五十六の中指と食指とは無惨にももぎ取られている「名誉の三本指」だったからである。

「握ってみろ!」

五十六は催促するように左手を、上下に動かした。負傷兵は恐る恐る握りしめると、「オイ、これだけの力があれば大丈夫だぞ。帝国海軍はそのくらいの負傷でお前を見捨てるようなことはしないよ。院長どうだ」と案内の院長を顧みて、「全快の見込みは?」と訊いた。

「もちろん全快の見込みは充分です!」

「そうか、良かった。またいつか海の上で会う日を待っているよ!」と言い残して立ち去った。④
五十六の言葉には、部下を感動させるだけの真実の情が込められていた。だからこそ五十六は、連合艦隊司令長官として、すべての海軍軍人、いや全日本人から慕われていたのである。

人を束ねなければならない立場のリーダーとは、理屈を捏《こね》ねるリーダーではない。情に厚い人間に人々は共感するのである。

五十六には、部下をして、彼のためだったら生命を投げ出しても惜しくはないと思わせるだけの深い人間味があった。このへんが他の司令長官にはまったく見られない、五十六の五十六たる真骨頂であった。

5　米国駐在

五十六が礼子との結婚に際して、見合いのために会津まで行ったとき、礼子の方の人に、自分の身体の状態を説明して、「こんな身体でも良いか⁉」と、くどいほど念を押した。

大正七（一九一八）年八月三一日、五十六は東京の水交社で簡素な式を挙げた。

結婚式がすんで一一日目に二二歳の新婦礼子が、夫がもっとも頼りとしている兄季八夫婦へ、

「此度は皆々様の御蔭を以って、万事滞りなく相済み申し候。……御承知の通り、誠に不束者にて候へば、今後何卒宜敷御願い申し上げ参らせ候」⑤と認めた礼状が、いまも残っている。

結婚の翌年、五十六は最初の米国駐在を命じられて、約二年間、日本を留守にした。

大正八（一九一九）年一二月七日、補佐官として米国のボストンに駐在していた五十六は妻の礼子に対して、つぎのような手紙を出している。

「決して心中にも素振りにも、自慢らしい振舞い無き様、深くつつしみ、内助に一層の工夫努力を要することを覚悟し、御修養相成度こと。下るほど人の見上ぐる藤の花。長いほど土手に手をつく柳かな。実るほど頭を垂るる稲穂かな」

このように五十六は一二の年の差がある新妻に対して、諭すが如く教訓を垂れた。五十六は寡黙でとっつきにくいように思われていたが、細やかな気遣いのできる人間でもあった。

結婚して翌年の大正八（一九一九）年四月五日、五十六は米国の国情調査のため、駐在武官を命ぜられた。そして最初の駐在地をボストンに定めた。

五月二〇日、五十六は日本郵船の諏訪丸に乗船して横浜港を出航した。出港して四、五日も経つと、船内で乗客の演芸会がはじまった。

日本人乗客の大半が尻込みするなかで、五十六は物怖じすることなく前に進み出て、さっとサロンの手摺の上に、見事なフォームで逆立ちをした。

見物客からヤンヤの喝采を浴びたのは言うまでもない。するとこんどはボーイから大皿を借りて、皿回しの曲芸を披露した。

日本人乗客から歓声が上がると、五十六はニヤリともせず、「この芸は六歳のときからやっているもので、昨日今日仕入れたものではありません」とポツンと言った。①

五十六には、一種の愛嬌と物怖じしない度胸があった。

五十六は、六月二〇日付をもって、兄の季八宛に、その消息を書き送った。

「拝啓、向暑の候。御地皆様倍々御清祥慶賀候。さて小生儀ワシントン府にて四日間、諸々見物の上、愈《いよいよ》修学の為、当ボストン市に到着。左記に下宿候。当市は人口七〇余万、付近直接都市を合し一五〇万許りの趣に御座候。ワシントンより一二時間。ハーバード大学は米国有数の大学とか（米国の公立は私立より一段下位の由、其他大学専門学校の名の付くものは二〇ばかり有之候）申し、従って研学の都市の由、日本人学生が五〇名留学居候。

ブルークラインは、ボストン市に挟まれ居る町にて、富豪多く、割合に広々と致し住み心地よき処らしく候。

ワシントンは目下七月頃位にて、大抵八〇度より九四、五度に候へ共、当地は北海道辺の為か大抵八〇度以下に御座候。但し降雪数尺に及ぶ事も有之由に御座候。

下宿は家族二名（六五、六の老婦と其娘にて、後家となり居る三五、六の人）にて、航空大尉の兄弟、ニューヨーク勤務中なりとか申候。

朝食のみは会話の稽古の為、家族と共にする事に致候（普通三食ともに外に食う例に候）。米国は物価は大凡《おおよそ》日本の二倍半、三倍にて、洋服、靴等は二倍にて、最も高きは間代（一週日本の金にて一五円乃至二五円位にて、私の下宿は一週一八円に候）、食事（朝食一円、昼食一円七〇・八銭、夜食二円五〇銭見当）に御座候。しかも此食堂は所謂縄のれん式の処（勿論これにも各種あり）。毎日行く内の一軒は、給仕なく、自分の注文品を盆に載せ、テーブルに運んで食事し、之に相当する切符の代価を出口にて払ふもの。一軒は名ばかりの給仕あり。給仕には食事代の一割位の心付を要する高価の次第に候）にて、日本にては先ず見られぬ図にて候。若しホテルの食堂、又は料理店にてすれば、一品の食事にて三円、夕食には四円乃至五円はどうしてもかかる次第に御座候。来週より家庭教師をとり、尚七月一日よりハーバード大学の英語夏期講習に行く予定に御座候。

出発以来幸に微恙も無之、頑健に消光罷在候に付、御安心被下度候。本日は出発より丁度一ヵ月目にてかれこれと日の立つの早きに驚入る次第に御座候」②

つづいて五十六は、大正八年九月三日付の手紙も、ボストンから季八宛に送っている。

「本日二一日より愈々ハーバード大学の一生徒とあい成る筈に御座候。尤も学校とて誠に自由にて、只熱心にやる考えのものは外国人に対する英語教授のみにて、他に歴史、政治の如き二三科目を慰み半分採るといふに過ぎ申さず、どうせ永くも一年、短ければ今年一杯にてワシントンへ参らねばならぬことと存じおり候につき、学校もただ米国青年研学の一般を、割あひに委しく知り得る位が取柄と存じおり候。

しかし昼は学校、夜は家庭教師と謂ふ次第なれば、老骨には充分の仕事なるべく、一年位は忽々経過すべくことと存じおり候。来たばかりと思ふうち、最早三ヵ月ともあい成り、既に一〇分の一を経過せし次第、気のもめる話に御座候。……水饅頭が喰ひたいスケ買ふて呉らしゃいスィー」③
手紙の最後を、長岡の方言を使って、茶目っ気たっぷりに締め括《くく》っている。

水饅頭に譬《たと》えているが、新妻を置いての留学であったから、さすがの五十六もホームシックに罹《かか》ったとしても無理はなかった。

ボストン滞在中の五十六は、同地の邦人に、大いに話題を提供したようだ。

たとえば、同地の一米国人にチェスの手ほどきを受けてから一週間後にその米人と賭け勝負をして、一流ホテルでディナーを奢《おご》らせたことや、同じハーバードで学んでいた小熊信一郎と、二〇時間で七五番の将棋を指して引き分けになったり、二〇歳台の森村、小熊両氏と五キロマラソンをして勝利したりした。

このころワシントンで開催された国際通信会議の予備会議に随員を命ぜられた五十六〈大正八〈一九一九〉年一二月に中佐に進級〉は、この会議の代表を務めた幣原喜重郎駐米大使に、強い印象をあたえたようだ。

幣原の述懐によれば、「山本中佐は不思議な人でした。大正九年の国際通信会議の予備会議で毎日のように会ったものだ。ところが何やかやと徹夜するのが毎晩のような位であった。そういうのに、いつ、どこで眠って来るのか、規定の時刻に必ずチャーンと出席して、ちっとも疲れた様子がない。しかしたびたび卓見を吐いて、会議の成果を上げてくれた。

それになかなかの読書家で、滞在中怠らず研究していたようだ。ある時のこと、ワシントンに新しい中華料理店が開店して評判であった。大使館一同が、夕刻押しかけることになって、山本中佐を誘うと、もう夕食を済ませて寝ていると言う。すると間もなく、一旦寝ていた筈の中佐が起きて来て、一緒に行くことになった。ところがいよいよ会食を始めると、山本中佐の健啖ぶりは実に驚くべきもので、夕食を済ませたと言いながら、他の連中が一人前を食べるか食べないうちに、優に三人前も片付けると言う勢いであった。

『君は寝ることもよく寝るらしいが、食べるほうも素晴らしいね』と言うと、『私は軍人ですから、寝だめ食いだめは武士の習いです』と泰然としたもので、実に面白い人であった」④としている。

快活な青年士官・五十六は、周囲の人間に好ましい印象をあたえたようである。

6　石油に着目

当時、日本は八八艦隊建設の途上にあった。ところが、この大艦隊を動かす原動力である石油については、ほとんど調査研究したものがなかった。

日本海軍でこの石油に最初に着眼したのが、五十六だった。これは五十六の郷里が新潟県であったことも関係している。戦前、戦後を通して、わずかながらも日本で石油が採れる場所は、新潟県ぐらいしかなかった。

五十六としては米国駐在を通して、この地の石油事情について調査することを思い立った。このため五十六は、米国内の石油産地や製油所などを精力的に視察してまわった。さらには石油に関する文献を読み、睡眠を削ってまでも毎日新聞を数十種閲覧したと言われている。

さらに五十六は、石油事情の調査のために、隣国のメキシコまで足を延ばす必要を感じた。

さっそく上司に対してメキシコ石油事情の調査を願い出たものの、経費がないとの理由から許可が下りなかった。このため五十六は、自腹を切ってメキシコ視察することにした。

このとき駐米日本大使館の参事官だった加来美智雄は、五十六の懐中が寂しいことを知り、若干資金を用立ててくれた。この恩義に対して五十六は、後年、加来が帰朝後病に倒れた際、けっして潤沢とは言えない自分の生活費の中から多額の金を捻出して彼に贈り、恩義に報いた。

五十六は、窮乏と戦いながら石油事情の調査を着々と進めていたが、ある日メキシコ政府から、つぎのような内容の一通の手紙が駐米日本大使館にとどけられた。

それには、「日本の海軍中佐山本五十六と称する人物が、石油視察の目的で国内各地を旅行しているが、その服装は平常なるも、メキシコ各地の三流ホテルの、しかも屋根裏の最下等の部屋に住み、食事はホテルのものを摂らず、三食パンと水を主とし、副食物はメキシコで一番安いバナナのみを食っている。余りにも質素であるので、日本からの亡命者ではないか」①と書かれていた。

五十六は旅行の最初に、メキシコの日本大使館を訪問したが、ここで新潟出身の駐米武官の山田健三少佐に出会うことになった。

話をしてみると、この山田少佐は五十六の兄の季八と同じく新発田部隊に属し、それも戦友として日露戦争に従軍し、苦楽を共にした間柄であることがわかった。

山田少佐は活発に調査活動をしていたものの、やがて経費に行き詰まり、帰朝命令を受けていたところだった。山田の窮状を見知った五十六は、所持金の大半を山田に献上して、無事帰国させた。

五十六がメキシコのタンピコ市から兄・季八宛に送った絵葉書には、つぎのように書かれていた。

「石油視察の為、タンピコ市に参り候。一日一井の産額五百余石と言ふ。井戸あり、噴出一三年継続と言ふもあり。一石の原油一円転出税一円という相場なり。越後あたりでは、本当とは受け取れぬ話に候。日本石油、宝田石油技師の来ると言ふ。太平洋沿岸の地は、有望なるも試掘の地。肝っ玉の太き人に来て貰はずば、物に相成まじく、国家的見地から微力ながら推奨申し上げ候」

渡米中、五十六は航空について非常な関心をもって研究と現地視察をすすめたが、この結果、将来の海軍の主力は航空機であるとの信念を持つに至った。

大正一〇（一九二一）年五月五日、五十六に帰朝命令が下り、七月一九日、横浜港に到着した。ただちに北上副長に補された。その半年後の一二月一日付をもって、五十六海は軍大学校教官に命ぜられた。

海軍大学校で五十六は、みずら進んで軍政学を担当した。航空機が必勝の軍備であるとする思想は、五十六によってはじめて講義された。

元海軍中将の井上継松は五十六と同期生であったが、海大教官時代の五十六について、「元帥（五十六）が軍政学上最も意を用いられた事は、軍備に関する事項であったように記憶する。……ワシントン条約の結果に鑑み、深く日本の将来に洞察し、我国将来の必勝軍備は航空機にあると喝破せられ、夙《つと》に航空軍備の確立を唱道されたことである。元帥が教官として研究時代、急務をさらに痛感され、挺身、我が航空界にその全身全霊を投じ、自分の研究抱負の実現に邁進せられた。航空母艦赤城の艦長を始めとして、航空本部技術部長、霞ヶ浦航空隊司令、航空戦隊司令官に転出するまで、我が航空界を離れたのは、軍縮会議の全権としてロンドンに使した時、その他極めて短期間で、終始一貫惨憺たる苦心努力の下に、我が航空軍備の基礎確立に尽瘁せられたのである。これ等は遠く教官時代から元帥の胸中に在ったものである」②と回顧している。

7 長男誕生と欧米視察

大正一一（一九二二）年一〇月七日、五十六・礼子夫婦にとってはじめての子供となる、長男義正が誕生した。義正が生まれたとき、五十六は「山本家再興の実を明らかにせんことを希う」と記録した。

大正一二（一九二三）年一月元日、五十六は義正のために日記を付けることを決意し、この日からさっそく実践した。

「一月一日、快晴、寒。今年より主として坊の記念に日記を記す。坊やは義正、大正一一年一〇月七日午前一一時半、東京府下千駄ヶ谷町千駄ヶ谷五二五に生る。体重八九〇匁。若松より祖母様御手伝いに一ヵ月前より御上京被下、色々御世話して頂き、万事順調に取り運べり。

義正の義は、山本家再興（山本家は明治元年断絶、同一七年特赦再興で大正六年、五十六養子として事実上の再興を為せし也。世々長岡藩公家老たり。曾祖父帯刀義路殿は、戊辰の際年歯僅に二三歳。大隊長として北越の英傑・長岡藩の総督河井継之助秋義と事を共にし、長岡城陥るや転戦、会津若松に於いて戦死せらる）の実を明にせんことを希へばなり」

つづいて一月一一日付には、つぎのように記されている。

「快晴、暖。坊やはだんだん大きくなり、手を口の方に行く様になる。泣くにつけ　眠るにつけて思ふなり　わが子の上に変わり無きかと」①

五十六は家庭を構え、一子を得ることによって家庭人としての幸せをしみじみ味わっていた。

大正一二、三年、五十六は、ワシントン海軍軍縮条約締結後の欧米の情勢視察を目的とする、海軍次官・井出謙治中将（一三年六月大将・軍事参議官）の副官として渡航することになった。

第一次世界大戦後、米海軍では「制空権下の艦隊決戦」という概念が広がりをみせており、大正一三年にはミッチェル将軍の『航空国防（ウィング・デフェンス）』と題する著書が刊行された。米海軍の航空本位の海戦思想に、五十六は敏感に反応した。

一行はこの旅行の際、ノーフォークにある米海軍大学校に立ち寄る機会があった。五十六らが、ある教室に入ったところ、壁いっぱいに東洋の地図が張られており、日本列島の近海に、意味不明の縦線・横線が、いろいろな色鉛筆で記入されていた。

五十六はその地図を指差して、「このへんは、海軍戦略を研究するにはいい所ですね……」と微笑んで言うと、案内の米海軍士官も「確かにその通りです！」と一笑した。②

欧米視察から帰朝した五十六（欧米主張中に大佐に進級）は、大正一三年一二月一日、霞ヶ浦航空隊副長兼教頭に任命された。

8　霞ヶ浦航空隊

五十六の霞ヶ浦航空隊の副長兼教頭の就任は、本人の強い希望によるものであった。そのころ航空隊幹部は、何らか従前に航空に関係する人が就任するのが一般的だったため、隊内には、「山本何するものぞ！」という雰囲気が充満していた。

したがって、これまで航空とは縁のなかった五十六としては、この職務は何かと気苦労の多いものであった。

三和義勇《みわよしたけ》中尉は副長付に配置されたため、着任早々、五十六のもとに挨拶に行ったところ、「当隊の現状を見るに、軍規風紀に遺憾の点が少なくない。まずこれから刷新していかぬと、軍隊として立ち行かぬことになる。この意味で、僕は従来の内務主任を罷《や》め、また教頭兼副長の職を、副長兼教頭に改めてもらい、軍規の維持、風紀の改善から改めたいと思っている。その第一は、毎日のように絶えない遅刻者、脱営者を皆無にすることである。このことは君にばかりやらせるのではない。自分がやるから君も補佐するように！」と語った。

五十六は三和に所信を明らかにするや、さっそく号令台の上から隊員に向かって、「本職は本日より当隊の副長兼教頭の職を執る！」と宣言し、しばらくの間、総員を見回したあと、「下士官兵にして頭の毛を伸ばしているものはみな切れ！　一週間の猶予をあたえる。終わり！」とぴしゃりと言った。

大正一〇（一九二一）年に霞ヶ浦航空隊が開かれ、英国のセンピル飛行団によって飛行隊の教育が開始されて以来、頭髪を伸ばすことは飛行将校以外にも一種の流行のようになっていた。したがってこの五十六の指示は隊員にとっては青天の霹靂であり、「禿げがありますので……」とか、「満期が近いので……」とか弁解して抵抗する者も出る始末だった。

しかしこうした抵抗も、五十六の断乎とした態度によって一ヵ月ほどで一掃されることになった。①

そのころ日本海軍では、初代の航空母艦鳳翔《ほうしょう》が、ようやく実用の域に達してきた。ところが当時は、搭乗員の技能は、天才肌でなければならないとする考え方が大勢を占めていた。

しかし、五十六の考えはこれとは違っていた。五十六は、海戦において航空機の役割が大幅に増す情況においては、一般の軍人も訓練を積めば飛行操縦ができるようにならなければ航空主兵の時代に対応できなくなると考えていた。

姪の高野京子は、霞ヶ浦時代の五十六について、印象深いエピソードを紹介している。

「叔父が霞ヶ浦航空隊の副長兼教頭であったとき、郷里で私の父の法要が営まれたので、故郷長岡に帰り、法要をすませ、私は叔父の好物であった水饅頭を持って上京し、土浦の叔父の家を訪ねました。ちょうど日曜でしたので、叔父は家に居られました。

ひさしぶりでもあり、郷里の話もいろいろあるので、内心楽しんで叔父の家を訪れたところ、挨拶をすますや叔父は、いきなり『今日は何も言うな！』と一言言われたきり、じっと目を瞑《つぶ》って何か祈っておる様子でした。

そして夜中になっても、正座して少しも姿勢を崩さず、私は心中密かに不満で不満で腹立たしくさえ思っておりました。

夜明けごろ、玄関の戸を激しく叩く人があり、叔父は飛ぶように玄関へ走って行って戸を開けると、何事か聞いておりましたが、そのうち大きな声で、『あーそうか、それは良かった。本当に安心した！』とほっとした様子でした。

私は不審に思いながら、『どうしたのですか？』と尋ねると、『じつは昨日、霞ヶ浦から樺太へ飛んだ飛行機があったのだが、それが今無事に樺太に着いた報せが来たのだ。その飛行機の無事を神様に祈っていたのだが、もう済んだ。さあ長岡の話をよくしてくれ』と大変嬉しそうでした。私は叔父の敬虔な気持ちと真摯な情に、泣けて泣けて仕方がございませんでした」②

世情では、五十六は部下教育の極意として、「やって見せ、説いて聞かせてやらせて見て、褒めてやらねば、人は動かじ」と言ったとされているが、そうした五十六独特の体験的教育論は、この霞ヶ浦航空隊副長時代に身に付けたものであった。

家人としての五十六は、一番遅く床に就き、一番早く目覚めた。毎朝暗いうちに女中や家族よりも早く起床し、その後は書類を散見したり、電話に出たりした。後は書斎に入って瞑想するのが常だった。そんなとき五十六の手には、かならず黒表紙の手帳があった。そして五十六は時折手帳をめくっては目を閉じた。そんな動作を、半刻も一時間もするのであった。

家族の者が、その手帳を実際に見たのは、戦後五十六の遺品を整理した際であった。表紙を開くと、第一ページに墨で「誠忠遺芳　山本五十六」と書いてあり、さらにページをめくると、

「少佐（従六、勲五、功五）上敷領　清　加賀

昭和一二、八、二九、広徳空襲

本　揖宿郡指宿村十二町四四

現　鹿児島市西田町一二二（太田省吾方）

妻　節子」③

という具合に、五十六の部下で戦死した、階級、姓名、艦名、戦死の日、戦死の場所、本籍、現住所、遺族の氏名などが、克明に記されていた。

五十六がこの黒い手帳を、肌身離さず持つようになったのは、霞ヶ浦航空隊副長に就任したころからだったという。

話は変わるが、二〇一四年八月一一日夜、ＮＨＫＢＳ１で放映された『山本五十六の真実』でディレクターの一人を務めた渡邊裕鴻《ゆうこう》氏は、山本五十六を敬愛している一人である。

三年間の下準備を経て、この番組が放映されるに至ったのは、ひとえに渡邊氏の五十六に対する深い思い入れがあったからである。

その渡邊裕鴻氏の祖父の渡邊正弘は、海兵四九期である。ちなみに七年ほど前に他界された裕鴻氏の父の渡邊穹《たかし》は、海兵七七期である。つまり最後の海兵期（正科）にあたる。

祖父の渡邊正弘は、五十六が海軍大佐で海軍霞ヶ浦航空隊副長兼教頭時代の第一一期飛行操縦学生であった。

大正一四（一九二五）年春の未だ寒きころ、検閲のため来隊した加藤寛治横須賀鎮守府長官一行が夜、土浦の『霞月楼』で一献傾けていたちょうどそのとき、襖一枚隔てた隣室では航空隊の猛者連が飲んでいた。

航空隊の連中は酒席に階級の上下は無いとして、無作法にも長官一行の部屋に雪崩れ込んだ。加藤長官もこれを宜しとして、一緒に飲みはじめたのはいいが、そのうちに調子に乗った一人の中尉が参謀と相撲をとりはじめ、勢い余った弾みに参謀の肋骨を折ってしまった。ところがこの席には、県の高官も同席していたため、内輪の話ではすまなくなった。

しかしこの騒ぎも、五十六の必死の取り成しによって、なんとか咎《とが》めなしで収まることができた。このとき相撲をとった中尉が、じつは裕鴻氏の祖父の渡邊正弘だった。

その事件から一年後、五十六はふたたび米国駐在武官として赴任するため横浜港から出港したが、その際、部下だった霞ヶ浦航空隊機が飛来し、五十六が乗船している天洋丸のデッキに報告球を落として、別れを惜しんだ。

その後、渡邊正弘は、航空母艦・赤城乗り組みの初代母艦搭乗員として一三式艦上攻撃機で発着艦に励んでいた。そこへ五十六が三年ぶりに米国より帰国した。帰朝後五十六は、軽巡五十鈴艦長を経て、赤城艦長に着任し、渡邊大尉も、五十六の部下として再度仕えることになった。

ところが昭和四（一九二九）年四月二〇日のこと、済州島沖における連合艦隊演習中、空母を発進した航空部隊は、攻撃実施の帰途、天候急変のため母艦を発見することができず、全機海上に不時着するという事故に見舞われた。

このときの編隊長は菊地朝三大尉であり、第二小隊長が渡邊正弘大尉だった。同行機は小島由成中尉機だったが、痛ましいことに同乗の偵察員の花井兵曹長、小川兵曹ら、二機四名の殉職者をだしてしまった。

遭難から一ヵ月後、朝鮮半島南岸に渡邊大尉と小島中尉の遺体が漂着し、漁船に回収された。

飛行服の中から出てきた渡邊正弘大尉の手帳には、四月二〇日付で、「午后六時着水。天皇陛下万歳。飛行機ニテ死ス。本望ナリ」とあり、翌日のページに、妻に対する言葉が短く、「美しく清く過ごしてくれ。いろいろありがとう。綾子殿」と記されていた。

いまや間もなく水没するという機上において、渡邊大尉はまず公務について記入したうえで、次ページに妻に対する感謝の言葉を残したのであった。

哀れにも渡邊大尉は二九歳の若さで殉職した。その後、少佐に昇進した。当時、渡邊大尉にはすでに二歳になる長女がいたが、じつは妻に長男が宿っていることをまったく知らなかった。

殉職から半年後の昭和四年一〇月、妻の郷里の伊勢で、長男の穹が恙《つつが》なく誕生した。

この痛ましい事故後、赤城で殉職した四名に対する海軍葬が行なわれたが、五十六は穹の誕生後、わざわざ遠路伊勢まで訪ねてきて、この赤子を胸に抱いた。

その後も五十六は、伊勢の近くに艦隊が入港するたびに、二二歳で未亡人になった渡邊大尉の妻と遺児を気遣って訪問したという。

それから一〇数年後、五十六が連合艦隊司令長官に就任してからも、副官を連れて伊勢市にある渡邊正弘少佐の墓に無花果の苗を携えて詣でた。その際五十六は、遺児の穹には旗艦長門の文鎮を、長女には市松人形を土産に持参した。

裕鴻氏によれば、いまも伊勢にある大世古墓地には、五十六が持参した無花果が、往時の姿をとどめているとのことである。④
あるとき、長岡に帰郷した五十六は、郷里の人が持っている乃木希典将軍の遺品を見て、それが収められている桐箱の裏書を、ぜひ自分に書かせて欲しいと言って、筆を執ったことがあった。

五十六としては、多くの部下を死なせ、またわが子を死なせながらも凱旋した悲痛な乃木将軍の姿に、深く共感するものがあったのである。

五十六の遺品の手箱の底にあった述懐の中に、「将又逝きし戦友の告げむ言葉なし」とする一節があった。

戦死や殉職した部下の遺族を弔問のため訪れた際、号泣する五十六の姿がよく見られた。

空母赤城の艦長時代の五十六のエピソードとして、つぎのようなものがある。

着艦訓練の最中、一人のパイロットが操縦を誤り、充分な減速ができないまま着艦してしまった。そのままでは飛行甲板上で止まりきれず、海中に転落する恐れがあった。

艦長として甲板の端で部下の着艦ぶりを見守っていた五十六は、とっさにすごい勢いで走って行き、滑走中の飛行機の尾翼あたりにしがみついた。艦長がこのような行動をとったものだから、副官や整備員たちとしてもそのままでいることはできず、多くの人間が五十六の足にしがみついた。このためあと数メートルで転落というところで、飛行機はかろうじて止まった。のちの海軍中将の山口多聞中佐も、このとき艦長の五十六の足にしがみついた一人だった。

その山口は、「長官の部下想いには、単なる人情というよりも、命がけの迫力があった」と、回想している。⑤
「ひととせを　かえりみすれば亡き友の　数えがたくもなりにける哉」

人一倍部下想いだった五十六の胸中を表わしている和歌である。率先垂範を旨とする五十六の熱血指導ぶりに、生徒たちは心酔していった。⑥

⑨ 駐米大使館付武官

霞ヶ浦に在ること一年四ヵ月、五十六は面目を改めた航空揺籃の地を後に、大正一五（一九二六）年一月二一日、駐米大使館付武官として赴任するため横浜港を発った。

米国に到着してある日のこと、五十六はアナポリスの米海軍兵学校を参観したことがあった。たまたま戦術教室には、太平洋方面の海図が張られており、教官が熱心に講義していた。

五十六は微笑して、「大変な勉強ですね。東洋作戦をご研究ですか？」と訊ねると、この教官も快活に「日本海軍ではどうですか？」と聞き返してきたので、五十六は「ご同様ですね」と言って、握手して別れた。①

このころ、欧米の航空熱は物凄いものがあり、リングドバーグによる大西洋横断飛行が成功していた。五十六としては、職人芸の勘に頼る操縦ではなく、天測航法や計器飛行などの科学的飛行術を発展させなければ、世界の潮流に追いつけないとの見解を持っていた。したがって五十六は、それまでわが航空界にありがちだった、勘偏重や天才主義を強く批判していた。

在任中、二度春を迎えた五十六は、長岡の恩師渡部与に対して、「当地昨今吉野桜の満開、故国の美を凌ぐに足るもの有之候。大和魂また我国の一手専売にあらざるを諷するの似たり」と記した、満開のポトマック河畔の桜の絵葉書を送った。

五十六は偏狭な国粋主義者ではなかった。

部下から、「伝記はだれのものを読んだらいいでしょうか？」と尋ねられた五十六は、「リンカーンだよ。読むならリンカーン伝だ。人間として偉い。私は大好きだ」と答えていた。

このころ、大尉に任官して三、四年経ち、貧弱な測量船の航海長を務めていた高木惣吉は、若い同僚との集まりで、「駐米の山本五十六大佐は大物だそうだ」というあまり根拠のはっきりしない下馬評を聞いていた。このころから、五十六の名前が海軍部内でちらほら取りざたされるようになった。②

10 赤城艦長

米国から帰国した五十六は、昭和三（一九二八）年八月二〇日、五十鈴艦長に補され、つづいて四ヵ月後の同年一二月一〇日付をもって赤城艦長に補された。

この赤城艦長時代のことは、当時の航空戦隊司令官だった高橋三吉（海軍大将）が、詳しく語っている。

「昭和四年一月に山本大佐は赤城艦長として赴任された。この四年という年は、わが航空隊にとっては誠に不幸な年でありました。朝鮮済州島南方・支那・九州の上陸航路の真ん中で演習をやりました。

連合艦隊が二つに分かれて演習をやった。私は当時航空戦隊の司令官として片方の軍に附属せられまして、それから仮想敵に対して全飛行機を出して、この敵に対する爆撃および雷撃をやらせました。飛行機を出します時には天候はあまり宜しくなかった。大した風はなかったが、少し雲って、時々雨が降るという梅雨のような天気でありました。しかしこの位のことで飛行機が使えないようでは大変でありますから、勿論出しました。

暫く経ちますと、飛行隊長からの電信の報告に、『我敵の主力戦隊を爆撃す』、あるいは『我敵の主力艦隊に対して有効な雷撃を決行せり』とか、当時としては非常に嬉しい電報に接したのでした。

ところがそのころの飛行機は、飛行時間も短いし、そろそろ帰って来なければならない時分であるのに帰ってこない。いくら空を見ても一向にその姿が見えない。そのうちに飛行機の方から、『艦が見えない』という電信を打って来た。
飛行機を出してから一時間経つと三〇メートル位の風が出て、海上にも大浪が起き、これが為海上にはガスのような濛気が起こり、これが主力艦のマストの上まで高く来るので、上からは絶対に艦隊は見えない。その内に飛行機から、『我燃料あと二五分、母艦見えず！』。さらに引き続いて、『燃料あと二〇分、早く母艦の位置知らせ！』。かくて遂に燃料あと一〇分、五分、それから間もなく通信途絶と言うことになりました。その間における山本赤城艦長の悲壮なる顔！」①

前述の渡邊正弘大尉の遭難事故は、このとき発生したものだった。

部下として長年五十六に仕えた三和義勇大尉（のち連合艦隊参謀、戦死後少将）は、このときのことについて、「当時も赤城は第一航空戦隊旗艦で、この時代からいわゆる海軍の猛訓練ははじまっていた。このときよく話に出る済州島沖の飛行機遭難事件が起きて、渡邊大尉、小島中尉あたりが殉職した。私はそのとき航空本部に勤務していたが、事件後赤城艦長として提出された元帥の報告書を見た。その事故の原因、責任のところを読むと、つぎのようなことが書いてあった。『原因については唯これ艦長として、所轄長として、司令官の意図通りに部下を練成し得なかったことに帰着する。誠に申し訳がない。従ってこの責任は一に艦長が負うべきものである。ここに謹んで上司の裁断を仰ぐ』と結んであった。一言の弁解もしなければ、半句の意見も言わない。況《いわん》や顧みて他を責むるが如き事は、微塵もない。……余談ではあるが、この報告書の余白に、時の航空本部教育長・小林省三郎（のちに中将）が、閣下一流の闊達な字で、『猛訓練を要する以上、これ位の犠牲は覚悟で進まねばならぬ。深く艦長の責を問う必要なし』という意味のことが書かれてあったことを記憶す」②と述懐している。

五十六の部下想いの深さは、彼らを感激させ奮い立たせた。以来、猛訓練とも相俟《あいま》って、海軍航空の技術は長足の進歩を見せるに至った。

11　ロンドン海軍軍縮会議

昭和四（一九二九）年五月一二日、五十六と礼子の間に、次女の正子が生まれた。

五十六は、一〇月八日、軍令部出仕兼海軍省出仕に補され、同日海軍省軍務局における服務となり、つづいて一一月一二日、ロンドン海軍軍縮会議の全権随員を命ぜられた。

五十六が国際舞台に登場するのは、このロンドン海軍会議からであった。このロンドン海軍会議を通して、五十六は「条約派」の色合いを強めるようになる。

ロンドン海軍軍縮会議は、それまで一つにしていた日本海軍を、「条約派（海軍省派）」と「艦隊派（軍令部派）」の二つの陣営に分けるきっかけとなった大きな出来事であった。

ここで、日本海軍の発展の歴史を概観することによって、条約派と艦隊派の考え方、そしてなぜ五十六が「艦隊派」と袂《たもと》を分かって、「条約派」に組するようになったのかが、わかってくるように思う。

①日本海海戦の大勝利で、大艦巨砲主義と迎撃作戦が固定観念化する

明治二六（一八九三）年三月一一日から明治三一年一一月八日まで、西郷従道が海軍大臣の椅子にあったが、実質上日本海軍を動かしていたのは、海軍大臣官房主事、次いで海軍省軍務局長となった山本権兵衛であった。

明治二八（一八九五）年四月、日清戦争の講和条約である下関条約成立からわずか一週間後、ロシア、ドイツ、フランスによる三国干渉によって、日本は遼東半島を返還せざるを得なくなった。こうした国際権力政治に直面した日本は、軍備拡充と防備の必要性を痛感することになった。

日本海軍としては、その防備を、甲鉄戦艦六隻、一等巡洋艦六隻の、いわゆる「六六艦隊」で行なうことにしていた。そこで日本海軍は、明治二九年度から三〇年度より第一期、次いで第二期の海軍拡張を行なうことを計画した。①

山本権兵衛は明治三一（一八九八）年一一月八日、山県有朋内閣の海軍大臣に就任し、三九年一月までその地位にあった。結局未提出に終わったものの、山本が明治三二年一月二二日開会の第一四回通常議会に提出しようとした海軍法案には、「第二条、海軍を帝国攻防の最要器具と定む」と記されていた。山本案の狙いは、日本の国防における「海主陸従」の確立だった。

明治二九年度以降七ヵ年度継続費は、明治二八年一二月に第九回帝国議会に提出され、審議の結果、二〇万三四四〇円削減され、さらに修正が加えられて、総額九四七七万六二四五円八四銭七厘とすることになった。

ところがこの第一期拡張案提出後、さらに有力な巡洋艦の必要に迫られたため、明治二九年五月、西郷海相は、第一期および第二期拡張計画に、さらに装甲巡洋艦二隻を追加する要求案を閣議に提出し、承認を見た。

第一期、第二期を通しての海軍拡張費の総額は、二億一三一〇万九六円八四銭一厘となり、明治二九年から三八年にわたる一〇ヵ年度継続費とすることになった。

明治三五（一九〇二）年一〇月二八日、海軍大臣山本権兵衛は、佐藤鉄太郎中佐草稿による『帝国国防論』を上奏し、世に発表した結果、「海主陸従」の世論が著しく高まることになった。②

ちょうどこの時期の一〇月二七日、第三期拡張案が閣議に提出された。

この拡張案は、当初一億五〇〇〇万円をもって一等戦艦（一万五〇〇〇トン）四隻、一等巡洋艦（一万トン）四隻、二等巡洋艦（四五〇〇トン）二隻の建造と陸上設備を行なわんとするものであったが、財政状況に鑑み、総額一億一五〇〇万円をもって、一等戦艦三隻、二等巡洋艦二隻の建造と、陸上設備の拡張を行なう計画に修正されることになった。

山本海相提出の第三期拡張案は閣議決定されたが、経費総額一億一五〇〇万円の中より将来の維持費をのぞき、総額九九八六万三〇五円二銭一厘と改められ、三六年度以降一一ヵ年度にわたる継続費として、明治三五年一二月開会の第一七回帝国議会に提出された。

しかし同議会は、地租改正のため解散になったため、翌三六年五月に特別召集された第一八回帝国議会に再度提出され、成立を見た。

この計画による建造艦艇は、戦艦香取、鹿島、扶桑、巡洋艦伊吹、榛名、霧島、砲艦鳥羽、駆逐艦浦風、江風であった。

明治三六年一〇月、山本海相は、一等巡洋艦二隻の臨時購入（イタリアで建造中のアルゼンチン注文の装甲巡洋艦で、のちに春日、日進と命名）と第三期拡張計画中の戦艦二隻（のちに香取、鹿島と命名）の製造期限繰り上げ案を提出し、承認を得た。

かくして明治三七年、日露戦争の際の日本海軍の勢力は、戦艦六隻、装甲巡洋艦六隻（いわゆる「六六艦隊」）、その他合わせて軍艦五七隻、駆逐艦一九隻、水雷艇七六隻、総計一五二隻、二六万四六八一トンとなった。③

明治三九（一九〇六）年一月七日、山本権兵衛に代わって斎藤実が新海相に就任した。当時、日本海軍が建造中、もしくは建造に着手しようとしていた主力艦は、戦艦香取、鹿島、薩摩、安芸、装甲巡洋艦筑波、生駒、鞍馬、伊吹、三等巡洋艦利根であった。

これらの艦艇が完成し、さらにロシアからの戦利艦約一〇万トンも加わることになっていたことからして、日露戦争前の一九万トンから、一躍四〇万トンを超えることが見込まれた。しかしながら欧米列強の建艦競争の激化によって、日本としても新たな建造計画を立てる必要に迫られることになった。

そこで斎藤海相は、明治三九年九月末、つぎの艦艇三一隻を中心とする「海軍整備の儀」を閣議に提出した。④

戦艦	約二万トン	一隻（三隻）
装甲巡洋艦	約一万八〇〇〇トン	三隻（四隻）
二等巡洋艦	約四五〇〇トン	三隻（三隻）
大型駆逐艦	約九〇〇トン	六隻（六隻）
駆逐艦	約四〇〇トン	一二隻（二四隻）
潜水艦		六隻（六隻）
計		三一隻（四六隻）

じつは斎藤が最初に意図した艦艇は、右記の（　）内の数であったが、日露戦後の財政難のため、そのような膨大な計画は不可能であることから、この計画に落ち着くことになった。

これは、明治四〇年度より四六年度までの七ヵ年継続費として、総額七六五七万七一〇二円とすることで閣議決定がなされ、明治三九年一二月開会の第二三回帝国議会に提出され承認を見た。

明治四二年一二月時点で、日本海軍の勢力はつぎのようなものだった。

戦艦　一二隻（富士、敷島、朝日、三笠、＊相模、＊肥前、＊周防、＊石見、＊丹後、鹿島、香取、薩摩。

＊はロシアからの戦利艦）

同建造中　三隻（安芸、河内、摂津）

同計画中　一隻

装甲巡洋艦　一二隻（浅間、常盤、八雲、吾妻、出雲、磐手、日進、春日、阿蘇、筑波、生駒、伊吹）

建造中　一隻（鞍馬）

同建造中　三隻
列強と比較すれば、第一位の英国に次いで、米国、ドイツ、フランスがつづき、日本は五位であった。

注目すべきはドイツの急激な海軍拡張であった。

明治三九年二月、イギリスにおいてフィッシャー提督の英断によって、ドレッドノートが出現したことにより、日本の既成艦は、一挙に旧式艦に転落することになった。

この型式の艦は、のちにその頭文字をとって「弩級艦《どきゅうかん》」と呼ばれるが、主砲を一種類とし、一二インチ主砲一〇門を搭載（従来は四門）、二一ノット（従来は一八ノット）の高速で走ることができるという画期的なものであった。

そのころ日本海軍では、薩摩、安芸の建造をすすめていたが、これらをドレッドノートとくらべてみると、ドレッドノートの単一主義に対して、薩摩、安芸は複合主砲主義であった。その結果、片舷砲力を比較すると、排水量は一割多いにもかかわらず、ドレッドノートの一二インチ砲八門に対して、薩摩、安芸には、一二インチ砲四門、一〇インチ砲六門しかなかった。

また、ドレッドノートにつづいて明治四一年に、同じくイギリスで建造されたインヴィンシブルは、一万七〇〇〇トンの排水量で一二インチ砲八門を備え、二五ノットの速力をだすことができた。

これに対して伊吹、鞍馬は、ほぼ一割少ない排水量で一二インチ砲四門、八インチ砲八門（片舷四門）、速力は二二ノット前後にすぎなかった。

これによって日本海軍の新鋭戦艦と新鋭装甲巡洋艦は、たちまち旧式艦に転落することになった。⑤
このため弩級戦艦と弩級巡洋艦の出現は、世界各国の海軍を激震させることになった。

日本海軍としては、明治四三年以降、新たな軍備充実計画を練ることになり、五月一三日、斎藤海相より桂首相に対して、海軍充実計画案が提出された。

しかし第二次桂内閣において、斎藤海相提出の海軍充実計画は実行されず、それに代わるものとして、繰り延べられた既定計画の残余を繰り上げ、艦型更改に要する費用として、八二二二万三一七〇円が計上されることになった。

この予算は、明治四三年一二月開会の第二七議会で協賛が得られた結果、戦艦扶桑、巡洋戦艦金剛、比叡、榛名、霧島の五隻の弩級艦が起工されることになった。しかし財政難のため、この計画はすぐには着手されなかった。

大正二（一九一三）年一一月、斎藤海相は、海軍拡張に関する覚書を、時の山本権兵衛首相に提出した。同月、斎藤海相から各大臣に配布された「海軍軍備補充計画実施の儀」と題する文書には、「帝国海軍の現状を顧みるに、艦齢の老廃と列強海軍の増進とにより、我威力とみに低下し、日露戦争当年の雄姿は殆ど其影なく、拡張は擱き減耗勢力の補充さえも至難の窮態に在り。……既に現状に於いて列強に対し著しく権衡を失いつつある我海軍力は、愈々倍々退下し、今日毫釐《ごうり》の失は明日に於ける千里の差となり、遠からずして国防の急須に応ずる能はざるの状態に陥り」と記されていた。

ところが一一月二七日、海軍原案の三億五〇〇〇万円は閣議の認めるところとならず、一億五四〇〇万円（大正八年まで六ヵ年継続費）の軍備補充費を第三一議会に追加要求することになった。⑥

	三億五〇〇〇万円	一億六〇〇〇万円
戦艦	七隻	四隻
巡洋戦艦	二隻	〇隻
巡洋艦	五隻	〇隻
特務艦	二隻	〇隻
駆逐艦	二六隻	一六隻
潜水艦	一〇隻	六隻

明治四二（一九〇九）年においては、英、米、独、仏、日、伊、墺の順だったものが、大正二（一九一三）年末における列強主力艦の勢力比較はつぎのとおりとなった。⑦

	戦艦		装甲巡洋艦	
	現存（隻）	建造中（隻）	現存（隻）	建造中（隻）
英	五八	一四	四三	一
独	三三	六	二	〇
米	三四	五	五	〇
仏	二〇	九	四	〇
日	一〇	二	一四	三
露	八	七	六	三
伊	九	九	九	〇
墺	一四	二	二	〇

ドレッドノート型新鋭艦のみによる比較は、つぎのとおりである。

	現行（隻・万トン）	建造中（隻・万トン）	計画中（隻・万トン）	計（隻・万トン）
英	二九（六〇）	一五（四〇）	四（一一）	四八（一一一）
独	一七（三八）	九（二五）	二（五）	二八（六八）
米	九（一九・五）	五（一四・五）	二（六）	一六（四〇）
仏	八（一五・五）	九（二二）	〇（〇）	一七（三七・五）
日	五（一一）	五（一四）	〇（〇）	一二（三一）

露	二（三・五）	一一（二九）	〇（〇）	一三（三二・五）
伊	一（二）	九（二三）	〇（〇）	一〇（二五）
墺	二（四）	二（四）	四（一〇）	八（一八）

②八八艦隊建設へ

当時、日本海軍が所有していた戦艦四隻（扶桑、山城、伊勢、日向）、および巡洋戦艦（金剛、比叡、榛名、霧島）は、その目標としていた八八艦隊実現のための第一歩だった。

大正三（一九一四）年三月二四日、突如発生したシーメンス事件の責任をとって、山本権兵衛内閣は総辞職した。

同年四月一六日に第二次大隈内閣が成立し、海相も斎藤実に代わって八代六郎中将が就任した。八代は、四月一七日付で山本・斎藤の両大将を待命にして、五月一日付で予備役とした。

海軍の人事は海軍大臣の専権事項であるとする方針は、すでに山本海相時代に確立した方針だった。

日本海軍は、大正二年度成立の六〇〇〇万円によって建造に着手した戦艦三隻の建造を続行させる必要から、大正三年度軍艦製造所要額として六五〇〇余万円の予算案を、大正三年の第三三臨時議会に提出して議会の協賛を得た。

海軍の充実とシーメンス事件の部内の粛清は、八代の手で解決された。その後、内閣改造を機に、大正四年八月一〇日、無風状態の中で加藤友三郎が八代と入れ替わって、新海相に就任した。①

大正五年、大隈内閣の後を受けた寺内正毅新首相は、加藤海相の留任を強く望んだ。天皇の言葉もあり、加藤は寺内内閣に留任することにした。

大正七年九月二九日、寺内内閣に代わって原内閣が成立したが、またもや加藤は、天皇の言葉を受けて留任した。

大隈改造内閣ではじめて海相になった加藤は、以後、寺内、原、そして原暗殺後は高橋是清内閣と、四代にわたって海相を歴任した。

加藤が海相として心血を注いだことは、海軍力の増強だった。

大正三年、大隈内閣は、「防務会議」を設けた。これは首相が議長となって、外務、大蔵、陸軍、海軍の各大臣、参謀総長、軍令部長を構成メンバーにして、適正な軍備を目指そうとするものだった。②この結果、陸軍の二個師団の増設と、八八艦隊を前提とする八四艦隊の計画を決定した。

当時のアメリカ海軍の仮想敵国は、ラテンアメリカに触手を動かしていたドイツであった。ルーズヴェルトは、明治三三（一九〇〇）年二月、ドイツの第二艦隊法（戦艦三八隻、大型巡洋艦一四隻、小型巡洋艦三八隻）に対抗すべくSecond Only to Britain（第一位海軍）政策を実行しようとしていた。

アメリカ海軍で明治三七（一九〇四）年に作成されたカラープランにおける「オレンジ（日本）」にしても、他の列強に対するプランとして、並列的に考えられていたにすぎなかった。

日露戦争において日本海軍はロシア艦隊を壊滅させたのであり、また日本と英国とは同盟関係にあったことを考えるならば、日本にとっては現実味のある仮想敵国など、じつは見当たらなかった。

このように考えるならば、「帝国国防方針」に記載された日本海軍の仮想敵国としてのアメリカの規定は、「陸主海従」を阻止しようとする海軍の対内配慮と、日露戦争で急膨張した海軍の組織保全のために行なわれたものであるといえる。

普通、平時において軍当局は、切り詰められつつある軍事予算をできるだけ獲得することに努力するものである。そこで日本海軍は、予算獲得の論拠として、「対米七割」という比率主義に頼るようになった。

小林躋造《せいぞう》海軍大将は、明治四〇（一九〇七）年四月から四二年五月にかけての海軍大学校甲種学生時代、教官の吉田清風中佐から、七割思想について、「英米と戦う如き場合があるとして、少なくとも勝負の算五分と五分となるべき兵力は何ほどであろうかと検討された結果、敵の兵力の七割あれば、かくありうる」という話を聞かされた。

海軍大学校を修了した者は、近い将来、海軍幹部に昇進する。したがって対米七割論は、日本海軍の通念となり、ドグマ化していくことなった。

日本海軍が八八艦隊完成に向かって驀進するなかで、海軍予算は、大正五年度を境に陸軍予算を上回るようになった。大正一〇年には、国家予算に占める海軍予算は、三二・五パーセントにも達するようになった。

一方アメリカは、大正五（一九一六）年の海軍法（The Naval Appropriation Act of 1916）によって、三年間で、戦艦一〇、巡洋戦艦六、巡洋艦一〇をふくむ、合計一八六隻の建造計画を立てた。これは「ダニエルズ・プラン」と呼ばれた。

これによってアメリカは、第一次世界大戦中、世界第四位にすぎなかった海軍力を、イギリスを追い抜いて一躍、世界第一位に仕立て上げようとした。

さて英国は、第一次世界大戦休戦前には一一三万トンを超え、世界のすべての海軍力に匹敵するほどだったが、休戦と同時に、注文済み、および老朽艦などを廃棄し、平時編成に戻していた。

しかしながらアメリカは、一九一六年の海軍法を中止せず、他方日本も、大正九（一九二〇）年七月、八八艦隊の建造計画を発表したため、イギリスもまた、大正一〇年三月、超フッド型戦艦（フッド型は四万トン級の巡洋戦艦）四隻の建造計画を、発表せざるを得なくなった。③

かくして日米英の熾烈な建艦競争は、それぞれの国家財政を強く圧迫するようになった。

山梨勝之進（大正七年〜一〇年、海軍省軍務局第一課長、ワシントン会議随員、昭和三年〜五年、海軍次官）は、当時の日本政府の雰囲気について、つぎのように回想している。

「大正九年のころのことである。私が軍務局の第一課長で、部員には、堀（悌吉）、豊田（副武）、古賀（峯一）などがいた。私は古賀に、八八艦隊を整備すれば経費はどのくらいかかるか研究させたことがあるが、六億円くらいとのことであった。その当時、政府の予算は一五億円くらいであったように思う。

ある日、加藤（友三郎）大臣が、今日は内緒の話があると、次官、艦政本部長、軍務局長などを官邸に集めて、つぎのような話をされた。

『私は海軍大臣になって六年近くになるが、世間も議会も大きく変化した。はじめのころは、横須賀での進水式に議員を招待すると、みな結構ですと祝盃を上げて喜んでくれたものである。ところが四、五年経つと大きく変わって、この艦はいくらかかる。経費はどれほど必要かなどと金のことばかり聞き、無条件では喜ばないようになった。実際に艦隊を維持するための経常費が、非常に多くなってきた。国の富は、その割で増していない。このままではやって行けなくなり、私もどうしたらよいか、手をこまねいて考えている』と誠に深刻な話であった。……ある日、海軍大臣以下、海軍首脳部五、六名に水交社に集まってもらって、西野大臣がつぎのような話をされた。

『日本の生存を生かすも殺すも、あなた方海軍でありましょう。しかしせっかく建物が出来ても、これに住むには、カーテンも椅子もテーブルも必要なのであります。このままではやって行けないので、私どもは匙《さじ》を投げるほかありません。皆さんで考えて下さい！』と、腹の底から哀情を訴えた」④

第一次世界大戦後に訪れた深刻な不況とも相俟《あいま》って、それまで好意的だった日本海軍に対する世論の風当たりは非常に厳しくなった。

③ワシントン海軍軍縮会議

大正一〇（一九二一）年七月二日、米国第二九代大統領ハーディングは、日・英・仏・伊に対して、ワシントンにおいて、「軍備制限および太平洋・極東問題」を検討するための国際会議の開催を、非公式に提案してきた。

八月一三日、日・英・仏・伊・中の五ヵ国につづいて、一〇月、ベルギー・オランダ・ポルトガルにも正式招請状が発せられた。

日本側は、全権に加藤友三郎海相（首席）、徳川家達《いえさと》貴族院議長、幣原喜重郎駐米大使、埴原正直外務次官を選任した。海軍側随員は、加藤寛治、末次信正、野村吉三郎であり、五十六と同期の堀悌吉も随員のこの一行に加わった。

一一月一二日（現地日付は一一日）、この日は第一次世界大戦の休戦成立を記念するための第三回目の平和記念日だったことから、この日に合わせてワシントンで会議が開催されることになった。

これより先の大正一〇年八月一九日、原首相は内田康哉外相から、ワシントン会議の全権にだれを派遣すべきかの相談があった際、「あなたがワシントンに行かないとすれば、海相の加藤友三郎が適任だ」と述べた。

政友会方面には、海軍から全権を選んだならば、英米を相手に強硬論ばかり吐いて、まとまるものもまとまらなくなってしまうと危惧する声も上がっていたが、原はこうした声を無視した。

政治感覚の鋭い原は、「海軍以外から全権を出せば、かえって海軍に反抗されて、まとまるものもまとまらないだろう。むしろ海軍からしっかりした人物を選ぶ方が、海軍を抑え、また海軍を納得させることができる」と考えていた。

原は加藤を全権に選任すると、「国内は自分がまとめるから、あなたはワシントンで思う存分やってください！」と激励した。

その加藤は原に対して、「八八艦隊の原則は破りたくないが、米英との釣り合い上、いざという場合の対策は練っている。海軍の防備もアメリカがグアムの防備を撤去するならば、我が方は、小笠原、その他の防備を撤去してもよい。またアメリカがマニラの防備を撤去するならば、膨湖島ほか一ヵ所の防備を撤去してもよいと思っている」と語った。

じつは加藤は、八八艦隊の推進者であったが、国家財政の潰すような八八艦隊の建設に疑問を持つようになっていた。

大正一〇（一九二一）年一一月一一日、ワシントン軍縮会議の開会を翌日にひかえて、ポトマック川の西にあるアーリントン国立墓地で、第一次世界大戦の戦没者の慰霊祭が行なわれた。

その翌日の一一月一二日、ワシントン会議第一回総会の冒頭、米国全権ヒューズ国務長官が、きわめて大胆な提案をした。

「軍備に関する問題のうち、現在最も重要と認められ、しかも迅速かつ有効に処理し得べきものは、海軍軍備の制限である。今この問題に関係ありと思われる一般的な考察の二、三をあげるならば、その第一は、解決困難なる焦点が造艦計画にあること、並びに海軍軍備を適当に制限するためには、造艦競争を放棄しなければならぬことが、これである。

すなわち競争は、その継続方法に関し、いかなる決心をしようとも、これを救済することは不可能であろう。一つの造艦計画は、必然的に他の計画を促し、競争の存続するかぎり、その調節は不可能であるからである。この唯一つの解決方法は、今日ただちに競争を終止することである」

各国の代表団は、固唾を呑んでこのヒューズの演説に耳を傾けた。

ヒューズのいわゆる「爆弾提案」の概要は、つぎのとおりであった。
（1）日英米は、施行中または計画中のすべての戦艦の建造を放棄すること。
（2）そのうえ、さらに若干の老齢戦艦を廃棄して縮小を行なうこと。
（3）一般的には、関係各国の現有海軍勢力を考慮すること。
（4）海軍勢力の測定には、戦艦のトン数を基準とし、補助艦艇はそれに比例して割り当てること。
ところで、このヒューズの四原則を米英日に適用すると、つぎのようになった。

（1）アメリカは、建造中の戦艦一五隻（六一万八〇〇〇トン）と、老齢戦艦一五隻（二二万七七四〇トン）の廃棄。
（2）イギリスは、未起工ではあるが、すでに経費を支出した戦艦四隻（一七万二〇〇〇トン）と、老齢戦艦一九隻（四一万一三七五トン）の廃棄。
（3）日本は、戦艦三隻（進水ずみの陸奥と建造中の土佐および加賀）ならびに巡洋戦艦四隻（建造中の天城および赤城と、未起工だが若干の製艦資材収集ずみの愛宕および高雄）の合計七隻（二八万九一〇〇トン）と老齢戦艦（摂津をのぞく）一〇隻（一五万九八二八トン）の廃棄。①

すなわち米英日の三国の戦艦総計七〇隻（一八七万八〇四三トン）をただちに廃棄するとして、このような廃棄を行なったあとの三国海軍の戦艦は、米国一八隻（五〇万六五〇トン）、英国二二隻（六〇万四四五〇トン）、日本一〇隻（二九万九七〇〇トン）をもって構成される。

代艦の建造は、英米各五〇トン、日本三〇トンを最大限度として、艦齢二〇年に達した戦艦は代艦建造を許されるが、一〇年間は代艦の起工をしてはならない。また代艦は各隻三万五〇〇〇トン以上の戦艦を起工してはならない。

なお米国案によれば、巡洋艦以下の補助艦艇の制限は、戦艦のトン数に比例するとされ、英米両国はおのおの四五万トン、日本は二七万トン、仏伊両国はそれぞれ一五万トンとなるはずであったが、フランスが反対したため協定を見るには至らなかった。

また陸軍の縮小問題は、一一月二一日の第三回総会において、ヒューズ議長から提議されたが、フランスの首席全権ブリアンの反対によって流れてしまった。

一二月一二日、加藤は今後の方針について日本政府に請訓を仰いだうえで、ヒューズとバルフォアと相次いで会談した。席上加藤は、つぎの要旨の覚書を読み上げた。
（1）比率問題については、一〇対六を承認する。

（2）ただしこの承認は、太平洋における要塞および根拠地の現状維持について、明瞭なる了解の成立を条件とする。
（3）防備問題は日米英仏の四国協定とすれば、さらに世界平和に貢献する。
（4）陸奥に関しては、米国側は工程九八パーセントの未成艦とみなしているが、事実は去る一〇月末、すでに完成した新艦であって、代金も払い、全部艤装も終わって、全定員を置き、現に二八〇〇マイルの航海を行なっている。そこで陸奥を保存する代わりに、摂津を廃棄することを提案する。

②

ヒューズは、「太平洋防備問題中にハワイを加えることには断乎反対するが、フィリピンやグアムの現状維持については、完全に同意するものである」と答えた。

バルフォアもまた、「日本の提案には賛成するものである。香港の現状維持を守るが、ただしオーストラリアとニュージーランドは、この制限外に置くものとする」と述べた。

この結果、海軍軍縮条約の問題は、陸奥の取り扱いのみを残すだけとなった。

この陸奥の取り扱いに関して、一二月一四日と一五日の両日、三ヵ国全権会議が開かれた。この結果、陸奥を復活させる代わりに、米国は建造中のメリーランド級の戦艦二隻、すなわちコロラドとウェスト・ヴァージニアを完成して、ノース・ダコタとデラウェアの旧式艦二隻を廃棄するとした。

一方英国は、新艦二隻を建造して、キング・ジョージ、センチュリオン、アジャックス、およびエリンの四隻を廃棄することにした。

代艦建造計画により建造される主力艦の総トン数は、つぎのように決まった。

米国＝五二万五〇〇〇トン、英国＝五二万五〇〇〇トン、日本＝三一万五〇〇〇トン。

仏伊は、その後の交渉によって、米国案の一七万五〇〇〇トンをそれぞれ承認した。

ここに三大海軍国軍艦の勢力均衡問題は解決し、一二月一五日に発表された。

防備制限区域（香港をふくむ）における要塞および海軍根拠地に関し、現状維持の合意が成立した。ただしこの制限は、ハワイ諸島、オーストラリア、ニュージーランド、および日本本土を構成する諸島には適用されず、もちろんアメリカおよびカナダの沿岸にも適用されないとされた。

ところが発表後、英米側は、「日本本土を構成する諸島」に疑問を持った。それは、本協定の適用区域が明らかでなく、ことに小笠原および奄美大島が日本本土を構成するものとして除外されるとすれば不公平である、と考えたからであった。

そこで英米側としては、東経一一度から一八〇度にわたる地域を、防備制限区域にふくませようとした。

これに対して日本側は、小笠原、奄美大島、台湾、膨湖島のみが日本本土から除外されるのであって、（1）樺太南部は制限外であること（ただし同島は、ポーツマス条約によって要塞化が禁止されている）、（2）アリューシャン列島は制限内に入るが、千島列島は制限外であること、（3）日本本土の南方には、小笠原、奄美大島以外に多数の島嶼があるけれども、琉球以外には海軍根拠地を設けるような島はない、と主張した。

さらに交渉をかさねた結果、日本側が譲歩して、小笠原、奄美大島はもちろんのこと、千島列島、琉球、台湾、膨湖島も制限内に入れることにした。

一方米国側は、アリューシャン列島を制限内に入れることにした。

日本としては、わが国を攻撃しうる距離内にある米英の海軍根拠地を強化しない保証を取り付けたが、そのために支払った代償も大きかった。

ワシントン会議で成立した海軍軍縮条約では、戦艦の制限に関するもの以外は、航空母艦の制限のみであって、巡洋艦以下のいわゆる補助艦の制限は行なわれなかった。

航空母艦の制限に関して日本側は、米国の原案によると、日本の割り当ては四万八〇〇〇トンであったが、これを仮に各母艦の最高トン数を二万七〇〇〇トンとすれば、母艦一隻半にしか相当しないので、日本の防衛のためには不充分である。

ことに日本は島嶼国家であり、海岸線が長いこと、かつまた脆弱な木造家屋からなっているために、都市が空爆に脆《もろ》いことなどから、航空機を分散配備する必要がある。

これらを理由として、日本は二万七〇〇〇トンの母艦三隻分として八万一〇〇〇トンを要求した。そのため英米の母艦割り当てが増大しても、やむを得ないとの立場をとった。

この結果、英米は各一三万五〇〇〇トン、仏伊は各六万トンと決定した。

このトン数は、戦艦の比率におおよそ合致した。③

ワシントン軍縮条約は、つぎの理由で、歴上特筆できる意義を持っていた。

その第一に、大国間の自由な討論によって軍縮条約を成立させたことがある。これによって、建艦中の戦艦六五隻、一八〇万トン余を一挙に廃棄することに成功した。

その第二は、イギリスが一八八七年以来採用してきた二国標準主義（二位と三位の国を合わせたのと同等の海軍力を持つこと）を放棄して、アメリカとの均勢（パリティ）に立つことを受け入れたことだった。

米（英）対日の比率を一〇対七とするか、一〇対六とするかについて、なぜかくも紛糾したのかといえば、そこには双方の戦略が密接に絡んでいたからである。

第一次世界大戦においてドイツが没落した結果、米国の目は、太平洋の一大海軍国に成長した日本に向けられるようになった。フィリピンの防衛にもともと不安を抱きつづけている米国にとって、オレンジ（日本）はしだいに現実的な仮想敵国になってきた。

一方、日本にとっても米国は、日露戦争後は西太平洋において考えられる唯一の対象国であった。

日本海軍の対米作戦の基本は、来航せんとする米主力艦に対して、駆逐艦や潜水艦をもって漸減《ぜんげん》作戦を展開し、機を見て主力艦による決戦に引き込んで、一挙に勝負をつけんとするものであった。

当時は一般的に、攻撃軍は敵軍に対して五割以上の優勢率（superity）を有していなければならないといわれていた。

優勢率とは、甲軍（優）と乙軍（劣）の差を乙軍で割ったもの（甲－乙＝X　X÷乙＝superity）であった。

たとえば、一〇対六と、一〇対七とでは、10－6＝4　4÷6＝0.67　10－7＝3　3÷7＝0.43となるのであり、この一割の差は、優勢率を信じる者にとっては、決定的な意味を持つものであった。

しかし、ここで太平洋防備問題との関連で考えたとき、もし米国が、グアムをはじめ太平洋上の諸島に堅固な防備施設を建築したとなれば、漸減作戦は不可能となり、日本の国防の安全は保ちえなくなるのであった。

それゆえに一方の米国の将官たちも、「海軍は軍縮には反対ではないが、条約における米国の譲歩は、経験を積んだ海軍軍人の一般に認める線を越えている」と述べ、太平洋防備問題について、「西太平洋のわが領土の防衛を絶望的にする」として反対した。

米国の主要な海軍軍人のなかで、この軍縮に賛成したのは、プラット少将ただ一人だったといわれている。④

ところでワシントン会議では、海軍軍縮に関する五ヵ国条約のほか、太平洋に関する四ヵ国条約、中国に関する九ヵ国条約や関税条約など、有機的に関連した多角的条約が成立した。

第一次世界大戦以前、もしくは大戦中の、排他的な二国間の同盟・協商システム（日英同盟、日露協商、石井・ランシング協定など）に象徴される帝国主義的な旧外交を排し、それに取って代わるべき新外交を志向する国際協調システムだった。

したがってワシントン会議の成功は、英米指導者の目には、日本における親英米・国際協調派の勝利と映った。

英米の指導者としては、日本側が、対華二十一ヵ条要求の一部放棄、膠州湾租借地返還、シベリア撤兵を認めたことは、英米との協調のなかで日本の国益を図ろうとしていると考えた。

ワシントン海軍軍縮条約は、もう一つ重要な意義を持っていた。それはこの条約が海洋列強の勢力圏分割を意味したことである。

英海軍は北海からシンガポールの海域において優越権を持ち、米海軍は西太平洋において、一方日本は極東において優越権持つことをそれぞれ確認するものであった。前進基地を持たずに、技術の進歩した相手に対して渡洋爆撃を行なうことは、米海軍がいかに優勢であろうとも、ほとんど不可能であると考えるのが、海軍専門家の常識であった。

④加藤友三郎海相の戦略思想

ワシントン会議に臨んだ全権の加藤の胸中については、大正一〇（一九二一）年一二月二七日、ワシントンのショーラムホテルにおいて、井出謙治海軍次官宛に、首席随員の加藤寛治中将（のちに大将）同席のもと、将来日本海軍を背負うことが期待されている五十六と同期の三二期のヘッドである堀悌吉中佐に筆記をさせた、つぎの「加藤伝言」①によく表われている。

「大体の肚として会議に際し自分を先天的に支配せしものは、是までの日米間の関係の改善に在りき。換言すれば米国に排日の意見を成るべく緩和したいとの希望、之なり。如何なる問題に対しても、此の見地より割り出して、『最後の決心』をなせり。……かくて一一月一二日となり、第一回総会の席上にて、余の予想せざりし彼（ヒューズ）提案を見るに至れり。当時議場に於いて、実は驚けり。然れどもHughesの演説中、周囲の空気は之を極めて歓迎せしことは争われず。会議は終了してofficeに帰るまで、自動車の中にて頭中は種々の感想起こりて、決心つかざりき。帰ると直ちに便所に行き、沈思した。どうしても主義として米案に反対すること能はずと決心するに至れり。（中略）

先般の欧州大戦後、主として政治方面の国防論は、世界を通して同様なるが如し。即ち国防は、軍人の専有物に非ず。戦争も亦、軍人のみにして為し得べきものに在らず。国家総動員して之に当たるに非ざれば目的を達し難し。……平たく言えば、金がなければ戦争が出来ぬということなり。戦後露西亜と独逸が斯様に成りし結果、日本と戦争の起こるprobabilityのあるは米国のみなり。

仮に軍備は米国に拮抗するの力ありと仮定するも、日露戦争後の時の如き小額の金では戦争は出来ず。然らば其の金は何処より之を得べしやといふに、米国以外に日本の外債に応じ得る国は見当たらず。而して其の米国が敵であるとすれば、此の途は塞がるるが故に、日本は自力にて軍備を造り出さざるべからず。此の覚悟なき限り、戦争は出来ず。英仏は在りと雖も当てには成らず。斯く論ずれば結論として、日米戦争は不可能ということになる」

このように加藤の国際政治感覚は非常にリアルなものであり、そこには何の虚飾もなかった。

さらに加藤は、みずからなぜわが八八艦隊を葬り去ったのかの理由についても、つぎのように述べている。

「余は米国の提案に対して、主義として賛成せざるべからずと考えたり。仮に軍備制限問題なく、是まで通りの建艦競争を継続する時如何。英国は到底大海軍を拡張するの力なかるべきも相当のことは必ず為すべし。米国の世論は軍備拡張に反対するも、一度其の必要を感ずる場合には、何ほどでも遂行するの実力あり。

翻って我が日本を考ふるに、我が八八艦隊は、大正一六年に完成す。而して米国の三年計画は、大正一三年に完成す。英国は別問題とすべし。

其の大正一三年より一六年に至る三年間に、日本は新艦建造を継続するにも拘らず、米国が何等新計画を為さずして、日本の新艦建造を傍観するもの非ざるべく、必ず更に新計画を立つることになるべし。又日本として米国が之を為すものと覚悟せざるべからず。若し然りとせば、日本には八八艦隊計画すら之が遂行に財政上の大困難を感ずる際に当り、米国がいかに拡張するも、之を如何ともすること能はず。大正一六年以降において、八八艦隊の補充計画を実行することすらも困難なるべしと思考す。斯くなりては、日米間の海軍力の差は、益々増加するも接近する事は無し。米国提案の所謂10・10・6は不満足なるも、But if此の軍備制限案成立せざる場合を想像すれば、寧ろ10・10・6で我慢する結果に於いて得策とすべからずや」②

この「加藤伝言」の言わんとするところをまとめてみれば、つぎのようになる。

(1) 日本海軍が目指している八八艦隊は、わが国の財政規模からみて、とうてい不可能であること。

(2) 八八艦隊を中止することとは、明治四〇年制定の帝国国防方針における日本海軍の「仮想敵国＝米国＝八八艦隊」という思考概念を転換することであり、このことは日米敵対路線から日米友好協調路線への転換を意味していること。

(3) 国防とは単に軍事力のみを指す概念ではなく、広く国家財政、産業、貿易、外交の面からとらえる必要があること。

それゆえに加藤をして、「国防は軍人の専有物に非ず」との感を深めさせたのだった。その考え方を徹底しようとすれば、「軍令部の処分案は是非とも考ふべし。本件は強く言ひ置く。……文官大臣制度は、早晩出現すべし。之に応ずる準備を為し置くべし。英国流に近きものにすべし。之を要するに思い切りて諸官衙を縮小すべし」と非常にドラスチィックなものになるのであった。

さらにまた加藤にとっては、日本の七割の主張が作戦上いかなる根拠に立っているか、不明瞭のように思われた。日本の主張を米国側に納得させるためには、対米七割でなければ絶対に困るという強力な理論的裏づけが必要だと思った。

ワシントン海軍軍縮条約成立の結果、大正七（一九一八）年の「帝国国防方針」の第一次改定で規定された海軍所要兵力、所謂《いわゆる》「八八艦隊構想」は、大転換を余儀なくされた。

対米六割海軍は、大正一一年六月より首相の座に就いた加藤の日米不戦の国防観に基づくものであった。

したがって米国を日本海軍の第一の仮想敵国としたそれまでの「帝国国防方針」は、当然改定されてしかるべきものであった。

ところがこれに先手を打って、「国防方針」の第二次改定の挙に出たのが、軍令部次長の加藤寛治と第一部長の末次信正だった。

加藤寛治が率いる軍令部は、大正一一年、参謀本部との間で協定を作成したうえで、大腸癌という不治の病に冒されていた加藤友三郎首相兼海相（大正一二年八月二四日・関東大震災発生の一週間前、現役首相のまま他界）に対して、改定案の丸呑みを迫った。

「帝国国防方針」の第二次改定に際して実際の作業に参加した者は、陸軍参謀総長上原勇作と、海軍軍令部長山下源太郎、次長加藤寛治、第一部長末次信正だった。

統帥に関わらない首相兼海相の加藤（友）と陸相の山梨半造には、閲覧のみが許された。

加藤（友）は、組閣から一年半余で、亡くなった。口さがない批評家からは、「ろうそく内閣」（まさに炎が消えかかっている）とまで言われた。この前後の加藤は、とても正常に政務が執れる状態にはなかった。加藤が元帥に推戴されたのは、亡くなる前日のことであった。参謀本部と軍令部は、こうした状況のなかで改定を強行したのだった。

大正七（一九一八）年の「帝国国防方針」の第一次改定では、仮想敵国を、ロシア、中国の順に定めたが、第二次改訂では、「帝国の国防は、我と衝突の可能性最大にして且つ強大なる国力と兵力と軍備を有する米国を目標とし、主として之に備え、我と接壌する支露両国に対しては親善を旨とし、之が利用を図ると共に、常に之を威圧するの実力を備ふるを要す」と規定した。

そして仮想敵国の順序を、米国、ロシア、中国の順序に変更された。

このことは、加藤の日米不戦の思想、および対米協調の路線と完全に矛盾するものであった。また用兵綱領においては、仮想敵国の判断どおり、米、露、中の順序で、対一国作戦要領を定めた。二あるいは三の連合に対する場合は、各一国作戦を準用して行なうこととした。

陸軍側は、第一次世界大戦の教訓から、将来の戦争は数ヵ国戦争になる可能性が高く、したがってこれを見込んで作戦計画を立てなければならないと主張したが、海軍側は、日本の国力から見て、とうてい対数ヵ国作戦をするような兵力を整備することはできず、かならず対一国作戦にするように主張した。ともあれ日本国民は軍縮を強く望んでおり、また国際思潮もこれに同じだったことから、結局陸軍側が折れ、海軍側が主張する対一国作戦案で決着した。

「国防方針」の第一次改定では、それまでの露米の順序を、米露に入れ替えた。しかし、わが陸海軍の仮想敵国は、陸軍はロシア、海軍は米国と、相変わらず二元化したままだった。

所要兵力については、陸軍は第一次改定時と同じく四〇個師団としたが、大正一四年のいわゆる宇垣軍縮によって、四個師団削減した。

一方海軍は、ワシントン海軍軍縮条約によって八八艦隊建設が中止されたことから、主力艦一〇隻、航空母艦四隻、大型巡洋艦一二隻を基幹として、これに相応する補助艦艇と航空兵力を整備することにした。③

⑤補助艦の制限協定を目指して—ジュネーブ海軍軍縮会議

ワシントン海軍軍縮条約によって主力艦が制限されたため、列強は補助艦の建造によって海軍力を増強しようとした。このため補助艦の建艦競争が俄然激化することになった。

昭和二（一九二七）年二月一〇日、米国大統領クーリッジは日英仏伊の四ヵ国に対し、ワシントン海軍軍縮条約で規定されなかった補助艦の制限協定を目的とする会議開催についての意向を照会して来た。

米国の招請に対して、フランスとイタリアは、国際連盟の中心である米英に対する対抗意識から会議不参加を回答してきた。

一方イギリスは、世界全域に植民地を保有している地理的特性からくる補助艦の必要性についての配慮をもとめながらも、一二月二八日付でもって会議への参加を回答してきた。

さて日本政府は、二月一九日、閣議において会議への参加を決定し、全権として朝鮮総督斎藤実海軍大将と石井菊次郎駐仏大使、そして軍事専門委員として小林躋造海軍中将を任命した。

同年六月二〇日、スイス・ジュネーブの国際連盟で開催された第一回総会において、米国全権ギブソンは、ワシントン海軍軍縮会議におけるヒューズにならって、冒頭に米国案を提出した。

米国の主張するところを要約すれば、（1）補助艦においても主力艦と同様、英国とパリティにすること、（2）日本の補助艦の比率を主力艦同様に六割に抑えることであった。

すなわち巡洋艦を米英二五万トンから三〇万トン、日本は一五万トンから一八万トン、駆逐艦を米英二〇万トンから二五万トン、日本は一二万トンから一五万トン、潜水艦を米英六万トンから九万トン、日本三万五〇〇〇トンから五万四〇〇〇トンとし、これを基礎にして米国海軍はなし得るかぎりの縮小を歓迎するが、協定総トン数または備砲の口径に関しては、ワシントン海軍軍縮会議で決定された以外の制限を設けることに反対するとした。

しかし、ギブソン全権につづいて行なわれたブリッジマン英国全権の演説では、英国は世界各地に植民地を保有することから多数の巡洋艦を必要とする。だが、総トン数に制限を行なおうとすれば、単艦のトン数と備砲に制限を加えざるを得なくなる。英国のみが小口径砲を搭載する小トン数巡洋艦を多数建造したとすれば、戦闘力の点で米日の大口径巡洋艦にくらべ劣勢になってしまうとして、一万トン八インチ大型巡洋艦については、五・五・三の比率によるが、それ以外のものは、単艦のトン数と口径に関して、三国間に共通する一定の制限を設けるというものだった。

これに対して日本の主張は、海軍トン数の現在量を維持するというものであった。すなわち英米は補助艦全体を四八万トンとするのに対して、日本は三五万トンていどにするというものだった。

七月一四日の第二回総会において、ブリッジマン英全権は、英国の国情からして、総トン数よりもむしろ隻数に重点を置くことを説明するとともに、米国の一万トン八インチ砲巡洋艦二五隻、さらにその他八インチ砲巡洋艦の建造を認めれば、八インチ砲巡洋艦の威力は六インチ砲巡洋艦にくらべて二倍半にもなることから、英国は米国に対してはなはだ劣勢に置かれることになると述べた。

これに対して米国側は、総トン数制限が軍縮の基本方針であるとして、真っ向から反対した。すなわち米国とすれば、もし米英戦争が起こったとすれば、大型巡洋艦が英米同率だとすれば、小型巡洋艦において著しく劣勢に立たされるのであった。

結局、英米両国の対立が激しく、八月四日、第三回総会をもって会議は休止されることになった。①

⑥ロンドン海軍軍縮会議の開催

ジュネーブ海軍軍縮会議の失敗に懲りた米英両国は、補助艦問題についてあらかじめ均等原則（パリティ）を認めたうえでロンドン会議を召集してきた。その結果、おのずから会議の課題は、日本の要求と、米英、とくに米国の年来の主張とをいかに調和させるかになった。

ちょうどそのころ日本では、昭和四（一九二九）年七月二日、田中義一政友会内閣のあとを受けて、浜口雄幸民政党内閣が成立し、外相には幣原喜重郎、海相には財部彪が就任した。

浜口内閣の最大の政策は財政再建で、七月九日、（1）軍縮促進、（2）財政の緊縮、（3）金解禁などを柱とした「十大政綱」を発表した。①

昭和四年一〇月七日、英国政府よりヘンダーソン外相の名をもって、翌昭和五年一月からロンドン海軍軍縮会議を開催する旨の招請状が、日米仏伊の四ヵ国に送付された。

日本政府は、ロンドン海軍軍縮会議招請状受諾後の一〇月一八日、同会議の全権として、若槻礼次郎元首相、財部彪海相、松平恒雄駐英大使、永井松三駐ベルギー大使、海軍側首席随員として左近司政三中将、次席に山本五十六少将（昭和四年一一月三〇日）を選任した。

さて日本海軍は、昭和四年九月下旬ごろから訓令案の検討を行なっていたが、一一月二五日、訓令案を陸軍側に説明し、二六日に閣議決定した。

そして一一月二八日、全権にはつぎの要旨の訓令があたえられた。

「二〇センチ砲搭載大型巡洋艦に於いては特に対米七割、また潜水艦に於いては昭和六年度末我現有量を保持するを要す。此等の要求と補助艦対米七割の主張を両立せしむるが為には、帝国海軍軍備の要旨に悖らざる限り軽巡洋艦、駆逐艦に於いて多少犠牲を忍ぶは已むを得ざることに属す」

このように日本としては、（1）補助艦対米七割、（2）八インチ（二〇センチ）砲巡洋艦（大巡）の対米七割、（3）潜水艦の現有保有量（約七万八〇〇〇トン）保持、の三大原則でロンドン会議に臨むことにした。

ところがこの三大原則なるものは、ロンドン会議当時、海軍省軍務局長として取りまとめに当たった五十六の盟友の堀悌吉（昭和四年九月～六年一一月）によれば、つぎのように矛盾をふくむものだった。

「此の三則は以前から決定していた確固不抜の我海軍の方針といったような歴史的なものではなく、倫《ロン》敦《ドン》会議に対する我が対策として掲げられたものである。（中略）之は国際会議に臨むに方り、我方としては之が貫徹に万全を尽くすべきは云ふまでもないが、戦勝国が戦敗国に対して課する絶対的の強制条件の如きものでは有り得ない事は、常識の上からでも明白である。

殊に第二と第三は第一の総括七割の内訳としての要求であって、今回初めて世の中に出されたものである。

即ち第二は、第一と同様の七割の比率を八吋砲巡洋艦に適用するの要求であって、第三は総括七割の比率の内潜水艦の実噸数を要求するものである。それだから例え我が主張の総括七割が通ったとしても、総計噸数が著しく低下する場合があり、その中に潜水艦自主量なる不変数が割り込めば、他の巡洋艦の方を非常に圧迫することになる。

従って三則を横に書き並べて見て何となく納得の出来兼ねる首尾一貫しない点のあるのは已むを得ない所であって、当時之を人に説明して諒解を得んとするに当たり、一方ならぬ苦心をしたのも当然である」②

日本側全権一行は、ワシントン経由で、昭和四年一二月下旬、ロンドンに到着した。そして翌昭和五（一九三〇）年一月から早々に非公式交渉が行なわれたが、米英側は日本の要求に耳を貸そうとはしなかった。

日本全権の米国経由の裏には、米国政府の意向の打診という狙いもあったが、すでにマクドナルド英国首相がフーバー米国大統領を直接訪問して基本方針と共同歩調をとることを確認した後だっただけに、この日論見ははずれた。

若槻全権や浜口首相には、軍縮を実現させなければ、民政党内閣の政策が画餅に帰することは十二分にわかっていた。したがって彼らは、海軍の主張するところの三大原則ということに対して、さほど重視していなかった。

さらにこれはワシントン海軍軍縮会議以来のことであったが、日本の外交暗号は完全に米国側に解読されていた。

一月七日からはじまった会談は、一〇回にもおよんだものの、なんら成果をあげることはなかった。二月一七日、日米英の三国全権団は激しく論議を交わした。しかし、この日の会談で若槻全権は完全に闘志を失っていた。

若槻としては、英米両国とこれ以上論議をかさねたとしても成果は得られないとの諦《あきら》めがあった。

その後、松平・リード会談で、局面の打開が行なわれた。その時点ですでに仏伊両国が会議から脱退していたため、英米としては、是が非でも日本を会議につなぎとめて、補助艦協定を成立させようと思った。

長年、米国上院の海軍予算委員長として活躍し、シビル・アドミラルと言われるほどだったリード全権と、海軍の知識がまったく無かった松平全権との交渉では、ほとんど勝負にはならなかった。

このため途中の経緯について、いっさい海軍側に伝えることなく、三月一四日の若槻全権による請訓電になった。③

その結果、軍令部を中心に、不満が沸点に達することになった。それに油を注いだのが、野党の政友会の策動や枢密院における平沼一派の動きだった。

田中義一内閣が倒れて浜口内閣がとって代わる契機となった張作霖爆殺事件の政治問題化は、民政系の陰謀として政友会側の憤激を買っていた。

こうした背景が絡まって統帥権干犯問題は表面化した。

随員としての五十六には、この会議の功罪にも、その後の騒動にもなんら責任が無かった。しかし、次席随員としての五十六の存在には深い意味があった。

当時、五十六の親友の堀悌吉が、海軍軍務局長として軍縮会議取りまとめの大任を担っていた。そのため堀は、自分の身代わりとして、米国の軍事事情や航空の新知識にもっとも造詣が深いと見られていた五十六をロンドンに送り出したのであった。

全権として失敗した財部海相と、強硬論の随員の間で板ばさみになった五十六の苦衷は、想像に難くなかった。

五十六は、「会議も牛歩漫々の上、前途いよいよ暗雲緊張の極、戦士惨として声なきの状か」④と書簡に記した。

この海軍軍縮会議に大蔵省から派遣されていた賀屋興宣は、ロンドンにおける五十六の姿の一コマを、つぎのように描いている。

「ロンドン会議の時は、私は毎晩山本少将の部屋に遊びに行きました。私が何をお話ししても、『ウンウン』と非常に愉快に聞いて下さいました。山本さんは聞き上手で、誠に話しやすいお方でした。最後に私が会議が決まるについて財政上から意見を述べましたところ、山本さんはいきなり『賀屋黙れ。なお言うと鉄拳が飛ぶぞ！』と怒鳴られましたのは、今でも心に深く銘じて居ります」⑤

昭和四四年、東京12チャンネル報道部編として過去に放映されたものをまとめた『証言私の昭和史』が出版された。そのなかには、このロンドン会議に参加した賀屋と、当時海軍省書記官として日本全権団に随行した榎本重治の対談が載っている。

—賀屋さん、ロンドン軍縮会議の特徴をわかりやすくお話しいただくとすれば、どういうことになりますか。

賀屋＝そうですね。ロンドン会議も他の会議そう違わないと思いますが、これは年数がたったから、まあ打ち明ける話ですがね。大正一〇（一九二二）年にはじめてワシントン軍縮会議がありました。軍縮というのは、いったいどういう意味を持つんだと、そのとき大蔵省で会議したわけです。一口に言いますと、平和の維持、戦争を未然に防止する。そうして国民の財政負担を軽減する。この二つの目的を達するためとある。それだから今でもよく武力の均衡が平和を維持しているといいますがね。これはもっとそれより次元の高いところにいきたいんだけど、現実の問題はやはり均衡を得た軍備の比率にすると。

そして、軍備というのは相対的なものだから、向こうが多く持てば、こっちも多く持たねばいけない。向こうが少なくなれば、こっちも少なくてすむ。そこで相互に縮小して財政負担を軽くする。これだけなんですね。ごくかいつまんで言いますと……。

それがいろんな形でワシントン会議あるいはジュネーブ会議、ロンドン会議にも出てくるわけだ。英米側では日本が英米の六割で均衡を得ていると主張するし、日本の方は七割でなくちゃ均衡を保てないと主張する。これはつまり客観的の均衡であって、それぞれの国の主観になると違ってくる。そこで争いが出来るわけですね。

―榎本さん、海軍の中でもとくに軍令部の方は対米七割を強く主張したが、海軍省の方では不満であるけれど、時の内閣の意図に沿っていきたいという意向は持っていたと聞いておりますが、その間の微妙な違いはどういうことなんでしょうか。

榎本＝かならずしも違うというわけではないんですね。海軍としては専門的見地からすれば、戦術上、七割がどうしても最低限度だというんですね。しかしながら賀屋さんの言われたように経済上の理由もありますから政治的な考慮を加えれば、専門的の見地ばかりだけから言うわけにはいかない。国防というものは、かならずしも兵力だけでやれるもんじゃないんですからね。外交もあるし、経済上の問題もあるし、そういうものを合わせて国防が出来るんですから。そのような広い考えから、海軍省のある者は、―ある者とは中心的な人々が―そう専門的な意見だけ言ったんじゃ、まとまりが納まりつかないというところだったんです。その当時微妙な違いが出てくるといったのは、そこでしょうね。（中略）

―そうすると、こういうたびかさなる軍縮会議の効用といいますか、歴史的な意味というものは、どういうこととして、いま考えればよろしいのでございますか。

賀屋＝これはね、ワシントン会議がなかった日には、非常に日本の海軍費の負担が増えて……。当時の八八艦隊の計画なんて、大変なものです。到底これはやれないもんです。ですから日本の歴史といえば大げさだが、史上ワシントンの主力艦制限会議というのは非常な効果があります。それからロンドン会議の方はむしろ現状よりは、さらに拡張することを防いだという程度ですかね。

榎本＝ロンドン条約のいいところは、主力艦の建造開始を延ばしたことです。ワシントン条約によりますと、昭和六年からずっと主力艦を代艦―新しい艦と古い艦とを引き換えなくてはならなくなったんです。それを昭和一一年までストップにしたんですね。こういう点は非常に大きいですね。だから補助艦の勢力はそう減りはしませんでしたけど。その点で効果があったわけです。それからワシントン条約の経済上に及ぼす影響、これは大きかった。賀屋さんがおっしゃったとおりです。これがなければ日本はどうにもならなかったでしょうね。⑥

ついに浜口内閣は、首席全権の請訓案を承認することにした。

昭和五年四月一日朝、岡田啓介軍事参事官、加藤寛治軍令部長、山梨勝之進海軍次官の三名は、打ち揃って浜口首相と会見した。

席上浜口首相は、「若槻全権の請訓以来二週間も経って、これ以上政府の回訓電を延ばすことはできない。ついては政府としては日本の原案でこれ以上突っ張ることは、会談決裂の覚悟を必要とするが、決裂すればたちまちに建艦競争の恐れがある。もし条約が成立しなければ、予定計画だけでも昭和六年から向こう五ヵ年間に主力艦で三億四〇〇〇万円、補助艦において四億八〇〇〇万円必要とする。ところが財源不足のところに加えて、もし競争でも起こるとすれば、米国の大巡二三隻計画の七割として一六万一〇〇〇トン、これはこの他の補助艦艇の新造をも併せ考えると、その建造費と維持費とは余地がないし、金解禁の後始末として是非減税はしなければならぬ。また社会政策も実施しなければならぬ。会議が決裂すれば日本は孤立となり、中国問題でも英米の妨害を受けるときは、その不利益は甚大である。それは対英四分利借款の償還期限も迫っておるが、その借り換えができるかどうかの問題も起こる。これらを考えた結果、請訓を呑む決心をした」と条約受諾の理由を語った。

この浜口首相の決意から三時間後に閣議決定がなされ、さっそくロンドンに向けて回訓が発電された。

閣議の席上、山梨次官が説明を加え、閣僚の了承と署名を取り付けた。

その覚書には、つぎのように記載されていた。

「軍備制限協定の成立に伴い、国防計画実施上起こり得べき困難なる諸点を緩和するの対策としては、内容の充実と術力の向上に俟つの外なし。内外の充実に関しては、現存艦船の勢力の向上及び維持、実験研究機関の奨励及び充実、防備施設の改善、特種水上艦艇の整備、製艦技術及び工作力の維持、失業防止等に就き、適当なる措置を講ずるの要あるべく、また術力の向上に関しては、教育諸般の施設の改善、各種演習の励行、勤務生活の改善等を考慮するを要すべし。之が為に、従来艦艇建造費の為圧迫せられ勝ちなりし各種経常費、演習費、艦船改装費、艦船修理費等に付き充分に考慮すること」⑦

ロンドン海軍軍縮会議の大詰めで、東京の海軍省から、「英米との妥協案で妥結すべし」の回訓を受け取った後、四月二日、財部海相（全権）から海軍随員一同に対して、つぎの訓示があった。

「今次の軍縮談判の経過につきては、私がぐだぐだしく曰はずとも承知の通りなり。昨日回訓に接し此の訓に基き善処せんと思ふ。八年前の華府会議、四年前の寿府会議に於いて、我海軍は深刻なる印象を有し、各員は一致協力して来れる結果として米国経由以来昨今迄相当の進捗をし来れりと思ふ。

先月一三、四日頃に至り、御承知の通りの変化を来し、今日に至り顧みれば、自分の力及ばず、思慮の及ばずして自責の念に堪えず。細く検すれば色々の事もあるべし。然し斯くなれば致し方なし。今日は如何にして最善の帰結に達すべきかにあり。国際談判は己の欲する通りには行かぬことは当然、国際談判は両者共に満足に行かぬが常態なり。……会議結果は今次幾多変遷あるべく、仏伊の態度もあり、条約締結の方法もあるべし。今日我海軍部内にて善後策を講じ得べく、一九三五年の会議は如何なる其の時にならねば不明なり。困難なる場合軍規厳粛なるを最も必要とす」⑧

財部海相はこのように述べ、回訓にしたがって英米との最終妥協案を受諾すると語った。

これを受けて海軍随員次席の五十六は、「随員は軍規を紊る如き事あるべからず。大臣のこの際に処し、自重せらるるは、尚重要なる会議事項の存するによると思考す。今日の回訓は、出来得る限り広義に解釈し努力あらんことを望む」⑨と述べた。

昭和一二年一〇月から海軍省臨時調査課長を務めた高木惣吉（海軍少将）によれば、ロンドン海軍軍縮条約の影響について、海軍部内に生じた分裂が、爾来一五年にわたる禍根を残したばかりでなく、統帥権騒ぎの余波は、海軍よりむしろ在郷軍人、右翼団体など意外な方面に及んで、いわばファシズムの狼煙と化してしまい、やがてそれは満州事変、日中戦争の導火線となり、ついには太平洋戦争の破局の第一歩になったとしている。

軍事的観点においては、当時はすでに第一次世界大戦が終わってから一二年が経過し、戦艦、巡洋戦艦を主役とする海上決戦は黄昏の時期に入っていた。

したがって水上艦艇比率、すなわち対米英比率六割、七割に拘泥することはあまり意味を持たなくなっていたが、しかしこのことを理解している海軍軍人はほとんどいなかった。

いるとすれば、時の軍務局長の堀悌吉と五十六ぐらいなものであった。

昭和二（一九二七）年春、海軍航空本部が新設され、その暮れに第一航空戦隊がようやく編成されたばかりの海軍航空隊は、昭和五年のロンドン海軍会議のころはまだ揺籃期にあった。軍用航空機研究のため、明治四二年七月に陸海および民間の三者共同で臨時軍用研究が設けられてからすでに二〇年の歳月が流れていたにもかかわらず、その開発は遅々としてすすんでいなかった。

第一次世界大戦において青島戦に参加した日本軍の飛行機は、わずか一二機という有様であった。その後、母艦として、ワシントン海軍軍縮条約で建造中の巡洋戦艦を改装した赤城と小型空母鳳翔が就役して、航空戦隊の主力になっていた。

このほかに輸送特務艦を改装した水上母艦若宮、能登呂《のとろ》、神威《かもい》などがあったが、微々たるものであった。

また基地航空隊の方はというと、大正五年に横須賀に、七年に佐世保に、一一年に霞ヶ浦と大村にそれぞれ航空隊が設けられ、さらに一四年に広分遣隊が開隊した。⑩

⑦ロンドン海軍会議以後の五十六

ロンドン会議当時、五十六がもっとも信頼する堀悌吉は、海軍政策の要である海軍省軍務局長にあり、また同じく親友の古賀峯一大佐も海軍省高級副官だった。

ロンドン海軍会議で随員首席であった左近司政三《さこんじせいぞう》（元中将）は、当時の五十六について、「日本海軍は冒頭より堂々と、（1）補助艦比率総括約七割、（2）大巡洋艦の比率七割、（3）潜水艦七万八〇〇〇トンのいわゆる三大原則を主張していた。しかるに英米の主張は依然として六割を原則とし、日本に譲歩を要求してきた。ここにおいてわれわれ海軍の委員は、喧々諤々、連日連夜の意見の開陳に、夜の更けることさえ忘れて議論を闘わせた。かかる際山本少将は、いつも意見のまとめる役を務め、その手腕はじつに鮮やかであった。少将はまず専門委員に十分各自の意見を述べさせ、各自意見の尽きたる時分に、『諸君の意見はよくわかった。万事俺に任せろ！』と明察果断よく意見をまとめ、日本より持ち来りし養命酒を皆に飲ませ、その後は和やかにトランプ等をさせて一同の和合に努めるなど、その間の奇知・策略はじつに水際だった手腕を見せたものだった」①と述べている。

左近司の述懐にもあるように、五十六は海軍次席随員として、強硬論に傾きがちな海軍専門委員の意見の取りまとめに苦労していた。

五十六と軍務局長の堀悌吉は信頼すべき強固な盟友だったのであり、たがいにロンドン会議成立のために尽力していたのである。

したがって賀屋宣興に対する五十六の言動の一件だけを捉えて、五十六は海軍随員で一番の強硬派だったと断定するのは適当ではない。

さて第五九議会では、ロンドン海軍軍縮条約に関して与党と野党との抗争が激化し、さらにその批准をめぐって枢府対政府は険悪な状態になった。

昭和五年六月、ロンドン会議から帰朝した五十六は、一時病と称して鎌倉の自宅に引きこもり、いっさいの来客を断って蟄居した。このため世間では、五十六はロンドン海軍条約に憤慨して引退するのではないかとの噂さえ飛んだ。②

部内の抗争から身を遠ざけていた五十六は、昭和五年九月一日付で海軍省航空本部出仕になり、つづいて一二月一日、航空本部技術部長に補せられた。ここにおいて五十六は、俄然軍備の革新と航空第一主義のため活躍することになった。

当時における飛行機の実情は、きわめて幼稚だった。そのころの海軍機というと、母艦に搭載された車輪付き艦載機と、軍艦に積まれた浮き舟付き水上機だった。行動距離も二〇〇浬《カイリ》ていどだった。

飛行機が艦隊の耳目として、偵察や捜索の任務に当たることについては、だれも異論がなかったし、艦隊決戦の際に爆撃の補助的任務を果たすことは、一般に認識されていた。しかし決戦における主要兵力になるとは、当時はだれも予想していなかった。

部内の消息通は、「一二月に航空本部技術部長に就任した山本少将は、山梨勝之進次官の努力によって保障された政府の覚書中、航空兵力の整備、実験研究機関の奨励、および充実のために、渾身の手腕を振るうことになった。……すなわち前から胸中に描いていた『海空軍』を『空海軍』に成育させようとのど偉い抱負であった。その具体的な方策として、航空技術陣の大刷新であり、また軍部の補助に惰眠を貪る、航空関係民間会社の徹底的な覚醒であった。

飛行機は従来の幼稚な木製から、金属製の高性能機へと強推進されていった。……このため山本少将の採った奨励策は、『すべてを国産品』というのであったが、他方また外国新鋭機には惜しまず特許料を払って、この長所を学ぶことにきわめて勇敢であった。基地航空隊一四隊の新設予算が成立し、同七年には、航空機の造修実験研究の総合機関としての航空廠が新設されることになった。後年雷名を馳せた中型攻撃機も、零式戦闘機も、いずれも当時苦心の結晶として実を結んだものであった」③と語っていた。

海軍航空本部技術部長としての五十六の活躍ぶりについて、黒潮会に所属していた毎日新聞記者の池松文雄は、「私がはじめて山本五十六に会ったのは昭和五年であった。そのころ海軍記者は、ほとんど毎日のように堀悌吉軍務局長の部屋を襲った。じつに頭の良い事務のさばける人で、机の上は未決の書類がかつて残っていたことがない。記者団が押しかけると、いつも悠々と談笑する。ところがその部屋に、しばしば散切り頭のいたずら坊主のような少将が横柄な様子で入って来る。何回かそういうことがあってから、あれが山本五十六という珍名の航空技術部長であることを知った。そしてそれからはときどき部長室に訪ねて行った。ある日、駆け出し記者二人で彼の前に行くと、大した質問もしないうちに、海軍航空大計画というものを、じつにはっきり大胆に語ってくれた。私は社に帰って、胸をワクワクさせながらこのニュースを書いたが、山本の話より、ずいぶん控え目に書いたことを覚えている。

翌日、海軍クラブに顔を出すと、『オイ君の記事で海軍が騒いでいるぞ』と先輩から注意された。これは相当文句を喰うかと覚悟していたら、つい何事もなくて済んだ。後で聞くと軍令部が種の出所を問題にしたところが、山本技術部長が、『俺がしゃべった。記者には罪がない。あんなことが秘密なものか！』と啖呵《たんか》を切ってくれたのだという。海軍航空隊の育ての親と言われた彼にとっては、あまり貧弱な日本航空に、秘密等あるはずがないという、積極主義の現われだったのだ」④と述懐している。

昭和六年六月一八日、五十六が敬愛していた前軍令部長の山下源太郎大将が、六九歳で他界した。山下大将の夫人と五十六の結婚の媒酌人を務めた四竈孝輔の夫人は、姉妹同士だった。山下が亡くなる前のこと、長い病中、昼夜を問わずに枕頭に侍《はべ》って看病に当たっている夫人の苦労は並大抵ではなかった。そのため夫人重病の山下が意識朦朧のなか、うっすら目を開けたとき夫人の姿を確かめると安心した。そのため夫人としては四六時中、病人の枕元にいる必要があった。周囲の者は、これは何とかしなければならないと思案した。

ある晩のこと、五十六は夫人用の大島紬の着物と帯を締めて、山下の枕頭に座った。すると昏睡から覚めた山下は、五十六を夫人と錯覚してまた安心して寝入った。

12 第一航空戦隊司令官

昭和八（一九三三）年一〇月三日付をもって、五十六は第一航空戦隊司令官に就任した。この当時の五十六について赤城飛行隊長を務めていた三和義勇少佐は、「昭和八年、山本少将は第一航空戦隊司令官となられた。旗艦は赤城、艦長は塚原二四三大佐で、私は赤城の飛行隊長をしていた。……このころにはもう航空機こそ来るべき海戦の主兵とは、職を航空に奉ずる者は皆そう信じていた。しかし海軍全体としては、なかなかそこまで行かず、また飛行機そのものの能力も貧弱だったから、演習に際しても砲戦魚雷戦等の補助兵力として使われることが多かった。少将は斯様な空気の中に司令官として来られたのである。ここに又此の司令官として猛訓練が展開された」①と述べている。

ある晴れた日のこと、赤城の上空では二機の戦闘機が敵味方に分かれて、くんずほぐれつの空中戦の訓練をしていた。たまたま見学に来ていた部外者が、その妙技に感嘆して、「じつにうまいものだ……」と言うと、五十六はキッとなって、「君あれを遊びのように見てもらっては困るよ。ああやって上空から真っ逆さまに降りると、肺の中に出血する。そしてこれに従事した者の命を奪うことになるんだ。この訓練は三〇歳を超えては出来ない。実際他人の子を預かっていて、あんなことをやらせるのは忍び難いんだが、お国のためには代えられないのでやらせているんだ」②といった。

このころ五十六が手帳に殉職者の名前を一人一人書いて、ときおり物思いに沈んでいる姿を、三和は垣間見ていた。司令官になった後の五十六は、執務している椅子の真正面に殉職者の氏名を書き出して、毎日それをじっと眺めてから仕事に取り掛かった。

また新たに航空戦隊に入隊した者が申告のため司令官室に入ってくると、その部屋に張ってある殉職者の氏名に向かって敬礼するよう命じ、その後、「わが海軍航空隊が絶対にだれにも負けないようになるためには、恐らく犠牲者の名前がこの部屋いっぱいに張り出されなければならないだろう。諸君もその覚悟でやってくれ。今日は入隊の挨拶として教官指導の下に宙返りを五、六編やって来い。司令官への挨拶はそれから受ける」③と言った。

かくして海軍航空隊は、五十六の熱血指導の下で画期的な発展を遂げることになった。

13　海軍良識派の衰退

①戦時大本営条例、同勤務令の改定

五十六が第一航空戦隊司令官に就任して実戦部隊に行っている間、霞ヶ関の赤レンガ内では深刻な対立が起きていた。

ロンドン条約をめぐる日本海軍内の条約派と艦隊派の対立は、一応、条約派の提督として山梨、堀を、一方の艦隊派の代表格の加藤（寛）、末次の両方を喧嘩両成敗にするかたちで収拾されることになった。かたちは両派相殺だったが、実際には条約派の衰退であった。

その後、加藤・末次一派が、海軍内で権力を握るなかで、昭和六年一二月、陸軍が閑院宮を参謀総長に据えると、海軍もまた谷口尚真《たにぐちなおみ》に代えて、翌七年二月二日、艦隊寄りの伏見宮を軍令部長に擁立した。

さらに加藤・末次一派は、一一月八日、就任以来わずか四ヵ月の百武源吾に代えて、加藤直系の高橋三吉を軍令部次長に据えることに成功した。

無定見な宮様部長を担ぐ軍令部の実質的な権力者は、次長の高橋であった。

高橋は、海軍大学校、軍令部、連合艦隊と相次いで加藤寛治の幕下にあり、加藤が軍令部次長時代には、第一班第二課長として仕えた腹心の部下だった。

高橋は次長に就任すると、さっそく軍令部令の改定に取り組むことを決意した。しかし、この改定には大きな抵抗が予想されたため、すぐにはこの改定を行なわず、手始めに戦時大本営組織の改定から取り組むことにした。

かつて高橋は、軍令部第一班第二課長時代（大正一一年一一月〜大正一三年五月）に、軍令部令の改定を試みたことがあった。

大正一一（一九二二）年、第四六帝国議会において加藤友三郎海相は、「主義として軍部大臣は武官でなければならぬとは考えておらぬ。主義の問題ではなくして、実行上において円満に行くかどうかが問題である」と答弁していた。

『加藤（友）伝言』にも、「文官大臣制度は早晩出現すべし。これに応ずる準備を為し置くべし。英国流に近きものにすべし。これを要するに思い切りて諸官衙《かんが》を縮小すべし」と述べており、英国流の文官大臣制度確立に強い期待を示していた。

一方の高橋は、近い将来予想される文官大臣出現に対処すべく、できるだけ軍令部の権限を拡大することを意図していた。

しかし加藤（寛）次長、末次班長らは、大御所の加藤（友）の叱責を恐れて、高橋の考えを積極的に出そうとはしなかった。

大正一二年六月、加藤（寛）に代わって堀内三郎が次長に就任した。堀内は、「これは現行のものとくらべて大改革だ。正式に商議しても事は面倒だ。軍令部の意見として提出しよう」と考えた。①

日本海軍においては、山本権兵衛海相時代から海軍省の権限は絶大なものがあり、伝統的に海軍省が絶対優位を維持していた。

佐藤鉄太郎少将（のちに中将）は、軍令部次長時代（大正四年八月～同年一二月）この改定を企てたが、加藤（友）の忌避に触れ、突然、次長から海軍大学校校長に左遷された。

このような経緯を見て取った軍令部側は、その権限強化の第一歩として、戦時大本営編制と職員勤務令の改定に着手することにした。

海軍省側の担当者は、軍務局第一課長の沢本頼雄大佐、そして後任の井上成美《しげよし》大佐だった。

軍令部による改正案とは、従来海軍大臣の下にあった「海軍軍事総監部」以下の軍政諸機関を廃止し、「大本営海軍戦備考査部」の一機関を新設し、ここに大臣以下の海軍省首脳を包括し、これを軍令部長の下に置く軍令機関とするとした。

さらにまた「大本営海軍法同部」を新設することによって、報道宣伝を実質的に軍令部側の担当にするというものであった。②

次いで軍令部側が着手したのが、軍令部編制の強化改定だった。

明治二六（一八九三）年に海軍軍令部が発足したときには、部長の下に、第一局（出師作戦、編制など）、および第二局などをふくめても二九名という小所帯だった。

軍令部改定案は、組織については、第一班長直属（国防方針、戦争指導、軍事条約など）と、第三班長直属（情報計画、情報総合など）を新設し、また第三班に第二課増設して第七課（欧州列国軍事調査）、第八課（戦史）とし、さらに第四班を通信関係班として独立させ、第九課（通信計画、通信要務）、第一〇班（暗号研究）、第一一班（暗号維持）に改定しようというものだった。

この改定案でもっとも特徴的な事項は、戦争指導を担当する第一班長直属、海外情報を総合する元締めとなる第三班長直属、それに海軍省の電信課を入れる軍令部第九課の新設であり、これによれば軍令部は戦時のみならず平時においても、その権限を拡大維持できることになった。

これに対して海軍省側は、局長や課長など全員が反対した。このため改定案は、藤田尚徳次官、寺島健軍務局長の間で止まったままになった。

そこで高橋次長は、岡田海相との直接談判をもって事態を打開しようとした。

軍令部側は、期日を定めて海軍省側に回答をもとめ、その期日まで回答しようがしまいが改定を行なおうとした。

当時、軍令部内の編制や各課の定員は、定員増加の場合をのぞいて、軍令部長の独自の発令でできることになっていた。

昭和七年九月三〇日、高橋は、海相官邸で岡田海相と会談した。

岡田が、「自分はこんな乱暴な案は見たことがない。不都合千万じゃないか！」と言ったところ、高橋は、「もしも改定がならぬのであれば、軍令部次長の重責を辞する決心でいる」と嘯《うそぶ》いた。

しかし岡田としては、とうていこの改正案には賛成できなかった。そこで岡田は、「ただ見た」という印として【岡田】の印を逆さまに押した。③
高橋は、「なんでも構わぬ。断行する決心には変更はないのだ！」との考えの下に、喧嘩別れの状態でこの改定案を強行した。

こうして昭和七年一〇月一〇日、軍令部長の権限で軍令部編制の改定が発令された。ところが定員の増加は海軍大臣の認めるところとはならなかったため、結局、既存の定員を広く新設組織に割り振るかたちで改定されることになった。

②新軍令部条例、省部業務互渉規定と井上成美

昭和七年一一月一日、井上成美は海軍省軍務局第一課長に就任した。すると間もなく井上は高橋三吉軍令部次長から呼ばれ、「君はこんど一課長となったが、自分はロンドン会議以来の海軍の空気を一掃

しようと思っている。ついては大いに君に助力してもらわねばならない。統帥権などの問題もあって、改正しなければならない点もあるので、十分君にお願いするしだいである。これらのことは、いまやらなければならない」と告げられた。

井上は、「いまやらなければならない」とは、伏見宮在任中を意味すると直感した。そこで井上は、「ロンドン会議以後の嫌な空気をなんとか一掃しなければならないという意見に対してはまったく同意見でございまして、自分としても微力ながら十分これに協力したいと思っています。しかるに貴官の部下は、貴官のご趣旨とまったく反対の言動をやっていることをご存知ですか。

たとえば軍令部の課長や参謀のなかには、演習や戦技等に行って、軍令部はかくかくの意見だが海軍省の役人が腰抜けだから云々と言う者もいるが、これでは地方や艦隊の者には、あたかも部内に対立があるかのごとく響きます。かく言うようなことをしておっては、ロンドン会議以後の陰惨な空気を一掃するどころか、ますますこれをアジテートすることをご存知ですか。……いまひとつ、統帥権問題の解決と言われましたが、自分は正しいことだったら喜んでやります。ただし軍令部の主張だからと言って、頭から押し付けて来られたのでは、私は承知いたしません。正しきことでなければやりません！」①と、きっぱり断った。

それにもかかわらず昭和八年三月二日、海軍省と軍令部の間で、軍令部条例と省部互渉規定改正の商議が開始されることになった。

当時の井上の心境は、「事は重大である。どうしてもやると仮定しても、二年や三年、研究を要することだ。また時期として、いまがよいかどうか。五・一五事件の直後、ロンドン会議後の統帥権問題等を俎上に上せることは、ますます波瀾を新たに巻き起こすこととなり、時期として宜《よろ》しからず。

なおこの問題について、殿下を戴《いただ》いているときにこれをやることは、不自然なる方向に事が収まる危険があるから、一課長としては、二年の在任中にこれを握り潰そうと決心した。そうすれば軍令部の人も替わり、空気も変わるだろう。前軍令部の編制替えを押し付けたやり口をもってみれば、いまごろやることではない。ところで握り潰すには、だれが悪者になればよいか。主務はA局員のところだが、問題があまりに大きく難しいこと、またA局員に握り潰せとは言えぬから、自分がこれを取り上げることにした。結局、A局員は内容を見ずに課長に渡した」と述懐している。

しかし六月下旬、省部間で逐条交渉を行なうことになったため、井上はそれまで研究したものを上司に提出した。

この交渉での最大の問題は、第一に、「海軍軍令部」の名称を「海軍」を取って「軍令部」に、「海軍軍令部長」を陸軍に倣《なら》って「軍令部総長」にすることであった。

井上の意見は、つぎのようなものであった。「これは明治二六年ごろからの古い歴史があり、畏《おそ》れ多くも明治大帝のご制定になったものである。この名で日清、日露の大戦に参加し、伝統に輝く立派な名前である。これをなぜ取る必要があるか。じつに嘆かわしい思想である。参謀本部の真似をする必要はないではないか。なにか不都合があるか。

海軍という字が嫌いなのか。国家機関の名前等は左様軽率に変えるべきものでない。書記官や法制局あたりもまったく同意見であった。高橋次長は感情に走って、冷静に理屈を聞いてくれぬ。上奏のとき、御下問があったらどうするか。『海軍』を取ることの理由は有力なものはなにもない。しかも御下問になりそうな点である。『部長』を『総長』にすることは、それでも差し支えない」②

第二の問題は軍令部条例問題で、海軍軍令部長は、「国防用兵に関することを参画し、親裁後、これを海軍大臣に移す。ただし戦時にありて大本営を置かざる場合においては、作戦に関することは、海軍軍令部長にこれを伝達す」とあるのを、総長は「国防用兵の計画を掌り、用兵の事を伝達す」と改め、用兵、作戦行動の大命伝達は、常に総長の任にしようというものであった。

当時海軍省には、海軍大臣は憲法上明確な責任を持つ国務大臣であるのに対して、海軍軍令部長は大臣の部下でもなく、また憲法上の機関でもないから憲法上責任を取ることがないので、大臣の監督権の及ばない軍令部長に大きな権限をあたえるのは、立憲政治の原則に反するという考え方があった。③

軍令部側が主張する改正案の主眼は、それまで海軍省の権限に属していた事項の相当部分を、軍令部の権限内に移そうというものであった。

軍令部の権限拡大の具体的内容を記してみれば、第一に兵力量に関する主務を明確に軍令部側に移すというものだった。

この問題はロンドン条約の回訓問題以降、海軍上層部間で揉みに揉んだすえに、昭和五年七月に財部海相が上奏して裁可を得、「海軍兵力に関する事項は、従来の慣行によりこれを処理すべく、この場合においては、海軍大臣、海軍軍令部長に意見の一致しあるべきものとす」と決定された。

しかし「従来の慣行」の意味が不明瞭だったことから、その後も問題となり、昭和八年一月、陸海軍首脳四者（荒木貞夫、閑院宮載仁《ことひと》、大角峯生、伏見宮博恭）の間で、「兵力量の決定について」と題する覚書が作成された。

これによれば、「兵力量は国防用兵上絶対必要の要素なるをもって、統帥の幕僚たる参謀総長、海軍軍令部長これを立案し、その決定はこれを帷幄機関を通じて行はるるものなり」となった。

第二の問題は、人事行政の問題だった。これは従来、海軍大臣の専権事項とされていた。互渉規定で参謀官の進退に関してのみ、大臣が軍令部長に商議するように定められていたが、新たな軍令部案によれば、兵科将官や艦船部隊指揮官にまでその範囲を広げて、起案権をもとめようとするものであった。

④

第三は、警備船の派遣問題だった。従来は軍政事項として海軍大臣の主務だったものを、軍令部長の主務とし、起案も上奏も伝達も軍令部側が実施しようとするものだった。その他、教育や特命検閲などについても、省部いずれを主務とするかで問題となった。

海軍省軍務局第一課長の井上成美に対する軍令部側の交渉者は、第一班第二課長の南雲忠一大佐だった。ある日、その南雲がものすごい剣幕で井上のところにやって来て、「貴様のようなわけのわからないやつは殺してやる！」と怒鳴った。

井上も負けじと、「やるならやってみろよ。そんな脅かしでへこたれるようでは、職務が務まるもんか！」と言い返し、机の中から遺書を取り出して、南雲の顔の前に突きつけた。

こんな状態であったため、井上と南雲の間の交渉はまったくすすまなかった。

交渉はそのまま寺島健軍務局長と嶋田繁太郎第一班長の交渉に繰り上げられることになったが、ここでも停滞したため、七月三日、高橋次長から藤田尚徳次官に直接話が持ち込まれた。しかし主務者が諒解していないものを次官に持ち上げたからといって、どうにもなるものでもなかった。

ところが大角海相が伏見宮軍令部長と交渉した結果、七月一七日になって、大角は宮様部長の威圧に屈して、海軍省側の主務者不同意のまま、軍令部改定案に基本同意してしまった。

こうした軍令部の権限強化に対して斎藤実首相は、「かれこれ変更することは、はなはだ面白くない」と語っていた。

また鈴木貫太郎侍従長も、「加藤友三郎内閣のとき、一応その話がでた。加藤大将は、『自分の目の黒いうちは、そういうことはさせぬ』と語っておられた。……（海軍軍令部を）参謀本部のようにすれば、海軍には非常な危険をともなう」と強く批判していた。

その後、省部間で合意事項を法文化する作業が開始されたが、その過程においても、省部間の意見の食い違いが表面化することになった。

たとえば、「海軍軍令部総長」としようとして紛糾したり、互渉規定の主客が改まったりして問題になった。

九月に入って、軍令部側は最後案を提示してきた。その際、伏見宮軍令部長は大角海相を呼んで、

「この案が通らなければ軍令部長を辞める！」と脅しをかけ、「私が大演習に出発するまでに片付けたい」と、期限を付けて軍令部案の承認を大角に迫った。

九月一六日、井上は寺島から軍務局長室に呼ばれ、「ある事情により、この軍令部案によって改正をしなければならなくなった。こんな馬鹿な案で改正をやったと言う事の非難は局長みずからこれを受けるから、曲げてこの案に同意してくれぬか」と言われた。

そこで井上は、「自分で正しくないということには、どうしても同意できません。私は長年ご奉公してきましたが、常に正しいことをやる。不正なことはどこまでも反対する方針で来ました。また当局も自分をそういう位置に使ってくれましたし、私もこれでご奉公してきました。こんどの事情はどうか知らぬが、自分で不正と信ずるものに同意しろと言われることは、井上自身の節操を棄てろと言われるに等しい。自分はいまさら自分の操を棄てたくない。……この案を強化される必要ありとすれば、第一課長に替えて、判の押せるのを持って来て通される必要がありましょう。自分としてはこういう事態に至らしめた道徳上の責任は負います。これで現役を退かされても毫も悔やむところでありません。正しきことが通らず不正がまかり通るようでは、そんな海軍では働くところがありませんから、辞めさせてください」と突っぱねた。

井上の反対にもかかわらず、九月中旬には省部の案が確定し、九月二一日、大角海相は軍事参議官会議が召集された。

そして席上、加藤（寛）が立ち上がって祝辞を述べた。

九月二五日、大角海相が天皇に裁可を申し出たところ、天皇はいろいろ質問され、即日裁可されず、翌二六日になってようやく裁可になった。天皇による留保は、反対の意思の表明と解釈するのが一般的だった。

天皇は大角への下問において、「この改正案は一つ運用を誤れば、政府の所管である予算や人事に、軍令部が過度に介入する懸念がある。海軍大臣としてこれを回避する所信は如何。即刻文書を出すように！」と言った。

しかしながら「新軍令部条例」は、九月二六日付で「軍令部令」と名称を変え、また「新省部互渉規定」は「海軍省軍令部業務互渉規定」と名称を変えて、同年一〇月一日付で発令された。⑤

③五十六の親友堀悌吉、大角人事の犠牲となる

昭和八年一月九日、岡田啓介に代わって大角岑生大将が海相に就任した。ところが、八方美人的な大角は「宮様」軍令部長の威光を利用して、加藤友三郎の流れを汲《く》む条約派の将官をつぎつぎと予備役に追いやった。

昭和八年一一月一五日付の『朝日新聞』は、大角人事をつぎのように批判していた。

「大角海相の最近における人事行政が兎角の不評を招いていた事実もあったので、一般に多大の注目を引いていたが、発令されたところを見るにかなり常道を離れて無理している点もあり、必ずしも欠陥なしとは言い難い。すなわち先の寺島（健、軍務局長）中将問題に続いて佐世保鎮守府長官左近司政三中将、第一戦隊司令官堀悌吉中将をいずれも軍令部出仕とした事などは、いずれもロンドン条約派を排撃する一部の勢力関係に押されて、有用の人材を無批判に閑地に投じたものであるとの批評もあり、部内でも不備の意を洩らしている向きも少なくないようである。すなわちロンドン条約の責任者は上層だけで済むべきであるのに、当時事務官であった者まで責任を問い清算の刃を加える事は、いたずらに有用の人材を失う所以であると憂慮する者が多い。それに今回の異動で特に注目を引いていることは、いわゆる軍政系統を閑却し、軍令系統を重要している点である。これは部内統制上色々複雑な事情があってのことであろうが、人事行政の大局から見れば、決して歓迎すべきことではない」①

この記事は、日本海軍の内部事情によく通じた記者の手によるものであるに違いないが、その他の新

聞論調も、大角人事に対しては非常に批判的だった。

元海軍大佐の実松譲は、その著『ああ日本海軍』のなかで、つぎのエピソードを伝えている。

「昭和九年、二年間の米国駐在を終わって帰国した中沢佑《たすく》中佐は、山梨勝之進に会って、『私がアメリカに行っている間に、軍政方面の権威者たちが相次いで海軍を去ったのは、どうしても腑に落ちませんが、これは一体どういうことですか？』と質《ただ》した。すると山梨は、『君もそう思うか。一度二人きりでゆっくり話をしよう』といい、数日後に水交社で夕食を共にしながら、山梨は語った。『中沢君の言う通りだよ。しかし海軍の人事は、一旦海軍大臣が腹を決めたらどうにもならん。大角海相の後ろから、いろいろな示唆や圧迫がかかっているんだよ。具体的に言えば、伏見宮と東郷さんなんだよ。東郷さんが、海軍の最高人事に口出しをしたのを、私は東郷さんの晩節のために惜しむ』」と語った。

つぎに掲げるのは、大角海相時代に予備役に編入された将官たちである。

（1）谷口尚真大将（一九期）、加藤（寛）大将の後任の軍令部長。軍事参議官を経て、昭和八年九月予備役編入。

（2）山梨勝之進大将（二五期）、ロンドン会議時の海軍次官。その後、佐世保、および呉鎮守府司令長官、軍事参議官を経て、昭和八年三月予備役編入。

（3）左近司政三中将（二五期）、ロンドン会議の首席随員。その後、練習艦隊司令長官、軍事参議官を経て、昭和八年三月予備役編入。

（4）寺島健中将（三一期）、軍令部条例改定時の海軍省軍務局長。その後、練習艦隊司令長官在任一ヵ月を経て、昭和九年三月予備役編入。

（5）堀悌吉中将（三二期）、ロンドン会議時の軍務局長。その後、第三戦隊司令官を経て、昭和九年一二月予備役編入。

（6）坂野常善中将（三三期）、軍事普及部委員長のときの新聞発表が問題となり、昭和九年一二月予備役編入。

大角海相が大臣在任中（昭和八年九月〜一〇年三月）に更迭された次官、局長は、つぎのとおりである。

（1）次官・藤田尚徳―長谷川清（昭和九年五月）

（2）軍務局長・寺島健―吉田善吾（昭和八年九月）―豊田副武（昭和一〇年一二月）

（3）人事局長・阿武清―小林宗之助（昭和八年一一月）

（4）教育局長・後藤章―中村亀三郎（昭和八年一一月）―園田実（昭和九年九月）―豊田副武（昭和一〇年三月）

（5）軍需局長・牛丸福作―小野寺恕（昭和九年五月）―上田宗重（昭和一〇年一二月）②

堀悌吉（明治一六年八月一六日〜昭和三四年五月一二日）は、大分県速見郡八坂村（現在の杵築市）の農業矢野家の次男として生まれ、のちに堀家を継いで堀姓になった。

悌吉は杵築中学校を卒業して、明治三四年一二月一七日に海兵第三二期、五十六の同期生として入校し、日露戦争がはじまった年の明治三七年一一月一四日、海兵を卒業した。同期生一九二名のうち、第一席が堀、第二席が塩沢幸一だった。とくに堀は、日本海軍はじまって以来の秀才と言われたほどの逸材だった。

堀は日露戦争従軍し、三八年三月、少尉に任官した。

第一次世界大戦直前の大正二年一月から大正五年七月まで、フランス駐在、駐仏大使館武官補佐官の職にあった。そして大正三年一二月、少佐に任官し、五年一二月から海軍大学校甲種学生となり、卒業に際しては恩賜組になった。

その後、堀は軍務局第一課勤務となり、軍務局長井出謙治少将、首席局員山梨勝之進大佐の薫陶を受け、大正八年一二月、中佐に進級した。

大正一〇年九月、堀は海軍省官房勤務の肩書きで、ワシントン海軍軍縮会議に加藤友三郎全権の随員として渡米し、前述の『加藤伝言』の筆記をつとめている。

ワシントンで堀は、加藤全権の秘書として、全権と東京で留守を預かる井出次官との間で緊密な連絡をとった。

このときの経験が、昭和五年のロンドン海軍会議の際の堀の教訓となった。

堀が、ワシントン会議にいかなる意義を見出したかについては、昭和二一年二月、『ワシントン会議秘実』と題する手記のなかに表れている。

「過般第二復員省（旧海軍省）において、戦争開始当時の諸相に関する研究座談会を開催するところありしが、その席上において戦争の第一の原因として、米国がワシントン会議以来、日本を軍事的国際政治的に不法に圧迫し来れる事実を挙げんと主張したる者あるを聞けり。然《しか》るに当時その事務の局に当り、且つ会議に参加した吾等にとりては、世評がいかにあろうとも、わが国が不法に圧迫を蒙《こうむ》りたるが如き事実を認めざりしのみならず、寧《むし》ろ多くの場合において、米国側が極めて紳士的に、しかも親善的に各種折衝に従事した。公正なる態度ありし諸点は、見逃すあたわざるところにして、坊間伝うるところに幾多誤謬《ごびゅう》の存するをそのまま放置する時は、その結果さらに重大ならん事を恐れ、ここにとりあえず記憶を辿りて本稿を草し、資料の入手に従い加除訂正する事とし、もって弁妄にしせん事を期す」


【ワシントン会議】

（1）ワシントン会議は、帝国を国際的にも、また経済的にも救いたること。
（2）わが為政者は、国の執るべき方向を誤らざりしこと。米国の為政者の動機、また純なりしこと。
（3）日本が蒙りたる悪評判は、全く消滅したること。
（4）海軍軍備による世界的地位を確実に占めたること。
（5）米国一般の対日悪感情を一掃し、太平洋両岸国民の親和増進に資すること大なりしこと。

（6）列国が支那の本質を諒解するに至れること。および日本の世界的地位復活向上せること。
（7）八八艦隊計画遂行に要すべき年額数億円の海軍費を著しく減少したること。
（8）国際協調事業に日本の寄与せる第一歩にして、パリ会議にて得たる大国の名義は、ワシントン会議にて実質を備うるに至ること。

【ワシントン会議以後】
（1）極東を中心としたる世界不安の散逸したること。
（2）日本が事実上世界三大国の一となりたることは、ジュネーブにおける国際連盟の舞台に反映し、世界指導者の位置に列するに至れること。
（3）ジュネーブ三国海軍会議においては、英米の疎隔を仲裁する役割を引き受け、わが一言一動が世界の的なりしこと。③

このように堀は、ワシントン会議は、英米が日本を一〇対六に押さえ込んだのではなく、むしろ反対に日本が英米を六対一〇に抑制したと解釈していたのである。

その後、堀は大正一一年一二月に連合艦隊参謀に補され、六年ぶりに海上勤務に就いた。一二年一二月に大佐に昇進し、巡洋艦五十鈴艦長となり、一三年三月に海軍省官房出仕として軍政調査会幹事を務め、同年一一月に巡洋艦長良艦長、翌一四年一二月に軍令部参謀として仏国に出張し、大正一五年五月から昭和二年四月まで国際連盟海軍代表として活躍した。

昭和二年四月、ジュネーブ海軍軍縮会議がはじまると、斎藤実（海軍大将）首席全権の随員として会議に出席した。

昭和二年一二月、堀は戦艦陸奥艦長として海上勤務に就いた。このとき、連合艦隊司令長官は加藤寛治大将だった。

翌三年一二月、堀は少将に昇進し、第二艦隊参謀長となり、第二艦隊長官の大角岑生中将を補佐し、艦隊訓練に全力を尽くした。

なぜ堀が本省と海上勤務とを目まぐるしく往復したかといえば、海軍軍人が昇進するためには一定期間、艦隊勤務をしなければならないとする人事上の内規があったからである。

昭和四年九月、堀は海軍行政の中核である軍務局長に就任した。このときの大臣は財部彪であり、次官は山梨勝之進だった。前任の軍務局長は海兵二八期の左近司政三であり、堀はその四年後輩だった。したがって堀の軍務局長就任は、異例の抜擢人事といえた。

昭和五年一月二一日から四月二二日まで、ロンドンで開催された補助艦に関する軍縮会議には現職の財部海相が全権として出席したため、この間は浜口首相が海軍大臣事務管理を兼任した。そのため海軍内の事務処理は、山梨次官と堀軍務局長があたり、古賀峯一大佐は海軍省副官として二人を補佐した。

堀は海軍内でもっとも信頼の置ける親友の五十六をロンドン会議に次席随員として送り込み、日本全権団のとりまとめを頼んだ。

一方、軍令部側は、加藤寛治軍令部長、末次信正軍令部次長、加藤隆義軍令部第一班長だった。

堀に兄事していた海軍書記の榎本重治は、当時の堀の置かれた立場を、「この非常事態に対処して海軍省軍政当局は、その挙措を誤らなかったのであります。それは、高遠な先見、優れた英知、比類のない裁決の手腕が備わっていたことと、神明の加護があったためと存じます。かくてわが国は辛うじて危機を脱し、国際的位置も保持できたのでありますが、これがため堀さんが、一部の凡庸短見の者から煙たがられ出した事は事実のようであります」と書き残している。④
その後、海軍内では艦隊派の台頭が顕著となり、堀の置かれている状況はきわめて悪くなった。海軍中央から遠ざけられた堀は、第三戦隊司令官と第一戦隊司令官を歴任し、昭和八年一一月に海軍中将に昇進したものの、翌九年には艦隊派が主導した大角人事によって、予備役に編入されてしまった。

これによって日本海軍良識派のエースは、霞ヶ関から姿を消すことになった。

14
五十六、第二次ロンドン海軍軍縮予備交渉の代表になる

このへんで、読者のご理解を得るために、当時の日本の内外の状況について概観してみよう。

昭和六（一九三一）年九月一八日、関東軍（日本軍）は奉天郊外の柳条湖で満鉄線を爆破し、これを契機に満州事変が勃発した。事件は、日本政府の不拡大の方針を裏切って拡大し、一〇月には錦州を爆撃した。一一月に北満侵攻を開始し、一一月九日にチチハルを占領した。

この年の一二月一三日、犬養毅内閣が成立した。一二月二八日、関東軍は錦州作戦を開始し、翌昭和七年一月三日、この地を占領した。こうして関東軍は、事件から五ヵ月たらずで熱河省をのぞく大部分を手中におさめることに成功した。

国内では、昭和六年三月、宇垣一成陸相を首班とする軍部政権の樹立を目指すクーデター計画である「三月事件」が密かに練られ、一〇月にも新たなクーデター計画である「一〇月事件」が謀られていた。

翌七年一月一八日、上海で日本人僧侶が中国人によって殺害される事件が契機となって、一月二八日、第一次上海事変へ発展した。この事件は、列強の目を満州から他へ逸らすため、板垣征四郎大佐の指示を受けた上海駐在武官田中隆吉少佐が起こした謀略だった。

上海事変によって世界の目がこの地に引きつけられている間に、三月一日、関東軍は満州国建国宣言を発表した。

昭和七年五月一五日、海軍の青年将校によって犬養毅首相が暗殺されるという「五・一五事件」が発生した。この事件によって、わが国の政党政治は終わりを告げることになった。

同年五月二六日、山本権兵衛海相の下で海軍次官をつとめ、第一次西園寺公望内閣以降、第三次桂太郎内閣までの都合八年間にわたって海相となり、大正八年から朝鮮総督、昭和二年にはジュネーブ海軍

軍縮会議の全権をつとめた穏健な斎藤実大将を首班とする挙国一致内閣が成立した。

七月、内田康哉が外相に就任した。内田は八月の議会で、「国を焦土と化すも満州を守らんとす」とする「焦土外交」の決意を表明した。そして九月には「日満議定書」を結んで、満州国を正式に承認した。

昭和八（一九三三）年二月二四日、国際連盟総会は「リットン報告書」を、四二対一（日本）で可決した。このため三月二四日、日本は国際連盟から脱退した。

すでに全満州を占領していた関東軍は、五月に熱河省から華北に侵入し、五月三一日に国民政府軍事委員会との間で、塘沽《タンクー》停戦協定を結んだ。この塘沽停戦協定は日中両軍の停戦を約束したもので、これによって満州国の国境は画定し、事実上、事変は終結した。

九月一四日、内田外相が辞任して、その後任の外相に広田弘毅が就任した。広田は「協和外交」を提唱して、一〇月三日から日満中の三国の提携を基調とする国策を策定した。

しかし、斎藤内閣は昭和九年七月に総辞職し、代わって岡田啓介内閣が成立した。

岡田内閣は九月七日、閣議でワシントン海軍軍縮条約の廃棄を決定し、仏伊に共同廃棄を呼びかけたものの拒否されたため、一一月二九日に単独でワシントン海軍条約の廃棄を通告した。

昭和一〇年一月二二日、広田外相は議会で日中親善を強調した。二月二〇日、中国外交部長王兆銘も、日中提携の対日外交方針を表明することによってこれに応じ、五月一七日に日中両国は公使の大使への相互昇格を実現した。ところが、こうした日中両国政府の懸命の努力にもかかわらず、両国間ではその後も不祥事が続出した。

ワシントン、ロンドン両海軍軍縮条約は、昭和一一（一九三六）年一二月末日をもって満期を迎えることになっていた。日本海軍では第二次ロンドン会議にそなえ、早くも昭和八年五月に海軍大臣官房内に臨時調査課を設け、この対策研究に着手した。同年九月二一日、外務、陸軍、海軍の三者による会議が開催され、つぎの取り決めを行なった。

「昭和一一年に開かるべき軍縮会議対策は概ね左記四条の何れかを出でず。

（1）昭和七年一二月九日寿府一般軍縮会議における帝国の提案を、そのまま主張すべきか。

【帝国提案】

主力艦　甲級巡洋艦（八〇〇〇トン）　乙級巡洋艦　駆逐艦　潜水艦

日米＝八：一一　日米＝一〇：一二　一五万トン　一五万トン　七万五〇〇〇トン

（2）右に比し一層有利なる比率または保有量を以てする新案を提案すべきか。

（3）主義において軍備の平等を主張し、実質において各国が第一号または第二号の程度に止る限り帝国もまた自主的にこれを尊重することを宣言するの方式を採るべきか。

（4）全然平等論を以て臨むべきか。

右の内もちろん第四号を以て理想とすべきも、本件決定のためには太平洋防備制限その他に関連し、極めて慎重なる研究を必要とし、自然政府の方針に至るには相当の時日を要すべく、しかもこの間軍備の充実に遅滞あるを許さず。即ち軍縮の対策が前記諸号のいずれに決するを問わず、目下提出中の軍備補充は絶対に必要なり」①

第二次ロンドン会議に臨む海軍の方針は、昭和九年六月には固まった。

「国防の安固を期し得ざる条約は、これを協定せず。各国の保有し得べき兵力量の共通最大限度を規定し、大軍縮の精神に則り右限度を低下すること、及び攻撃的軍備は極力これを縮減し、防御的軍備を整備し、各国をして攻むるに難く、守るに不安なからしむるを本音とすること」②

昭和九年七月、斎藤実内閣に代わる岡田啓介内閣の成立の背景には、加藤（寛）軍事参議官を中心とする艦隊派の動きを抑えることを期待する宮中方面の意向が働いていた。

しかし、岡田内閣に対する海軍強硬派の対応は素早かった。斎藤内閣は、昭和八年一〇月二五日、五相会議において、「国防に関しては他国よりの脅威を受けず、外侮を蒙る事なきを期するとともに、我国力に調和せしむる事に留意すること」を取り決めていた。

大角海相は、岡田内閣における留任の条件として、この取り決めの岡田の同意を迫っていた。

長谷川清海軍次官は、河田烈内閣書記官長に対して、「内閣政綱」中に挿入する希望事項として、昭和一〇年の海軍会議における取り決めである、公正妥当、国防の安全を確保しうる協定の実現が根本義であり、「これがためには、現存軍縮条約の不利なる拘束より脱却し、軍備権平等の原則と国家生存権の絶対性を基礎とするものなるを要す」として、英米とのパリティの要求を「政綱」中に掲げることを要請した。

七月一三日、大角海相は岡田首相を訪ね、「海軍の決定した意見はこれである」と述べ、三ヵ条ばかり書いた文書を提出し、「これにご賛成願わなければならん。もし総理が賛成してくださらなければ、自分は居残ることができない」と脅迫じみた言葉を洩らし、さらに「この決定した意見については、すでに軍令部総長宮が陛下に内奏されて、陛下のご承認ずみだ」と語った。

しかし、実際には天皇はまだ承認しておらず、「軍令部総長宮からこうこうの話があったが、責任の衝にいない者が、かくの如き事をかれこれ言って来るようでは誠に困る」と述べられ、立腹された。③

七月一四日の五相会議においても海軍側は、上記の意見を強硬に述べたが、これに対して林（銑十郎）陸相、広田（弘毅）外相、藤井（真信）蔵相らは、「先方がとうてい承認できないようなものを、日本が持ち出して決裂することが当然明らかな場合に、その決裂したあとを一体どうするか。それほど結果の明瞭に予想される案を、なにもわざわざ持っていく必要はない。自分たちもなおよく研究してみたい」と慎重な態度を示していた。

岡田首相も、また軍縮を成立させたいとの趣旨から、「八年後にパリティになるというふうにしてはどうか」と述べ、さらに大角海相がなおも強硬に迫ってきた場合には、海相を更迭して小林躋造《せいぞう》大将を就任させる肚でいた。

七月一六日、海相官邸において海軍首脳会議が開催されたが、事前にシナリオができており、五十六ら穏健派諸官の声は、艦隊派の工作によって封じられてしまった。

会議の最後に加藤（寛）が立ち上がり、「ようするに国家多事多難な際に、大臣が留任されたことは、まことに慶賀に堪えない。ますます自重奮闘されたい。その労苦に対しては満腔の同情を払うが、ことに軍縮問題は重大だから適切な方法をもって善処してもらいたい。自分たちは徹底的に大臣を支持したい。諸君がご同意ならば、これをもって答弁に代えたい」と、あらかじめ用意してきた書類を読み上げた。

一方、陸軍側の態度は、一様ならざるものがあった。七月二三日、岡田首相と林陸相の会談が行なわれた。席上林陸相は、「軍縮に対する今日の海軍の態度については、じつは内心非常に危険を感じている。しかしながら陸軍としては、どこまでもこれを支持しなければ事情にあるから、たとえ内心多少の不安を感じていても、表面は一致した行動をとらなければならん。しかし元来、問題にならないような案を、決裂を賭してまで日本が軍縮会議に持って行くことは面白くないと自分は思っている。どうせ決裂するような案ならば、むしろはじめから持って行かない方がいい」と述べ、会議の取りまとめを岡田に要望した。④

天皇は、日本がなんとか米英と協調して軍縮会議を成功させることを強く願っていた。

七月二一日、斉藤博駐米大使が帰朝の挨拶に参内した際、天皇は日本のパリティ要求に対する米国世論について訊ねた。

元老西園寺公望の秘書の原田熊雄は、国内状況を、「今日の軍縮に対する日本の全般の空気が、この前のロンドン条約のときの空気とは全然違っていて、いろいろな意味で非常に危険率が多いので、単純にただ軍縮ということばかり言えない。内政的にも外交的にも、いわゆる強硬派とか右というような、ただむやみに現在の政治状況に飽き足らない者が、この問題を政争の具に供したり、現在の社会状態を攪乱するような材料に政治的に使ったりすると、また知りつつそれを両方で利用し合ったりすることがある」⑤と憂慮していた。

このように第二次ロンドン軍縮会議の決裂を憂うる声も聞かれるなかで、加藤（寛）、末次ら強硬派の裏面工作は、巧妙に行なわれていた。

六月、加藤は末次の部下の第一艦隊艦長の町田進一大佐を呼んで、「第一にどうも中央は、軍令部も海軍省も軍縮に対して頗《すこぶ》る空気が弱い。それで艦隊派は大いに結束して強硬な態度をとらなければいかん。第二に、この際できる内閣は強力内閣でなければいかん。それには首班者として自分がよろしい」とまで暗に洩らしたうえで、「第二艦隊の南雲大佐と一緒になって連合艦隊の各艦長を訪ね、結束して上申書を出すように……」と命じた。

さっそく町田と南雲は、連合艦隊の各艦長を訪ねて協力をもとめたところ、強力内閣については純然たる政治問題であるとの理由から拒否されたが、軍備の自主権回復ということに関して上申書を出すことについて諒解を得ることができた。

連合艦隊の将官六〇名の上申書は、末次連合艦隊司令長官を通じて、大角海相、加藤軍事参議官、そして伏見宮軍令部総長へ手渡された。

こうした艦隊派の動きに関しては、伏見宮でさえも露骨すぎるとして、加藤と末次に対して不信感を抱くようになった。⑥

艦隊派に対する唯一の明確な反対は外務省から出されたが、それはとうてい彼らの敵ではなかった。

八月末、ついに岡田首相と広田外相が屈した。

艦隊派は、総トン数の平等と主力艦および空母の完全廃棄要求という他国がまったく受け付けない要求を、日本政府に敢《あ》えて呑ませることに成功した。

ところが伏見宮軍令部総長は、「海軍としては本当のところ軍艦と空母の廃止など望んでいないし、他の列強とて、とうていこのような提案に同意するはずはない」と上奏していた。⑦

艦隊派は、みずからの基本方針を政府に呑ませることに成功すると、つぎは国民世論のその傘下に収めようとした。

昭和九年一〇月から一一月にかけて、海軍報道部から数多くのパンフレットの類が出された。

そのなかでたとえば、一一月に出された海軍省軍事普及部編『国際情勢と海軍軍縮会議』と題された冊子には、つぎのように述べられていた。

「海軍軍縮会議に対する帝国の方針—国際情勢は既に述べた如く、先の華府会議はもちろん、寿府一般軍縮会議の開会当時とも大いに趣を異にして来た。さらに艦船、兵器、航空機等は、日進月歩であって、之が為に海上戦闘の様式に一大変革を生ずると共に、海軍の兵術的距離を短縮するの結果となった。即ち石油燃料の普遍的利用、機関、補給設備の進歩等は渡洋作戦を容易ならしめ、航空機の進歩は優勢軍の捜索偵察上に、至大の便益を与うるに至ったので、今や昔時に比し攻勢作戦を容易ならしめ、守勢作戦に不利なる結果を招来した。

元来帝国が華府会議において、主力艦、航空母艦の対英米六割を受諾したのは、当時の状況において、西太平洋における根拠地の現状維持を行なうならば、西太平洋に進出する対手国の艦隊と僅かに対等の戦闘を交え得る最小限度の兵力ではあるが、各国の軍縮精神に信頼し、国際平和の為に難きを忍んで受諾したのであって、倫敦会議の補助艦対米七割も国防上欠陥あり、国内に種々異論があったのであるが、五年の短期間の取り決めであること、当時各国の軍備の状態とに鑑み、此の間には欠陥補充の手段で国防を全うし得ることが予想されたので、本条約の満了後には、各国の保有すべき兵力量はあらためて次期会議において考慮すべき旨を保留し同意したものである。然るに事実は両条約締結から年月を経過した今日の状態においては、条約締結当時に比し状況の甚大なる変更あり、これ等両条約は既に全く不適当となり、これが持続は、帝国将来の国防を危殆に陥らしむる事態を招来するに至った」⑧

こうした状況認識に立つならば、その結論はもはや見るまでもなかった。

「帝国の軍縮方針―斯くの如き明白なる理由に基づき、帝国は既存条約の不利なる束縛より速やかに脱却し、軍備の平等権より出発して、新規の軍縮条約を締結し、各国その国防の安全感を確立して、国民負担の軽減をも行ない、世界平和に貢献しなければならないと確信する。従って明年の軍縮会議においては、比率主義を撤廃し、国防自主権を確立して、高度軍備国の自制的縮減を期すると共に、攻撃的軍備を減廃し、防御的軍備を整備し、以て互いに他を脅威しない公正妥当なる新軍備方式を採用することが肝要と信ずる。

華府条約廃棄通告―以上の如き根本方針に基づけば、本年一二月末日以前において、最も適当の時機に華府条約二三条に依る廃棄をなさんとするを要する訳である」

ロンドン条約五編二三条によるならば、昭和一〇（一九三五）年中に、第二次ロンドン会議を開催することを規定していた。

英国政府はこの会議を成功に導くため、昭和九（一九三四）年五月一七日、英国外相サイモンの名で、日米両政府に対して予備交渉を行なうことを提案してきた。

これに対して日本政府は、五月二九日に英国の提案を受諾し、駐英松平恒雄大使を交渉にあてることにした。そして六月一八日より、日米間で予備交渉が開始された。しかし七月一七日、交渉を一〇月より再開することを約束して、いったん中断されることになった。

八月二八日、岡田首相、広田外相、大角海相は、一〇月に再開される軍縮予備交渉の政府の方針を決めるため協議を行なった。

そして九月七日、先に海軍、外務両省間で一致を見たつぎの方針を、閣議決定した。同日政府は、駐英松平大使に追加して五十六（少将）を代表に任命した。

【松平・山本両代表に対する訓令】⑨

（7）、前記根本方針の論議に関連し必要に応じ、右根本方針を前提として、左記含みの上、具体的問題に関する交渉を開始せらるべし。

イ、主力艦は会議対策として、これが全廃を主張することを得。

ロ、航空母艦は、これが全廃を主張す。

ハ、主力艦、航空母艦存置の場合においては、右両艦種および甲級巡洋艦は、乙級巡洋艦、駆逐艦および潜水艦と共に一括して総トン数を以て制限す。この場合主力艦、航空母艦および甲級巡洋艦につきては極力縮減し、艦種毎に各国に対し割当量を定め、帝国および米国に対し、右割り当ては同量とす。主力艦、航空母艦を全廃する場合、また之に準ず。

ニ、帝国政府は、なるべく早き時機において、新協定兵力に到達することを要求するものなるも、要すれば右協定兵力の内容に応じ、一定期間内に逐次兵力に到達するを目途とし協定することを考慮し得。

九月一五日、米国大使グルーはハル国務長官宛に、「日本海軍の指導者たちは、現在大いなる困惑に当面している。……ロンドン条約の立役者に対する悪感情が惹起された結果、浜口首相、犬養首相は暗殺され、他の政治家たちも生命の危険を感じている。財部、山梨、谷口の諸提督はこの条約を支持したために退役されたものと、一般に信じられている」⑩と日本の憂うべき状況について報告した。

九月二〇日、五十六一行は横浜港より米国経由でロンドンに向け出航した。出発に先立ち五十六は井上成美（当時は比叡艦長）に対して、日本のパリティ要求について、「俺を納得させるだけの説明をしてくれるものがあれば、かならず取って来るよ。しかし俺にはまだ納得できない。これでは英米を説得することは難しい」⑪と語っていた。

一〇月二三日、第一回日英会談、翌二四日には第一回日米会談が行なわれた。その後の予備交渉において日本側は、差等比率主義を拒否し、不脅威、不侵略の兵力量の協定を提案した。

これに対して米国側は、ワシントン条約の五・五・三比率と兵力量の一律二割縮減を主張し、日本案に真っ向から反対した。

このため予備交渉は一二月二〇日、ついに休会となった。

15 板ばさみの中で苦悩する五十六

昭和九年九月七日、五十六は、翌年開催される海軍軍縮会議予備交渉の日本代表に任ぜられた。すでに第一次ロンドン会議から二年経った昭和七年二月、国際連盟主催による全般的軍縮会議が開かれたが、失敗に終わっていた。

九月一〇日すぎ、出発に先立って郷里の友人の反町栄一が、前月鎌倉から引っ越してきたばかりの青山南町にある五十六の自宅を訪ねたところ、「私は河井継之助先生が、小千谷談判に赴かれ、天下の和平を談笑の間に決せられようとした、あの精神をもって、今回の使命に従う決心をした。軍縮は世界の平和と日本の安全のためにも、必ず成立させなければならぬ」①と言葉重く語っていた。

ここで五十六が述べた河井継之助の小千谷会談とは、慶応三（一八六八）年五月二日、小千谷にある慈眼寺の本堂で、長岡藩家老河井継之助と新政府軍艦の岩村精一郎が会談したことを指している。

長岡藩家老の河井継之助は、長岡藩の中立和平を願い、藩主の牧野駿河守の嘆願書を携えて官軍の軍門に出頭して、頭を低くしてひたすら陳情嘆願した。継之助はこの会見に、長岡藩の和戦向背、そのいずれかに運命を賭け、願わくば光栄ある平和と藩の安泰を勝ち得ようとして、決死の覚悟でのぞんだ。

これに対して岩村軍艦は、長岡藩がこれまで出兵や献金の朝命に応じなかったことや、洋式兵器を大量に買い入れ、日夜練兵に励んでいる不審な行動などを取り上げて、厳しく攻め立てて、継之助の苦しい立場などになんら斟酌しようとはしなかった。このため談判は決裂し、戊辰戦争のなかでも激戦として知られている北越戦争に突入することになった。②

五十六は反町に対して、横浜港へ出発するに際して、「自分は祖国を出発するに当たり、とくに語るべき何物もない。ただ政府の訓令に基づいて、公正妥当な我国民的信念を列国に諒解せしむるために、自分のベストを尽くす覚悟である。自分の尊敬する松平駐英大使とともに、日本の主義の貫徹のため、国民の期待を裏切ることのないように努力するつもりである」③と決意を述べていた。

ところで当時の日本では、今度の交渉を不成立に終わらせようとする運動が活発になっていた。

このため五十六は、予備交渉を取りまとめようとする使命感と、強硬な国内の世論の間で、苦悩することになった。

渡米の船中より、堀悌吉に宛てた五十六の手紙には、「明日米国に上陸する。出発の際は電報多謝。東京駅や横浜では、なんとか同盟とか連合会とかのとても落ち着かぬ連中が、決議文とか宣言書とかを読んで、行を壮にしたのは不愉快であった。愛国の志士とは、誠に危ないと心細い次第だ」④と、憂慮すべき事態を吐露していた。

ロンドンにおいて五十六は、とくに潜水艦問題に関して熱弁をふるった。

この潜水艦問題に関して日本は存置論であり、英米は廃止の意向を持っていた。

会議の席上、スタンドレー米海軍軍令部長が、「日本の潜水艦に対して防御的だという解釈をしているが、われわれは攻撃的だと信ずる。貴下の御意見を伺いたい」と質《ただ》すと、五十六は、「潜水艦の性能については、海軍軍人でありしかも経験年齢ともに先輩たる貴下はすでにご承知のことと思う。なるほど潜水艦の航続距離は駆逐艦より大きいが、その構造からいって乗組員の生活、食料品貯蔵、その他の点で駆逐艦に劣る。したがって敵地に出かけて戦争することは潜水艦にはできない。これはどうしても近海にあって、攻め寄せる敵艦を防ぐに使用するほかない。これを恐れるのは、あたかも闖入者が邸内の番犬を恐れるようなもので、塀を乗り越えぬ以上番犬は噛みつかぬから、闖入者でさえなければこれを恐れる必要はない。これが潜水艦は防御的であるという理由である」と答えた。

五十六は、会議以外では米英代表と非常に打ち解けた交際をした。

帰朝後、五十六は反町に対して、自慢げに「英のチャトフィールド代表とブリッジをやって、二〇ポンド勝った。今一度やって彼に何とかして二〇ポンド返してやらなければならぬ」と語って、当時の交友を懐かしんだ。

またあるとき、五十六はロイド・ジョージ元英国首相の招待に応じて、その自宅を訪れたことがあった。ところが折悪しくロイド・ジョージは目を悪くしていた。そこで、「せっかくご招待申し上げたのに、お顔が見えないのは残念です。せめてあなたのお顔を撫《な》でさせてください」との申し出に、快く応じたこともあった。⑤

この予備交渉の最中の昭和九年一一月一五日、五十六は海軍中将に昇格した。

五十六が中将に昇格したこの前後、東京の霞ヶ関の海軍省内では驚愕すべきことが起こっていた。それはこれから日本海軍を背負ってゆくであろうと思われていた五十六の親友の堀悌吉が、予備役に編入されたのであった。

昭和九年一二月九日付で、五十六は帰国の途中に立ち寄ったベルリンから、堀宛に、つぎの書簡を送った。

「吉田（善吾）よりの第一信により君の運命を承知し、爾来怏々《おうおう》の念に不堪。出発前相当の直言を総長（伏見宮）にも申し述べ、大体安心して出発せる事、茲に至りしは誠に心外に不堪。坂野（常善中将。宇垣の組閣に対し、海軍が白紙なる旨発表して馘首される）の件等を併せ考ふるに、海軍の前途は真に寒心の至なり。如此人事が行はるる今日の海軍に対し之が救済の為努力するも、到底六かしと思はる。矢張山梨（勝之進大将）さんが言はれる如く、海軍の慢心に斃るるの悲境に一旦陥りたる後、立直すの外なきにあらずやを思はしむ。

爾来会商に対する張り合いも抜け、身を殺しても海軍の為なと云ふ意気込みはなくなってしまった。ただあまりひどい喧嘩別れとなっては、日本全体に気の毒だと思へはこそ、少しでも体裁よく、あとをにごそふと考へて居る位に過ぎない。

夫れて事態を混乱させてやらふと、少し策動を試みよふとすれば危ながって止める。大体陰で大きな強いことをいふが自分が乗り出してやって見るだけの気骨もない連中だけだから、ただびくびくして居るに過ぎないのも已むを得ないが、もともと再三固辞したのを引き出して置きながら、注文もあったものではない。今日迄とうとう手紙を書く気にもなれなかった。御諒察を乞ふ。向寒御自愛をたた祈るのみ」⑥

五十六としては、自分を予備会団代表としてロンドンに送り込みながら、その留守中に海軍内の同志をつぎつぎと馘首し、英米と絶対に妥協できない要求を突きつけてくる海軍省・軍令部のやり方に、激しい怒りを覚えていた。

五十六としては、二階に上げられて梯子を外された感を抱いていたのであった。これ以降五十六は、加藤や末次を中心とする艦隊派に対して、抜き難い不信感を持つことになった。

その後、予備交渉において日本側は、差等比率主義を拒否し、不脅威、不侵略の兵力量の協定を提案した。これに対して米国側は、ワシントン海軍条約の五・五・三の比率と兵力量の一律二割縮減を主張し、日本案に真っ向から反対した。このため一二月二〇日、予備交渉は休会となった。

さて昭和九（一九三四）年末日までにワシントン海軍条約の廃棄通告を行なうとの日本政府の方針が、同年九月七日に閣議決定された。

一二月一一日、枢密院において審査委員会が開催された。岡田首相、広田外相、大角海相より、（1）ワシントン海軍条約の廃棄通告、（2）ロンドンにおける予備交渉の経過とその身と見通し、

（3）ワシントン条約廃棄後に生ずべき国際情勢、（4）廃棄後における日本政府の対外方針、（5）廃棄後における日本の国防方針と兵力量、などについて説明があった。⑦

一二月一九日に枢密院本会議が開催され、審査委員会の決議どおり、ワシントン条約の廃棄通告を全会一致でもって可決し、一二月二一日に天皇の裁可を得た。

日本海軍は、日本側がもっとも完全な軍縮を提唱したのだから、もしこれが阻止された場合には、その責任は英米側にあるとの便法をとり、一二月二九日に駐米斉藤博大使は、日本政府の訓令に基づいて、ワシントン海軍条約の廃棄通告をした。

この日、加藤（寛）は東郷元帥の墓前に小笠原長生中将を派遣して、「帝国海軍更正の黎明を迎ふ」⑧と書かれた名刺を届けさせた。

「黎明」だったのか、それとも「没落」になったのかは、歴史の事実が示すとおりである。

昭和一〇年二月一二日、ロンドンから帰国した五十六は、本気で海軍を辞めようと思った。それを強く諫《いまし》めたのは、ほかならぬ堀悌吉だった。

「俺はともかく、今また貴様が海軍を去ったら、いったいこの日本はどうなるんだ！」

傷心の五十六を慰めたのは、故郷長岡の山河だった。この年五十六は、四度も長岡に帰省している。

昭和一〇年四月、単身軽装の五十六は、飄然と長岡に墓参に訪れ、故山の桜を愛《め》でた。

荒川のつり橋を小学生のように揺りながら渡って鷹巣温泉の宿に着いた五十六は、宿帳に「長岡市東坂上二丁目、山本長陵、五二歳。船乗業、前夜宿泊地長岡、明日新発田行」と記帳した。ちなみに「長陵」というのは、五十六がそのころから使いはじめた雅号である。

翌日の四月二〇日早朝、五十六は鷹巣温泉の上に聳《そび》えている榎峠に登った。ここは戊辰戦争の際、米沢軍が西軍の前進を食い止めようとした戦跡だった。長岡藩軍の山本帯刀や高野貞吉らが奮戦した信濃川東岸の榎峠と同じ名であることも、五十六にとってはことのほか感慨深かった。

ちょうどこのころは有名な加治川の花盛りであったことから、前夜新発田の友人に電話で頼み、船を加治川の鉄橋下に用意してもらっていた。

鷹巣を去って一時間後、五十六は加治駅に下車し、ただちに舟に乗り組んだ。

五十六を乗せた船は花陰の中を悠々と下っていった。そのとき川下から発動機船が、花見舟を三、四隻曳いて上って来た。この模様を眺めていた五十六は、船頭に向かって、「船頭さん、どうか二人でこの船を全速力で漕いでください!」と言った。船頭が舟を全力で漕ぎはじめたその瞬間、五十六は船首に出て、パッとものの見事に逆立ちをした。折から行き来のあった船に乗った花見客からは、ドッと歓声が沸き上がった。⑨

16 河合千代子(梅龍)との出会い

中村喜春著の『江戸っ子芸者一代記』①の中に、五十六と新橋芸者梅龍こと河合千代子に関するつぎのくだりがある。

「お背が高くもなく、ちっともハンサムでないのに、何とも言えない男らしさがあるのは、山本五十六様です。……弥勒菩薩のような美しいお顔のお姐さんで、あたしの大好きな梅龍姐さんが、山本さんのためにはどんな苦労もいとわないという気持ちになられたのも、わかるような気がします」

千代子はその細身の体の中に、一途な情熱を秘めていた。

河合千代子は、明治三七(一九〇四)年に名古屋で生まれた。五十六より二〇歳下になる。名古屋女子商業学校を卒業した後、父親が株屋だったため一家は上京して、兜町に落ち着いた。しかし、大正一二年の関東大震災の株式大暴落で零落の身となり、また名古屋に舞い戻った。

千代子が二五歳のときに両親が相次いで亡くなり、以来一人ぼっちになってしまった。千代子は人生に絶望して服毒自殺をはかったりもしたが、ともかく昭和七年二月、新橋の「野島屋」から「梅龍」の名前で座敷に出るようになった。

昭和八（一八三三）年の秋、千代子は築地の「錦水」の座敷に呼ばれた。座敷の上座には、茶と白の縞の背広を着たイガ栗頭の色黒い男が坐っていた。

男は自分の前にある膳の吸物蓋を取ろうとしたが、なかなかとることができなかった。堪《たま》りかねて千代子が、「取って差し上げましょう！」と言うと、男は「自分のことは自分でする」と、ぶすっと言った。

この男こそ、一〇月三日付けで第一航空隊司令官に補されたばかりの五十六であった。

それから一年ばかり歳月がすぎた。

昭和九年六月、五十六は海軍軍令部出仕となり、ロンドン海軍軍縮会議予備交渉の準備委員を命ぜられた。そのころある海軍の宴会で、五十六と千代子は再会した。

千代子が、「いつぞやは失礼しました」と挨拶すると、五十六は「俺はあまりこういう席へは来ませんから、君のことはよく知らん」と突っけんどんに答えた。

二、三日経って、またある宴席で五十六と千代子は出会った。五十六の隣には、同期の吉田善吾が坐っていた。

なにかの話の弾みに吉田が、「梅龍、お前チーズ好きか？」と聞いた。千代子が「大好き！」と答えると、五十六が側から、「じゃあご馳走してやろう。明日一二時に帝国ホテルに来いよ！」と声をかけた。

「この男がこんなことを言うのは、よっぽどのことだ。行け。行け！」と、吉田がさかんにけしかけた。

宴席の最中に、吉田や長谷川清（海軍次官）から千代子の身の上を聞かされた五十六は、若干の同情が湧くのを禁じ得なかった。

「可哀相と想うのは、惚れたっていうことよ」の新派の台詞《せりふ》ではないが、これが五十六が千代子に恋心を抱いた瞬間であった。

翌日、五十六は千代子と昼食を共にした。チーズのご馳走以来、五十六と千代子の間は急激に緊密さが増した。

昭和一〇年、ロンドンより帰朝して三ヵ月ほど経ったころ、五十六は千代子宛に、つぎのような手紙を送った。

「ロンドンへ行く時は、これでも国家の興廃を双肩に担う意気と覚悟を持っておりましたし、あなたと急速なる交渉の発展に対する興奮もありまして、血の燃ゆる思いもしましたが、ロンドンにおいて全精神を傾倒した会議も日を経るに従い、世俗の一般はとにかく、海軍邸内の人たちにすら、これに対しあまりに無関心を装うを見るとき、自分はただ道具に使われたに過ぎぬような気がして、誠に不愉快でもあり、また自分のつまらなさも自覚し、実は東京に勤務しておるのが淋しくて淋しくて堪らぬのです。それで孤独のあなたを慰めてあげたいと思っていた自分が、かえってあなたの懐に飛び込みたい気持ちなのですが、自分も一個の男子として、そんな弱い姿を見られるのが恥ずかしくもあり、またあなたの信頼に背く次第でもあると思って、ただ淋しさを感じるのです。こんな自分の気持ちは、ただあなただけに初めて書くので、どうぞ誰にも話をなさらないでおいて下さい」

その年の九月にも、五十六はつぎの手紙を出している。

「夕べ、夢を見ました。どうしてこんな夢を見たか、自分でもふしぎに思います。一緒に南欧のニースの海岸をドライブした夢を見ました。これが実際だったら、どんなに嬉しいだろうと思いました」②

五十六としては、心から信頼している山梨勝之進や親友の堀を、情け容赦なく切り捨てた海軍を、もはや信ずることができなくなっていた。

五十六自身もまた山梨や堀のように、その道具に使われて棄てられるのではないかと思った。

五十六はその寂しさを埋めるかのように、千代子との愛に傾斜していった。

五十六は初対面の人にすぐに心を開くような人間ではなかった。裏日本の豪雪地帯で生まれた人間にありがちなように、口が重く、どちらかと言えば寡黙な性格であった。しかし内面は埋め火のようにカッカッと発熱していた。情の深さや想いも、他の人間よりは数倍持っていた。

筆者は長岡と同じように降雪の多い旧米沢藩に属する長井で生まれ育った。したがって雪国育ちの人々の心情はよくわかっているつもりでいる。

この地方では一年の大半を曇天と雪の中で暮らさなければならない。雪が積もると一階にはまったく日が差し込まなくなり、障子を開けても見えるものは庇《ひさし》より高い雪の壁だけである。雪下ろしは一冬に数回もしなければならない。

また、冬の間は生鮮食料品などはほとんど手に入らないから、人々は味噌を嘗《な》めるしかない。そういう毎日に堪えながらこの地の人は山の稜線を仰ぎ見て、一度でいいからあの山の向こう側に行ってみたいと、熱い思いを抱くのである。

そして志を立てた何人かが山を越え、この地を出て行く。その者たちは、ここに残った人の分まで働かなければならないと考える。イチョマイの仕事をして、厚い雲で閉ざされた穴倉のような故郷に、少しでも光を差し入れたいと思うのである。

これ以降、五十六と千代子は、二〇代の男女のように純粋にたがいの情熱をぶつけ合っていった。

17　海軍航空本部長に就任

昭和一〇（一九三五）年一二月二日付をもって、五十六は海軍航空本部長に補せられた。以前から五十六は、「国防の主力は航空機である。海上の艦船はその補助である。日本海軍をこの信念で大改革せよ」と主張していた。したがって海軍予算も航空機を主とすることを主張し、このため海軍首脳部、とくに艦政本部と正面衝突した。

当時の艦政本部長は、中村良三大将だった。その中村は、五十六の主張する航空機主兵説には大反対だった。

両者の論争に決着はつかず、ついに伏見宮軍令部総長の仲裁を仰ぐことになった。

反町栄一著『人間山本五十六』のなかで、佐々木芳人氏のつぎのエピソードを紹介している。

「日本海軍の第三次補充計画の一つとして、艦政本部が軍令部から、一八インチ砲搭の新戦艦（のちの大和・武蔵）の研究を要求されたのは昭和九年一〇月であった。そして大和型として二隻の建艦を高等技術会議で決定したのは、昭和一一年七月である。最終決定まで丸二年間を要している。この超建艦が取り上げられた最初から鋭い反対意見を述べ、職を賭して戦われたのは山本五十六である。当時彼は航空本部に籍を置いて居った。山本元帥は航空育ての親と言われているだけ、飛行機の威力を最もよく知っていた。日本海軍の航空力は昭和六、七年頃から脱皮し始め、昭和一〇年頃にはほぼ世界的レベルに立ち至った。『巨艦を造っても不沈はあり得ない。将来の飛行機の攻撃力は非常に威力を増大し、砲戦が行なわれる前に飛行機の攻撃により撃破せられるから、今後の戦闘には戦艦は無用になる』。山本元帥のこの意見は正しく的中したが、しかし当時の軍令部・艦政本部をはじめ海軍の首脳部の大艦巨砲主義を動かせなかった。特に山本元帥の跡を襲って連合艦隊司令長官となった古賀元帥は軍令部第二部長であったが、『飛行機攻撃と言えども、大艦こそ十分防御を備えることが可能だから敢えて意とするに足りない』と主張して、山本説と反対意見であった」①

また、日本海軍の艦政の権威者である福田啓二（造船中将、艦本技術監、当時艦政本部四部）氏によれば、当時航空本部長だった五十六が福田の部屋にやって来て、「どうも水を差すようですまんですがね、君たちが一生懸命やっているが、いずれ近いうちに失職するぜ。これからは海軍も空軍が大事で大艦巨砲は要らなくなると思う」②と言ったという。

18 日本海軍を支配する大艦巨砲主義

明治四〇（一九〇七）年、帝国国防方針が制定されたものの、陸海軍の角逐から仮想敵国を一国に想定することができなかった。このため日本の陸海軍はロシアと米国をそれぞれ主な仮想敵国とした。そして陸軍はロシア、海軍は米国を目標にして、それぞれ軍備をととのえてきた。

大正七（一九一八）年の国防方針の第一次改定では、これにさらに支那も仮想敵国の範疇に加えられることになったが、第一次世界大戦でロシアが崩壊したことから、大正一二年の国防方針の第二次改定に際しては、米国、ソ連、支那を仮想敵国とし、米国を第一位に昇格させた。

さて、昭和六（一九三一）年九月発生の満州事変によって、日ソ間の緊張は高まった。ところが、在極東ソ連兵力に対する日本軍の劣勢から、満蒙におけるわが国防の脆弱性が認識されだした。

昭和一一（一九三六）年末には海軍軍縮条約が失効して無条約時代に突入することから、国防方針の抜本的改定が必要になった。

参謀本部作戦課長の石原莞爾大佐は、既定の国防方針、用兵綱領、および年度作戦計画を知るに及んで、「わが陸海軍には作戦計画はあるが戦争計画はない。いまや世界列強は国防国策を基として外交を律し軍備をととのえる準戦時代に入っている。漫然と仮想敵国を列挙し、外交と国力と別個にして、軍備だけで国防を全うすることはできない。早く戦争計画を策定して国防国策大綱を立てなければならない」と考えた結果、「まず対ソ軍備に重点を向けて北方の脅威を排除し、中国との破局を防止し極力米英との和協を図り、この間満州国の育成を図らねばならぬ」①との信念を抱くようになった。

石原は、国防国策に関してまず海軍と思想の一致を図ることが先決であると考え、昭和一〇（一九三五）年一二月一七日から軍令部作戦課長福留繁大佐との間で検討をはじめた。

ところが、陸軍側の北方重視すなわち陸軍軍備優先に対して、海軍側は北守南進すなわち海軍軍備充実を主張したため、陸海間の折衝は容易に進展しなかった。

海軍中央部は、陸軍側が提案した国防国策大綱に対処するため、昭和一一年三月一九日、長谷川清次官を長とする「海軍政策及び制度研究調査委員会」を立ち上げた。この委員会は、第一、第二、第三の三つの委員会からなり、このなかの「帝国の国策並びに之が実現に必要ある海軍政策の具体案を調査研究立案す」ことを目的とした第一委員会は、四月につぎのような答申をまとめた。

【国策要綱】帝国国策要綱は、内は庶政を更張し、外は帝国の地歩を確保すると共に、南方に発するを根本方針とし国力充実、国権の伸張を図り……。

【対外政策】（3）対南方諸邦……南方諸邦は帝国の国防強化、人口問題解決、経済発展時上最重視すべき方面にして、之が経綸はまた対満、対支、対ソ政策大成上にも必須のものなり。……之が為……他方当然覚悟すべき英米蘭等の圧迫阻碍に対し常に慎重の用意を以て臨み、万一に対する実力の準備完成を要す。
（5）対英国……英国の執ることあるべき列国、殊に米ソ支を利用する対日抑圧の策動に対し、慎重警戒すると共に……英国権益推移の間隙に乗じ、我勢力の進出を図り、又英国属領に対しては経済的、文化的連繫を密にし、彼の対日政策に対する牽制に努む。

この海軍の国策要綱は、四月一六日、海軍次官、軍令部次長の連名で、第三艦隊司令長官宛に、「海軍としては概ね左記方針を以て今後帝国の対外国策上採るべき最も妥当緊要のものなりと定められ、既に新内閣に対し之が確立遂行を要望し折角努力中に有之」との申し添を付けて、全文申進した。

それではなぜ国策要綱が、第三艦隊司令長官に申進されたのであろうか。

この国策要綱決定に先立って及川古志郎第三艦隊司令長官は、岩村清一参謀長をして支那と満州を視察させ、つぎの意見書を作成して、昭和一一年三月二七日に永野海相、伏見宮軍令部総長に上申した。

（1）帝国の執るべき国策に南方進出と北方進出の二策あり。……南進は英あるいは米を対象とする結果となり、北進はソ国との衝突を意味す。国家終局の発展は収穫大なる南方においてせざるべからずと雖も、帝国は未だ好んで英米と衝突を誘起するが如き時機に達せず。寧ろソ国との衝突を惹起するも後顧の憂なからしめたる後、南進に転ずるも遅からざるべし。
（2）他国と衝突を避け得ざる場合、敵を最小限に止むるは絶対必要なり。今直接の敵は英あるいは米に求めんが、ソ支その他の列国挙げて敵に組する場合あることを予想せざるべからず。……米もまた好んで我に挑戦することなかるべく……。
（3）海軍軍備を整備する上の理由に欠たる所なし。要は国力が海陸並行の軍備を幾何程度堪へ得るやの問題に帰すべし。

岩村は、大正一一年五月より海軍省副官兼海相秘書官として加藤友三郎海相に仕え、その合理主義的国防観の薫陶を受けた。

さらに昭和三年一一月からは、第一遣外艦隊参謀として米内光政同艦隊長官の下で勤務した。

この岩村の意見書は、仮想敵国を陸海共通の一国に絞り、対米不戦主義を堅持するという意味で非常な卓見といえた。

ところが福留繁軍令部作戦課長は、この意見書に対して、「先ず北を然る後南へとする如き思想に共鳴せらるるが如き点は是正を要す。殊に此の思想に基づき国防も先ず陸、然る後に海とする如きは誤れるも甚し。……本論は陸軍を先ず整備し、然る後海軍と言う誤解あらしむ」との附箋を添えた。これには近藤信竹第一部長、中原義正部長直属も同様の見解を示した。

さて海軍の国策要綱は、「北守南進」をもって日本の対外政策の本旨とするというものであるが、陸軍側が危惧した日本軍の対ソ兵力の劣勢についてはまったく不問にしていた。

そして新たに対南方諸邦に対する国策を挙げ、当然、覚悟すべき国として英米蘭を掲げていた。

昭和一一年六月の帝国国防方針の第三次改定では、英国が仮想敵国に加えられることになった。

参謀本部は軍令部との討議を通して、陸軍側が公正妥当な結論をもとめようとすれば、かえって反対に海軍側の南進論を高めさせることになり、国論の分裂をまねくことになることを痛切に思い知らされた。そこで石原は、参謀本部に新たな第二課（戦争指導課）を設け、ここで徹底的に国防国策の検討を行なうとともに、陸海軍の不一致は天皇による欽定によって解決をはかろうとした。

ところが軍令部側は、この際、国防国策を論ずるよりはむしろ帝国国防方針の第三次改定をすべしとして、昭和一一年一月二三日、これを参謀本部側に提議した。

軍令部は、その理由として、大正一一（一九二二）年の改定以来、国際情勢に大きな変化が起きていること、さらにまた昭和一一年末で海軍軍縮条約が失効することを挙げた。

一方、参謀本部側は、従来の国防方針は軍部の国防であって国策に繋がらず、ただ仮想敵国を挙げるだけであり、これらの列強に対して、いかなる順序で国防を解決していくかの長期的展望がないと批判した。したがって現下の情勢に対処するためには、国防国策大綱を確立するほうが実際的であると考えていた。

このような意見の相違があったため、参謀本部と軍令部の協議は難航した。しかし結局、参謀本部が軍令部側に妥協することになった。

この妥協の内容によれば、国防国策大綱を政府・統帥部間で決定し、それに基づいて軍部の狭義国防として帝国国防方針を改定することになった。

こうして昭和一一年一月下旬にはじまった参謀本部と軍令部間の改定交渉は、途中二・二六事件のために中断したもののその後も続行され、六月三日、前回の国防方針、用兵綱領の改定と同様の手続きを経て、天皇の裁可を得た。②

ここに石原の国防国策大綱の精神は完全に骨抜きにされることになったのだった。

第三次改定の帝国国防方針では、米ソいずれが主要仮装敵国であるか否かについては、つぎのようにして、そこに軽重をつけないことにした。

「帝国の国防は、帝国国防の本義に鑑み、我と衝突の可能性大にして且つ強大なる国力殊に武備を有する米国、露国を目標とし、併せて支那、英国に備ふ」

海軍はその所有兵力として、主力艦一二隻、航空母艦一〇隻、巡洋艦二八隻、水雷戦隊六隊、潜水戦隊七隊を基幹とし、その他常備航空基地航空兵力六五隊を整備することにした。これによって今後一〇年間は、対米七～八割の比率を保有できるものと見込んだ。

用兵綱領では、記載の順序を米露とするか、それとも露米とするかで形式的な論争がつづいたが、結局、国防方針で「米露」、用兵綱領では「露米」の順序にすることで、妥協が成立した。

昭和一一年五月一三日、元帥会議は、国防方針、用兵綱領の第三次改定について審議し、奉答した。

その直後、天皇は伏見宮軍令部総長を呼んで、つぎのように質問した。

天皇─国防方針に示す兵力は相当なるが財政との関係如何?

伏見宮─軍備の充実は国際情勢にも財政にも関係ありますが、国力の許す限り出来るだけ本方針の兵力を整備せんとす。財政を無視して無理を言うにあらず。所有兵力に比し、建造費噸当りの高価なる駆逐艦、潜水艦を減じ、噸当りの廉なる主力艦、航空母艦を増しあれば、全経費として全所要兵力より増加なし。

天皇─新聞報に依れば、英、米にして大に建造を行なう如し。これに対しては如何?

伏見宮─英米にては主力艦を始め、大拡張を行なふようでありますが、我国は一々之に応ずることを致せずとも、無条約なれば日本伝統の特徴ある軍艦を以て他国の有せざる大口径砲、重装備の主力艦とか重雷装艦とか種々特徴を有し、敵の現有兵力を以て応じ得ざる艦を造れば宜しく折角研究中であります。③

この伏見宮軍令部総長の奉答からも明らかなように、日本海軍として対米戦力の要として大艦巨砲主義にますます頼ることになった。

帝国国防方針の策定と並行して、陸海軍間で極秘の内に国防国策に関する検討がすすめられた。

昭和一一年六月三〇日、参謀本部戦争指導課は「国防国策大綱」を立案し、閑院宮参謀総長の決裁を得た。

この大綱は、当然のことながら石原の構想を基本にしたものであり、その中心はつぎの点にあった。
(3) 先ずソ国の屈服に全力を傾注す。而して戦争持久の準備について欠くる所多き今日、英米少なくも米国との親善関係を保持するに非ずんば対ソ戦争の実行は至難なり。
(4) 兵備充実成り、且つ戦争持久の準備概ね完了せば、ソ国の極東攻勢を断念せしむる為、積極的工作を開始し、迅速に目的の達成を期す。

しかし、対ソ先決を主旨とする「国防国策大綱」は、軍令部の容れるところとならなかった。六月三〇日、海軍側は、陸軍の「対ソ先決」と「北守南進」を組み合わせて「国策大綱」なるものを策定した。これは八月七日、広田首相、寺内陸相、永野海相、馬場蔵相、有田外相の五相会議において決定されたところのつぎの「国策の基準」になった。

「帝国として確立すべき根本国策は、外交国防相俟って東亜大陸における帝国の地歩を獲得すると共に、南洋に進出発展する」

この「国策の基準」の第一要綱には、「国防の軍備」についてつぎのように記されていた。

（1）陸軍軍備はソ国の極東に使用し得る兵力に対抗するを目途とし、特にその在極東兵力に対し、開戦初頭一撃を加え得る如く在満鮮兵力を充実す。④

（2）海軍軍備は米国海軍に対し、西太平洋の制海権を確保するに足る兵力を整備充実す。

ともかく日本海軍は、これによって海軍軍備充実の陸海並行充実、および昭和一二年度海軍補充計画の予算（③計画）を獲得することに成功した。

昭和一一（一九三六）年二月二六日、二・二六事件が発生した。前夜から降りしきる大雪のなか、陸軍の青年将校と下士官兵ら約一四〇〇名はわが国の政府首脳を襲った。

最初、即死と伝えられた岡田首相は奇跡的に難を逃れたものの、斎藤実内大臣、高橋是清蔵相、渡辺錠太郎教育総監等は暗殺され、鈴木貫太郎は重傷を負った。

ロンドン海軍軍縮条約締結に奔走した岡田、斎藤、鈴木の海軍の三長老が襲われたのは、この事件が昭和五年のロンドン海軍軍縮条約に端を発していることを、物語っていた。

二・二六事件以後、皇道派は陸軍内から一掃され、実権は梅津美治郎陸軍次官、石原莞爾参謀本部作戦部長の手に握られることになった。

ところが、陸軍による「粛軍」とは、陸軍が政治干渉を自重することを意味せず、かえって巧妙に政治機構のなかに溶け込んで、そのなかで政治力を発揮することになった。

二・二六事件の余熱もまだ冷めやらぬなか、「庶政一新」を掲げる広田内閣に対して軍部は、あからさまに干渉してきた。このため広田内閣の当初の閣僚予定者で実際に代わらなかったのは、大蔵大臣の馬場鍈一だけという有様だった。

さらに軍部は、その独裁の一段階として軍部大臣現役武官制を要求してきた。

これは大正二年六月、山本権兵衛内閣時において、それまでの陸海軍大臣・次官の現役将官制を改めて予備役の大将・中将まで枠を広げたものを、また以前の制度にもどすというものであった。時代錯誤もはなはだしかったが、しかしこれによって軍部は、内閣の生殺与奪件を握ることになった。

19　五十六、海軍次官に就任

昭和一一年一二月一日、五十六は五一歳のときに海軍次官に就任した。

さっそくお祝いに上京した反町栄一に対して、五十六は、「自分は航空本部長が一番適任だ。一生でも航空本部長でご奉公したいものだ。じつは永野海軍大臣からも次官になれと言われるのをお断りしたら、永野大将は、『山本君、君は僕が嫌いなのか。軍縮会議に僕が全権になったとき、君に随員をお願いしたら断った。今また海軍次官を断られるが、君は僕を好かんのか？』と言われる。永野大将は尊敬する先輩である。今ここでお断りすると、誤解を生ずる恐れがあるので海軍次官を引き受けたのであって、私としては少しもめでたくないのだ」①と語っていた。

昭和一二年一月二一日、衆議院で、軍部の横暴を攻撃した浜田国松と寺内正毅陸相の間で、「僕が軍を侮辱した言辞があったら割腹して君に謝する。無かったら、君割腹せよ！」との論戦、いわゆる「腹切り問答」が持ち上がった。この浜田代議士の果敢な啖呵に激昂して懲罰解散をすべしと息巻く陸軍に、海軍側は同調しなかった。

　このため一月二三日、広田内閣は総辞職した。

　この間の消息について、緒方竹虎は『一軍人の生涯』のなかで、つぎのように述べていた。

「山本五十六が永野海相の下に海軍次官に起用されたことは、正に海軍建て直しのきっかけを作るものであった。山本はつとに部内の偉器として儕輩《せいはい》に推されていたが、航空本部長として部内最近の空気を知り尽くし、さらにロンドン会議に出て、国際的の眼で日本海軍の姿を眺める機会を得てから、海軍の将来に対して米内と同じ憂を懐くに至った。元来山本と米内は砲術学校の教官時代同じ下宿の飯を食い、食後の腹減らしに手裏剣の練習をし合ったこともあるとかで、互いに性格を知り相許す間柄であった。たまたま山本は永野に選ばれて海軍次官になったが、寺内・浜田の『腹切り問答』に際し、永野を支持して強く議会解散に反対し、勢い内閣の瓦解となったので、ここに米内の海軍大臣を実現することを考えたのである。山本は海軍の建て直しには、米内以外に人はいないと考えた。部内一般の空気を反映した声は藤田尚徳が強かったが、省部多少の反対論を押し切って雰囲気の一新を図るには、米内の如くはないというのが山本の意見であった。そこで山本は永野に進言し、永野から伏見宮の御意見を得て、米内の推薦となった」②

　五十六が海相として米内を推薦した背景を理解するためには、当時の日本海軍部内の動きを知っておく必要がある。

　ロンドン海軍軍縮条約締結問題や五・一五事件に見られるように、海軍内に下克上の動きが見られるようになった。この原因としては、社会情勢に影響されたこともあったが、じつは全海軍を統率する人物がいなかったことがあった。

　山本権兵衛まで遡らなくても、加藤友三郎が現存しているときには軍規も厳しかった。しかし加藤（友）以後、海相に就任した財部彪、安保清種、岡田啓介、永野修身などは、強いリーダーシップを持っていなかった。

米内は欧州から帰朝してからも、ほとんど中央部には用いられず、鎮海要港部司令官をもって予備役に編入されると一般に思われていた。

しかし、藤田尚徳や高橋三吉ら同期生（二九期）の者が中央の要職に用いられてから、米内の評価が徐々に上がるようになった。米内はどこを歩かせても立派にやってゆけたし、艦隊長官でも鎮海長官をやらせてみても、非の打ち所がなかった。

米内とい人間は、普段は無口であるが、言うべきときにはズバッと核心を衝く言葉を言い放つところがあった。

そのような米内を補佐するのは、世情で評価が高まっていた五十六しかいなかった。

五十六の存在は、陸軍に人を求めれば永田鉄山に匹敵した。五十六は、永野の分身というよりは、その懐刀として永野を助けた。広田内閣で陸軍の横車を少しでも牽制したものがあるとすれば、それは永野海相であり、永野を動かしていた五十六だった。

「腹切り問答」に際して、陸軍側は懲罰解散を主張したが、これに反対したのは、政党出身の若干の閣僚と永野海相だけであった。このため広田内閣は総辞職の道を選択した。

つぎの宇垣一成内閣は流産し、昭和一二年二月二日、林銑十郎内閣が誕生した。

この内閣の海相候補として、まず藤田尚徳の名前が挙がったが、猛烈な陸軍の政治干渉を妨げるにはいささか弱すぎた。そこで五十六は、この藤田案に対して米内を海相候補に挙げた。

当初永野は、「異存はないが、手腕は未知数だ」として米内擁立を危ぶんだが、五十六はこれを強引に押し切った。

五十六は、「懸念には及ばない。政治的手腕より、何事にも恐れない真の勇気こそ、海軍を護り日本を安泰ならしめるものだ」と主張した。ついに永野は、「君がそこまで保障するならよかろう」と言って承諾した。伏見宮総長へは永野から説かせた。

米内としては、連合艦隊司令長官に就任して期待に胸を膨らまして、いよいよ明日から大海軍の精鋭を率いて海の護りに就こうとした矢先、永野から召命があった。そしてこの召命は海相就任の件らしいことがわかった。

永野から政情の説明があり、大臣就任を要請されたとき、米内は多少ためらいを見せたが、五十六が、「次官として粉骨砕身補佐する」と言葉を尽くして説得したため、米内としても、「そこまで言われるのなら……」と言って、ようやく大臣就任を決心した。③
林内閣下における米内の在任四ヵ月は、「沈黙の大臣」で過ごした。しかしこの沈黙が、海軍部内の重しとなった。加藤や末次のような派手なパフォーマンスなどもなかったため、彼らの一連の動きも鳴りをひそめることになった。

林内閣が瓦解すると、昭和一二年六月四日、第一次近衛文麿内閣が成立した。この内閣には、広田が外相に、陸相に杉山元大将、そして海相に米内が留任し、五十六は引き続き海軍次官として留任することになった。

20　日独伊防共協定強化問題と五十六

五十六としては不承不承に就任した次官であったが、このポストを、林、近衛、平沼の三内閣の二年七ヵ月にわたってつとめた。

昭和一一（一九三六）年一二月、航空本部長から永野海相の次官になったとき、五十六は五二歳八ヵ月であり、その知謀と健康はピークにあった。

この時期、高木惣吉は海軍省調査課長にあったが、米内海相の言動まで触れた機密情報を入手したことがあった。これを文書にして五十六にみせたところ、間髪いれず呼び出しがかかった。五十六は高木に対して、「僕が知っているところと、あまりに符節を合わせるようだから、君に確かめたまでだ。以後こういうことが耳にはいったら報せるように。しかし今後は求めてこんな情報を取る必要はない！」と一喝した。

海軍軍人が政治の渦中に入ることを極度に警戒して、鋭く目を光らせている五十六の姿がそこにはあった。

海軍次官室は、海軍省の建物のなかの狭い一室にあった。

五十六はこの部屋のなかで、よく立ったまま書類にポンポンと判を捺《お》していた。このため事務決裁が滞るようなことはなかった。

五十六の机の正面には、米沢出身の文人・宮嶋大八の名筆による『流星光底長蛇』の一幅が掲げられてあった。その後、曹洞宗僧侶として名高い北野玄峰老師の『百戦百勝不如一忍』の一幅に替えられた。

①

昭和一二年七月七日、盧溝橋事件が発生した。事件直後、軍部、政府とも不拡大方針を採り、七月九日、閣議は現地解決を決定した。

しかし、このころ陸軍中央部においては、この際、中国に一撃を加えるべきだとする参謀本部作戦課長武藤章大佐や陸軍省軍事課長田中新一大佐らを中心とする拡大派が、対ソ作戦重視の観点から今は自重すべきだとする参謀本部次長多田駿中将、参謀本部第一部長石原莞爾少将、同戦争指導課長河辺虎四郎大佐、陸軍省軍務課長柴山兼四郎大佐ら不拡大派に対して、勝ちをおさめつつあった。かくして閣議は、参謀本部の華北派兵案を承認した。

これに対して蒋介石は、七月一九日、江西省蘆山で「最後の関頭」声明を発表し、徹底抗戦の方針を打ち出した。

八月一五日、海軍航空隊は、台湾の台北と長崎の大村から悪天候をついて、五十六が航空本部長のときに尽力した九七式陸攻が三八機、中国の上海を空襲して戦果を挙げた。

一〇月一日、四相会議は、「支那事変対処要綱」を決定した。これには、「なるべく速やかに、これを終結」するため、「支那及び第三国に対し、機宜の折衝及び工作をなす」事が記されていた。

この第三国の和平斡旋で広田外相が期待していたのは、ドイツだった。

一一月から駐華トラウトマン独大使による日中和平工作が開始されたが、中国戦線における日本軍の優勢にともなって、日本の和平条件が当初よりいちじるしく釣り上がったため、結局、不調に終わることになった。

昭和一三年七月一三日朝、現地よりソ連軍が一一日からソ満国境の張津鼓峰に陣地を構築しているとの報告があった。さらに一五日には、ソ連兵による日本兵射殺事件が発生した。

大本営では、稲田正純大佐を中心に中堅幕僚の間で「威力偵察論」が台頭し、稲田大佐は、第一九師団を使用する反撃計画を作成した。

七月二〇日、張鼓峰における実力行使と応急動員下令について、天皇の裁可を得るため、閑院宮参謀総長と板垣征四郎陸相が参内上奏しようとしたところ、宇佐見《うさみ》興屋《おきや》侍従武官長を通して、天皇の不許可の内意が伝えられてきた。

なおも強硬に拝謁を願い出た両名に対して、天皇は満州事変以来の陸軍の行動を指摘して、厳しく叱責された。

ところが七月二九日、張鼓峰南方国境稜線でソ連兵数名が越境し、陣地を構築しはじめた。このため現地の第一九師団長尾高亀蔵中将は、この事件をもって対ソ一撃の好機を判断して、三一日未明、独断でソ連陣地に対して夜襲を決行した。

八月一日、五相会議は不拡大方針を決定したが、ソ連軍による猛反撃が開始されたことから日本側としては第二次攻撃を余儀なくされ、ここに日ソ両軍による本格的戦闘へと発展した。

ソ連軍は日本軍に対して、歩兵は三倍、砲兵は四倍という機械化兵力をもって圧倒し、このため第一九師団は、戦死者五二六名、負傷者九一四名、死傷率二一パーセントという大損害を蒙《こうむ》ることになった。

しかし幸いにも八月一一日、モスクワで重光葵駐ソ大使とリトヴィノフ外相との間で停戦協定が成立した。

ところが昭和一四年五月一一日、こんどは満蒙国境のノモンハン付近で、ソ連軍と日本軍の衝突事件が発生した。東京の陸軍中央部は、支那事変の最中に事件を拡大することを懸念していたが、現地ではこの際、断固たる決意を示すべきであるとする積極論が勝ちをおさめ、六月二七日、独断で外蒙タムスク飛行場を急襲した。

参内した中島鉄蔵参謀次長に対して天皇は、「この関東軍の行動は統帥権干犯である」と、激しく叱責された。

七月二日、関東軍は総力を挙げて攻撃を行なったが完敗し、七月二三日の第二次攻撃も失敗して、月末までに日本軍は全滅する事態となった。

ところが九月一日、ドイツ軍がポーランドに侵攻し、第二次欧州大戦がはじまったこともあって、九月一六日、東郷茂徳中ソ大使とモロトフ外相との間で停戦協定が結ばれ、ノモンハン事変は終結することになった。②
さて昭和一二年一〇月、海軍省軍務局長として井上政美が就任し、ここに海軍は、米内海相、五十六次官、井上軍務局長の良識派トリオの時代を迎えることになった。

この時期、日本の中枢を揺るがしたのは、日独伊三国防共協定強化問題といわれるものである。

これは昭和一一年一一月二五日に締結された日独防共協定を拡大して、軍事同盟にするというものだった。

この防共協定強化問題は、陸軍側が強力に推進したのに対して、五十六らの海軍側がこれに断固反対したため、昭和一三年、一四年の両年にわたって、閣内で激しい論争が展開された。

それではここで、日独伊防共協定強化問題に至るまでの経過を振り返ってみよう。

昭和八（一九三三）年一月、政権の座についたナチス党首のヒトラーは、昭和一〇年三月に再軍備を行ない、翌一一年三月、ラインラント非武装地帯に進駐した。

昭和一三（一九三八）年一月二日、ナチス党外交顧問リッベントロップは、対仏英牽制を狙いとする日独伊同盟結成の覚書をヒトラー総統に提出した。

この年の一月はじめ、リッベントロップは、新年の挨拶のためベルリン郊外のゾンネンブルグの別荘を訪れた大島浩駐独武官に対して、日独関係の一層の強化を希望した。

これを契機に日本側も、支那事変の長期化とソ連の軍備強化にそなえて、陸海外の三者で、それぞれ日独伊防共協定強化問題について研究することにした。

七月一九日、五相会議（近衛首相、宇垣外相、板垣陸相、米内海相、池田斉彬蔵相）において、「日独及び日伊間政治的関係強化に関する方針案」が協議され、「ドイツに対しては防共協定の精神を拡大してこれを対ソ軍事同盟に導き、イタリアに対しては対英牽制に利用し得る如く秘密協定を締結す」③旨を決定した。

八月一九日、岡敬純海軍省軍務局第一課長より、「海軍として執るべき態度」に関し、海相、次官に説明が行なわれた際、次官の五十六よりつぎの事項に関して強い疑問が出された。これに対して主務である軍務局第一課は、ただちに各事項についての反論を纏《まと》め上げた。

両者の考え方の相違を比較するため、以下に五十六の疑問と、それに対する三国同盟推進派の反論を紹介してみたい。

五十六――独伊関係の強化は、対支那事変処理上、対英交渉に有害になるのではないか？

反論―日本が独伊と結び英国と対立の立場を執ることは、将来日独伊ブロックとの対立を意味するから、英国は最後まで援蔣の決意をするという議論は、英国外交史を知らない者の意見である。なぜならば英国が援蔣の態度をつづけることは、在支権益を全部失うことになるから、このような損な外交はしないと思われる。

五十六―日独伊の防共協定は、かえって日本にとっては不利になるのではないのか？

反論―防共協定は政治協定ではないので、大したことにはならないだろう。

五十六―本問題を対ソ問題に限定するとすればどうなるのか？

反論―南洋開発などの国策遂行に利用することはできないだろう。

五十六―三国同盟締結の時機が早いのは、かえって不利ではないのか？

反論―いまから急いで準備したとしても、遅すぎるほどである。

五十六―日ソ戦争が起こった場合、ドイツから実質的な援助は期待できないのではないか。したがってこのような協定は結局無意味なのではないか？

反論―万一戦争が起こった場合、たとえ砲火を交えなくとも、ソ連兵力の多くを西部方面に牽制することになるので、無いよりは大いに意義がある。

五十六―三国条約を結んだとすれば、独伊に対して支那の権益を分け与えなければならなくなるのではないか？

反論―英国に与えるよりはましだろう。独伊を富ますことは、欧州において英仏を押さえることに繋がる。④

いまから振り返ってみると、五十六の国際政治観がいかに正しかったかがわかる。

当時、三国同盟条約派に近い立場にあったと見られる海軍省調査課長高木惣吉大佐が西園寺公秘書の原田熊雄に手渡した文書には、つぎのように記載されていた。

「我が海軍軍備充実の対象としてソ連に限定するは、海軍軍備充実の名目と矛盾撞着す。我が海軍充実の対象としては英米を想定し、……無条約後の今日の事態に莅《のぞ》みては、敢えて十数億の予算を要して憚らざるに……右の趣旨を放棄して対ソ一点張りに合流せんとするは、実に海軍政策の矛盾撞着を暴露するのみならず、陸軍をして愈々益海軍の真意を誤解せしめ、予算獲得のためには英米をダシに使うも、海軍の腹は英米を敵とするにあらずと独断せしむ」⑤

すなわち高木にすれば、海軍が対英米軍備充実を叫ぶことが、単に海軍の予算獲得のダシでないことを証明するためにも、対英仏三国同盟締結に賛成しなければならないとした。

この間、大島とリッベントロップの間の話し合いは一段と進展して、大島が私案として、対ソ協定を提示するまでになった。これに対してリッベントロップは、一般的相互援助条約を希望した。

大島とリッベントロップは相談の結果、この件について、まず日本の陸海軍に打診してみることにして、滞在中の笠原幸雄陸軍少将に託して帰国させることにした。

帰国した笠原は、八月七日、陸海軍首脳会談の席上、このドイツ案を披露した。

陸軍側はただちにこの案に賛成したものの、海軍側はこの種の重大問題は、五相会議にかけるべきだとして慎重な態度をとった。しかし、その内容がソ連に限定されるものだとしたら、趣旨として異議のない旨も同時に回答した。

八月二六日、五相会議は、笠原少将が携行して来たところの同盟の対象国をソ連に特定せず、一般的に第三国とする内容のリッベントロップ案を検討した。

その結果、五相会議は、対ソ軍事同盟の枠内で日独提携をはかるとする趣旨の日本側回答を決定した。

しかし日本側回答文には、同盟の対象としてソ連を主としているものの、英仏など第三国についても、かならずしも対象から除外されていないと解釈できる余地も残されており、実際、大島はそのように解釈したため、その後の日独交渉は、日本政府と現地武官の思惑の違いからギクシャクすることになった。

一一月一一日、五相会議は対象国について、英仏がソ連に味方した場合においてのみ対象国になるという、やや陸軍側の主張に妥協した案文を採択した。これに対して大島大使（一〇月、東郷茂徳に代わって駐独大使に就任）から、八月に行なわれた五相会議の日本側回答文の理解とは異なるとの強硬な反対意見が送られてきた。

この電報に接するや、板垣陸相と他の四相は完全に対立することになり、昭和一四年一月四日、第一次近衛内閣は、閣内不一致より瓦解することになった。

同日、枢密院議長平沼騏一郎に組閣の大命が下り、翌五日、平沼内閣が成立した。ここでは陸相の板垣、海相の米内、外相の有田八郎など主要閣僚は留任し、蔵相には石渡荘太郎が就任した。外相の留任を求められた有田は平沼と会談して、日独伊三国軍事同盟の対象をソ連に限定することで、平沼の同意を得た。

さて、平沼内閣成立直後、ドイツから正式に三国同盟案が、日本とイタリアに送られた。

一月一七日、平沼内閣の五相会議は、ドイツ案を支持する板垣陸相と他の閣僚との間で、以下のような激論が展開された。

板垣陸相―陸軍案提案、ソ連を対象とすることは固よりなるも、英仏をも対象たらしめる事を排除することとなし。武力援助においては、ソを対象とする場合は、これを行なうこと勿論なり。英仏を対象とする場合は、これを行なうや否や及びその程度は、一に状況に依る。（中略）三国同盟関係強化の議起こりおる時に比し、今日は情勢が変化せるに付、自主外交が必要なり。これ陸軍案を可とする所以なり。

米内海相―昨年八月より一二月迄の間は、本件は進展せず。そのままとなり居たるものにして、一二月以降今日までの間に特に情勢変化せしや？

板垣陸相―（黙して答えず）

米内海相―一一月中旬において第三の解釈に対する自分の考えを明らかにせり（自ら鉛筆を取り記入し外相に渡せること）。その後において特に情勢変化せりと認められるや。余はこれを認めず。数年後ソと戦わんが為、今日よりその準備を為すための協定なら賛成できず。

板垣陸相―（答なし）

米内海相―三国提携を強化せば、英米を向こうに回して成算ありや？　蔵相の意見を承り度。また国際協定において自国の不利を忍んで迄、先方の利益の為、これを締結せざるべからざるものなりや。独伊日それぞれ対象とする国を若干異にするものを一まとめにせんとする所に無理ありと認む。

石渡蔵相―我経済の対手を、今回英米より独伊に変更する事は困難なりと認む。しかし独伊が英米に付く様になる事は恐るべき事なり。少なくとも独伊を我より離さぬ様にする程度の協定は必要なりと思う。

米内海相―陸軍案の如きものまとまりしものと仮定したる場合、支那事変の解決上直接如何なる効果ありや？⑥

五相会議は、米内海相と板垣陸相の意見が全面的に対立したため、行き詰まってしまった。

一月一九日、五相会議は、状況により第三国をも対象とすることもあるとした有田八郎外相提案の妥協案を採択した。

ところが大島大使、白鳥敏夫駐伊大使の両人は、東京からの訓令を逸脱して、独伊に対して「自動参戦義務」の言明をしてしまった。

かくして四月一三日、有田外相は平沼首相に対して、本問題についての交渉の余地のないことを具申した。

また同日、米内海相も交渉の打ち切りと両大使の召還をもとめた。

ところが板垣陸相は、いったん日本を代表する大使が言明した以上、何とか尻拭いをしてやらなければならないと言って、有田の交渉打ち切り案に反対した。このため五相会議は、ふたたび紛糾することになった。⑦

そこで有田外相は、事態解決のため、日本政府の意向を平沼首相のメッセージに託して、独伊両首相に送付することを提案した。五月四日、このメッセージは在京独伊両大使に手渡された。

そうこうしているうちに、五月三日、ドイツ側より一つの妥協案(いわゆる「ガウス案」)が送られてきた。五月七日、五相会議はこのガウス案について協議したが、参戦問題に関して、陸軍と海軍は鋭く対立した。

つづいて五月一七日、ドイツ側より、ガウス第二案が送付されてきた。

五月二〇日、有田外相は大島大使宛に、ソ連以外の場合は自主的に決定するとの訓電を発した。ところがあろうことか、大島、白鳥両大使はこれを独伊両政府に取り次ぐことを拒否し、反対に本国召還を要求する旨の強硬な反対電報を送付してきた。

これは日本陸軍と外務省革新派を後ろ盾にした、大島、白鳥の居直りだった。このためまたもや五相会議は、小田原評定を繰り返すことになった。⑧

その最中の八月二三日、突如、独ソ不可侵条約の成立が発表された。

独ソの関係は不倶戴天の敵と、固く信じていた日本側は、国際政治のダイナミズムを理解できなかった。

このため平沼内閣は、「欧州の天地は複雑怪奇なり」との有名な言葉を残して総辞職することになり、ここにひとまず防共協定強化問題は終わりを告げた。

防共協定強化問題に見られる国家戦略の分裂は、つまるところつぎの三つの立場の主張が、最高意思決定機構の欠如により、統合されないまま終わったからであった。

第一に白鳥ら外務省革新派の立場は、つぎのようなものであった。

外務省の伝統的な英米協調外交と、それが墨守する英米本位の世界秩序であるヴェルサイユ・ワシントン体制を打破し、新興の独伊と提携して英米仏を牽制し、少なくてもアジアにおいて日本が盟主となる東亜新秩序を樹立しようとした。

そのためには英仏との対立や衝突の可能性などの多少のリスクは忍び、積極的外交を展開すべきとする立場であった。

しかしこうした考え方は、伝統的外交を守ろうとする外務省正統派の影響を強く受けている有田外相らの入れるところとはならず、このため中央と出先との食い違いや摩擦の原因となった。

第二は陸軍であるが、ここは革新外交を支持する立場にあったが、防共協定をソ連だけでなく、英仏をも対象とする日独伊軍事同盟に変質させようとしたのは、たとえその結果、独伊対英仏の欧州戦争に巻き込まれたとしても、陸軍が欧州戦線へ派兵を要請される可能性はほとんどないという気楽な立場にあったからである。

陸軍は、第一次世界大戦における青島攻略のように、せいぜいアジアの英仏植民地を攻略する任務を負わされるだけと見ていた。

ただ英国の極東における根拠地であるシンガポール要塞は強固であり、この攻略のためには海軍の協力が絶対に欠かせないことから、「英仏を対象とする武力行使は状況に依る」とか、「参戦義務は負うが、武力行使は当分の間留保する」というふうに、奥歯に物の挟まったような不明瞭な態度をとった。

支那事変の収拾に苦慮していた陸軍としては、リスクは小さく、それよりも蒋介石の援助の主である英国を、独伊の力を利用して牽制し、あわよくば英の援助を中止させ、仏に対しても仏印からの援蒋ルートを閉鎖させようとした。

最後に海軍であるが、欧州戦争に巻き込まれた場合、陸軍ほど気楽な立場にないことは明らかだった。

たとえ大西洋、地中海へ艦隊を派遣する事態が生じないにしろ、仏はさておき、強大な英海軍は、かならずアジアでも日本の海上通商路（シーレーン）の妨害に出てくることは明らかだった。

日本海軍は、第一次世界大戦の際も独の仮装巡洋艦の迎撃には非常に苦労した。こちらから攻撃しないかぎり、英仏の植民地の陸軍が日本軍を攻撃してくることはないが、海軍の特徴からして、どこからでも攻撃される可能性があった。

したがって海軍が、英仏のみを対象とする戦争への参戦義務にあくまでも反対するは当然であった。

しかも独伊の海軍は、英国海軍よりもはるかに弱体であり、したがって独伊と同盟を結んでも日本海軍としてのメリットはまったく無かった。

21　暗殺を覚悟する五十六

陸軍を後ろ盾にして三国同盟締結を主唱する右翼が、連日のように次官の五十六に面会をもとめて押しかけてきた。

昭和一四（一九三九）年四月五日、「聖戦貫徹同盟」という右翼団体が持参してきた海軍大臣宛の『進言書』には、つぎのように書かれていた。

「皇国日本は漂へる世界を修理固成して、六合一都八紘一宇の天業を恢弘《かいこう》すべき最高の道義国家なり。現実の世界は、英国ソ連を中心とする欧米民主主義国家群の牽制支配下にあり。独伊の全体主義国家の興起発展はこの不当なる現状を打破せんとするものにして、東洋における皇軍聖戦の展開に相応ずる世界新秩序建設の動向なり。

現に英国を本陣とし、支那国民党政権を前衛とせる、世界民主主義国家連合戦線と戦ひつつある皇国日本は、その聖戦の信義の必然と、その敵を同じくする現実の運命よりして、防共枢軸の歴史的信義を本質的に強化徹底せしめ、独伊との間に緊密完全なる政治的経済的文化的軍事的提携同盟関係を確算し、不可避なる英米仏ソとの正面衝突に備へざるべからず。これ皇国興亡の懸るところにして、聖戦を貫徹し東亜永遠の安定を期する必須緊急の国策なり。然るに親英主義を墨守する重臣財閥者流の執拗頑強なる陰謀により、三国同盟の締結は、なほも阻止せられつつあり。皇国内外の混迷去らざる所以のもの、一にここに存す。任を至尊輔弼《しそんほひつ》の重責を負ふ者、断固として親英派勢力の妨害を一蹴し、直ちに日独伊三国の同盟を締結すべく蹇々匪躬《けんけんひきゅう》の誠を尽くすべし。皇国の至誠を披瀝して厳粛に進言す」①

　非常に飛躍した唯我独尊的論理であるが、当時の日本ではこうした屁理屈が堂々とまかり通っていた。

　この年四月一二日、五十六は母校の長岡中学校で、全生徒に対して講演をした。これが母校における五十六の最後の講演となったが、五十六のリベラルな考え方が率直に述べられているので紹介する。

「私の考えでは、今日本の上から下まで、全国の老人から子供まで、余りにも緊張し伸びきってしまって、それで良いかということを考えると甚だ疑問があります。ゴムを一杯に引き張り伸びきってしまったら、再びゴムの用を成しません。国家としても緊張するのは大切だが、その反面には弾力性を持つ余裕がなければならぬと、私は考えるのであります。当路の人々、即ち首相以下我々は、日夜心身を磨り減らしてもご奉公する覚悟を持っております。しかしその背後に、余裕しゃくしゃくたる国民の力が大切なのであります。私は諸君に対し、今直ちに銃を取って第一線に立って、工場に出てハンマーを持って軍需工場に従事せよ、とは決して申しません。あなた方に希望する所は、諸君の本務である学問を、飽く迄静かな平らかな、のびのびとした心を持って油断無く勉強し、確実なる進歩発展を期して頂きたいとお願いするものであります。即ち十分に体力・学術・精神力を養い育て、将来発展の基礎を造って頂きたいと熱望致す次第であります」②

　三国同盟問題で、陸軍と丁々発止とやり合っていた最中での講演だっただけに、五十六の含意とするところはなかなか意味深いものがある。

翌一三日、五十六は両親の法要を執り行ない、その夜、夜行列車で上京した。このときが五十六の長岡に帰省した最後となった。

五十六が次官をつとめている時期には、午後の退庁時刻前に海軍省詰めの記者たちが次官室に詰めかけて、五十六談義を聞いたものであった。そんなとき、五十六は相当に核心に触れた話をした。

五月九日夜のこと、五十六は、「三国問題では海軍はこれ以上一歩も譲歩できん。いずれその内政変だろうから、君等は天幕でも張って待っていた方がいいぞ。一体総理（平沼）と陸相（板垣）は怪しからん。前に五相会議で決まって内奏も済んだ方針を、勝手に変えるなどとは何事だ！」と陸軍側を強く非難した。

これを聞いた記者連中は、「スワッ、閣内不一致で内閣崩壊か⁉」と色めき立った。

陸軍憲兵隊の方から、五十六に憲兵随行の申し入れがあったのは、この直後のことであった。しかし憲兵の随行は、陸軍側に五十六の一挙一動が見張られるということを意味した。③

そのころ実松譲少佐は海軍省副官で、海相秘書官を兼ねていた。

実松からすれば、護衛というのは表面上の理由にすぎず、真の狙いは別のところにあると直感した。そこで「おっしゃるとおり、憲兵は国軍のものである。海軍大臣は陸軍大臣と同様に、軍事警察に関する職務の執行について憲兵を指揮する権限がある。この権限によって、海軍大臣などに対する憲兵の護衛を必要としない」と述べ、陸軍の申し入れを断った。

当時は、「五十六が反対だそうだ……」という一語が、あたかも問題の死活を決するかのように、議会あたりで噂された。

五十六の舌鋒は、海軍内の先輩や陸軍に対しても投げかけられたから、デマや嫌がらせの誹謗中傷は絶え間が無かった。

物情騒然とした当時の状況について、『木戸日記』には、つぎのように記されていた。

「四月一四日午前九時、官邸（木戸は当時内大臣）に次官、警視総監、警保局長と会合し、日独伊三国同盟の件最近行詰まりのため、陸軍はやや焦り気味なりとのことにて、総監よりこの間の情報を聞く。（中略）万一、本件の処理を誤らんか、内政問題として往年のロンドン条約以上の禍根を残し、恐らくいわゆる重臣層は徹底的に排除せらるるの余儀なきに至るべく、もしかくの如き事情となりたる場合、陛下の側近は如何なるべきか、想像するだに恐懼に堪えず。さらでだに事変処理につき日夜宸念あらせられる上、一段と御淋しさを加え奉れる場合、如何なり行くべきか、想像することすら堪え得ざることなり。彼此《かれこれ》考え及べば、臣子の分として万難を排してかくの如き事態の現出を阻止せざるべからざる旨を力説す。この点は首相陸相にも説きたるところなり」④

以上の『木戸日記』の記載からもわかるように、いまや陸軍によるクーデターの発動は、寸前まで来ているかのようであった。

七月一五日、要人暗殺計画が発覚し、本間憲一郎が逮捕された。狙われたのは、五十六海軍次官のほかに、親英派と目される湯浅内大臣、松宮内大臣、結城豊太郎、池田斉彬などであった。

副官の実松少佐は、五十六の身辺に迫る危険がひしひしと感じられたため、アメリカ大使館裏の霊南坂町にあった次官官舎を担当する赤坂表署に署長を訪ねて、五十六の警戒を厳重にするように内密に要請した。⑤

右翼の第一の目標は次官の五十六にあった。したがってその攻撃は執拗だった。

「聖戦貫徹同盟」による五十六の次官辞職を強要する【斬奸状】には、次のように記されていた。

【天に代わって奸賊山本を誅す】「貴官は親英派勢力の前衛として米内海軍大臣と相結び、事毎に皇国体のままなる維持的国策の遂行を阻害し、赫々たる皇国海軍をして重臣財閥の私共たらしむの危険に導きつつあり。貴官が去る五月一七日、英国大使館の晩餐会に於て日英親善の酒盃を挙げたる翌日、鼓浪嶼（コロンス・中国）に於て英米仏三国干渉の侮辱を受けたる事実の如きは、即ち幾万の戦死者の英霊と前線将兵の労苦を遺某忘せる海軍次官の頭上に降されたる天誓なりしが、貴官頑迷なほ悟る処なきが如し矣。我等は皇民たるの任務に基き、皇国日本の防護の為め貴官の即時辞職を厳粛に勧告す。

昭和一四年七月一四日　　聖戦貫徹同盟

海軍次官山本五十六閣下」⑥

こうしたことから、七月二三日、米内海相は閣議において、「最近世間では……海軍が弱いとか、けしからんというようなことを言い、自分と次官に辞職を強要する書類まで突きつけた者がある。これは陰でこうしたことをさせている者があるからであり、その事実を自分たちは知っている。どうか、ここに列席される各位においても、十分ご反省を願いたい！」⑦と述べざるを得なかった。

八月四日の『西園寺公と政局』（『原田日記』）にも、もっと端的に陸海軍の対立状況が、木戸の言葉として紹介されている。

「先日も、実は警保局の連中と岩畔大佐（陸軍省軍事課長）とが集まって、いろいろ話をしたとき、岩畔が『反英運動はあの通り非常に成功して、日英会議もうまく行きそうになった。そこで今度は日独伊軍事同盟に向かって邁進する。その時はデモをやるつもりだから、是非一つ警保局は取り締まらないでくれ—都合よく出来るようにかばってくれ』と言った。

これを聞いた橋本保安課長は、非常に怒った。『いやしくも自分は役人である。国策として、もう日独伊軍事同盟はやらないことに決まった以上それに反抗してやろうという示威運動の如きは、敢然として取り締まればならない責任を自分たちは持っている。そういうことを引き受けるわけには行かない』とすると陸軍の連中は、橋本に向かって『お前は海軍の犬か！』とまで言った、と自分（木戸）は橋本から聞いた」⑧

そのころの陸軍では、「敵は海軍なり！」であり、「敵は五十六なり！」の言葉が飛び交っていた。

七月になると、五十六は仕事の暇を縫って身辺整理をするようになった。机の引き出しや金庫の中を片づけたり、ロッカーにしまってあった予備の軍服などを官舎に運んだりした。

七月一五日、要人暗殺計画が発覚し、五十六もその対象となっていることが明らかになった直後から、海軍としても具体的に対策を練るようになった。

海軍省の守衛の当直員が増員され、帯剣のうえ、省内の要所に配置された。また横須賀鎮守府から一個小隊が派遣された。こうして海軍側では、陸軍のクーデターに備えて籠城できる態勢をととのえた。

五十六の戦死後、次官室の金庫に託されてあった遺品の中から、当時の彼の覚悟を示す、一通の遺書が発見された。それにはつぎのように認められていた。


【述志】

「一死君国に報ずるは武人の本懐のみ、豈戦場と銃後とを問はむや。

勇戦奮闘戦場の華と散らむは易し、誰か至誠一貫、俗論を排し斃れて已むの難きを知らむ。

高遠なる哉君恩、悠久なるかな皇国。思はざるべからず君国百年の計。一身の栄辱生死、豈論ずるの閑あらむや。

語に曰く、丹可磨而不可奪其色（たんみがくべくして、そのいろをうばうべからず）、蘭可燔而不可滅其香（らんやくべくして、そのかをめっすべからず）と。此身滅すべし、此志奪ふ可からず。

昭和一四年五月三一日　　於海軍次官々舎
山本五十六華押」⑨

米内海相、五十六次官の下で、昭和一二年一〇月から一四年一〇月まで海軍省軍務局長にあった井上成美は戦後、つぎのように回想している。

「私の軍務局長時代の二年間は、その時間と精力の大半は三国同盟問題に、しかも積極性のある建設的な勢力ではなく、ただ陸軍の全軍一致の強力な主張と、これに共鳴する海軍若手の攻勢に対する防御だけに費やされた感あり。

私はただ米内、山本両提督の下働きをやったに過ぎない。当時（軍務局）一課長は岡敬純《たかずみ》大佐、主務局員は神重徳《かみしげのり》中佐、いずれも枢軸論の急先鋒で、既に軍務局員で課長以下と局長の意見が反対なのだから、誠に始末が悪い。（中略）その頃には海軍の中で反対しているのは、大臣、次官と軍務局長の三人だけということも、世間周知の事実になってしまった」⑩

陸軍との論争において海軍がまとまっていたのは、米内、五十六、井上の良識派トリオが、強力なリーダーシップを発揮して、部内を統制したからであった。その中心は、次官の五十六だった。

駐独大島大使のリッベントロップに対する参戦発言により、五相会議が大揺れに揺れていたとき、五十六は西園寺公の秘書の原田熊雄に対して、「内閣が辞めないのに外務次官だけ辞めたり、海軍大臣だけが辞めるということはない。常に正しい者が引退って、正しからざる者が勝つような形になって残るのは非常に面白くない。だから内閣全体が辞めないんなら、海軍大臣もなるべく粘ってくっ付いて行き、ある時期に全部代えるようにしなければとても駄目だ」と語っていた。

さて、のちの第二次近衛内閣の下で日独伊三国軍事同盟が締結されたとき、この報せを聞いた米内は緒方竹虎に対して、「我々の三国同盟反対は、あたかもナイヤガラ瀑布の一二町上手で、流れに逆らって舟を漕いでいるようなもので、今から見ると無駄な努力であった」と嘆息した。

緒方が、「米内、山本の海軍が続いていたら、徹底して反対したか？」と質問すると、「無論しました。……でも殺されたでしょうね」と淋しげに答えた。

元老の西園寺公望は、「陸海軍の対立がいけないとか、いいとかということは問題じゃない。悪いものが一緒になってしまっては、かえって国家のためによくない。悪いものとよいものが対立してはじめて意味をなすんで、陸軍が悪けりゃ海軍が常に正しい立場を守ってくれてこそ、バランスが取れるんじゃないか」と語っていた。

それはともかく、日独伊三国同盟交渉がドイツの背信によって中止になった直後、天皇は米内に向かって、「海軍のお陰で日本は救われた」と洩らされたのだった。⑪

22　日独伊三国軍事同盟の成立

平沼内閣の総辞職の後を受けて、昭和一四（一九三九）年八月二八日、阿部信行陸軍大将に組閣の大命が下った。

天皇は、「阿部を総理として、適当な陸軍大臣を出して粛清しなければ、内政も外交も駄目だ」と考えていた。

阿部内閣が発足した直後の九月一日、ドイツ軍はポーランド進撃を開始し、九月三日、イギリスはドイツに対し宣戦布告を発し、第二次欧州大戦がはじまることになった。

九月四日、阿部内閣は欧州大戦不介入の声明を発表した。日本国内では、ソ連と手を握ったヒトラードイツに対する不信感が充満していた。このようななかにあって親独派の影響力は小さくなり、反対に海軍、外務、財界方面の親英米派の勢力が一時盛り返すことになった。

九月二五日、親英米派として評判の高かった野村吉三郎海軍大将が新外相に就任した。

一方、大島、白鳥両大使は更迭され、代わりに来栖《くるす》三郎と天羽《あもう》英二が駐独と駐伊大使にそれぞれ任命された。

ところが阿部内閣は、外交面では英米の信頼を回復すべく努力したものの、国内経済面で無能ぶりをさらけ出したため、昭和一五（一九四〇）年一月一〇日、発足以来わずか四ヵ月半という短期間で崩壊した。

昭和一五年一月一四日、世間の予想を裏切って、組閣の大命が米内光政大将に降下した。米内内閣成立の背景には、天皇の意を体した湯浅倉平内大臣の働きがあった。

阿部内閣の末期、天皇は湯浅に対して、「つぎは米内にしてはどうか」と言われた。これは従来の元老による首相推薦という従来の慣行からして、天皇自身が後継首相の選任にイニシアチブを発揮されるということであり、まったく異例なことであった。①

一月一四日、侍従職から畑俊六《しゅんろく》陸相に対して、「参内すべし」との電話があった。陸軍側ではてっきり大命降下と思っていたが、畑が参内してみると、すでに米内に大命が降下されていた。

畑に対して天皇より、「陸軍は米内内閣にはどんな様子か？」と訊ねられた。このため畑としても、「新内閣について参ります！」と答えざるを得なかった。

これに対して天皇は、「それは結構だ。（米内に）協力してやれ！」②と述べられた。こうしたことから陸軍側としては、米内内閣に対して、はじめから含むところがあったのである。

昭和一五年春、ヨーロッパ西部戦線における独軍と英仏軍の対峙の状況、いわゆる「偽りの戦争」は終わりを告げた。四月九日、ドイツ軍はデンマークを占領し、さらにノルウェーのオスロ、ベルゲン、トロンハイム、ナルヴィクに上陸し、この地を占領した。

五月一四日、オランダが降伏し、一七日にはベルギーの首府ブリュッセルが占領され、六月四日にはイギリス軍がダンケルクからの撤退を余儀なくされた。そして六月一四日、ドイツ軍はパリに入城し、二二日、ペタン政権との間で休戦協定を結んだ。

ドイツ軍の圧倒的勝利は日本の朝野を沸き立たせ、それまでしばらく鳴りをひそめていた国内の親独派を活気づけた。

東南アジアは、ドイツ軍勝利による仏蘭のこの地域からの撤退にともなって、力の空白地帯となった。日本国内は、ドイツ軍の勝利に目をくらまされ、「バスに乗り遅れるな！」という大合唱のもとに南進論が台頭し、ドイツとの提携を望む声がふたたび高まりを見せるようになった。

陸軍内では、ドイツ軍による英国本土上陸作戦が間もなくはじまるという観測が有力になっていた。

こうした声に押されて有田八郎外相は、ドイツによる日本の参戦が義務づけられないという限度においてドイツと最大限に提携しようとした。しかしながら陸軍側から見た場合、これではあまりにも消極的すぎると思われた。

「バスに乗り遅れまい」として焦《あせ》る陸軍は、畑陸相を辞任させることによって米内内閣を倒す強行策に出た。

七月一一日、武藤陸軍軍務局長は石渡内閣書記官長に対して、「この内閣はすでに国民の信望を失っている。すみやかに退陣すべきである」と述べた。

翌日の七月一二日、畑陸相は米内首相を直接訪ね、(1)独伊との積極的提携、(2)総辞職の勧告、(3)陸軍部内統率の困難性、についての申し入れを行なった。③

米内としては、畑のバックにいる陸軍強硬派の存在が容易に察しられたため、怒るどころか反対に畑を慰める始末だった。

それにもかかわらず七月一四日、畑陸相は米内に対して、こんどは文書にして総辞職を迫った。同日、天皇は木戸に対して、いまもなお米内内閣を信任していることを伝えるように依頼した。

しかし当時、陸軍の立場に近かった木戸内務大臣は、天皇の意向をすぐ米内に伝えようとはせず、一六日、米内内閣総辞職のあとに伝えたのだった。

辞職する直前、米内は畑を招いて、「陸軍の所見は現内閣と異なるから、都合が悪ければ辞めてもらいたい」と言うと、畑は辞表を提出した。もちろん陸軍側は、畑に代わる後継陸相を推薦してこなかった。ここに至って七月一六日午後七時、米内は葉山に滞在中の天皇を訪ねて、辞表を提出した。④

翌七月一七日、組閣の大命が近衛文麿公爵に降下した。組閣に先立って近衛は、七月一九日、陸海外相に予定されている東条英機陸軍中将、吉田善吾海軍中将、それに松岡洋右《ようすけ》を、荻窪の近衛の私邸である「荻外荘《てきがいそう》」に招いて、今後の基本方針について協議した。その結果、ドイツとの提携強化の方針を決定した。

欧州戦争以前、より正確に言えばドイツの西方攻勢以前の日独（伊）提携強化論と決定的に違うのは、つぎの点にあった。

（1）ドイツの軍事的成功に幻惑されて、英国の早期敗北を予想していること。

（2）南方資源地帯の確保を、「千載一遇のチャンス」と露骨に捉えていること。

（3）南進に際しては、米国が障害になると捉えていること。

七月二二日、第二次近衛内閣発足の当日、水交社において陸海首脳懇談会が開催された。これには陸軍側から、阿南惟幾《これちか》陸軍次官、武藤章軍務局長、沢田茂参謀次長、富永恭次参謀本部作戦課長、そして海軍側からは住山徳太郎海軍次官、阿部勝男軍務局長、近藤信竹《のぶたけ》軍令部次長、宇垣纏《まとめ》軍令部第一部長らが出席し、意見を交わした。

この懇談会においては、独伊との提携問題についても話し合われた。

席上陸軍側が三国同盟締結を主張したのに対して、海軍側は、七月一六日に陸海外の三省事務当局間で決定された日独伊提携強化案以上のものは考えていないと述べた。このように陸軍と海軍との間には、大きな見解の隔たりがあった。

松岡は、外相に就任した直後、担当の安東義良《あんどうよしろう》課長から、日独伊提携強化問題の経緯についての説明を聞いた。席上安東は、陸海外三省事務当局間で決定された日独伊提携強化案を提出した。

翌日、松岡は安東に対して、「こんなものでは駄目だ！」と言って、書類を突き返してきた。その書類の欄外には、松岡の手による「虎子に入らずんば虎子を得ず（大きな成果を得んと欲すれば、多少の危険は犯さなければならないの意味）」とのメモがあった。このメモによって安東は、松岡が陸軍側の主張に同調して日独伊三国同盟を望んでいることを知ったのだった。⑤

七月二六日、近衛内閣は「基本国策大綱」を決定し、翌二七日に大本営政府連絡会議は「世界情勢の推移に伴う時局処理要綱」を決定した。しかしこの時点では、日独伊三国間の提携を軍事同盟まですすめることは、海軍の反対により止まっていた。

七月三〇日、松岡の意を体した外相側近の手によって、「日独伊提携強化に関する件」と題する文書が作成された。この文書は、七月一六日の日独伊提携強化案に比較すると、提携の度合いがいちじるしく強化されていた。

この文書が、近衛内閣の日独提携強化の基礎案になった。この文書は陸海軍当局によって修正され、八月六日付の「日独伊提携強化に関する件」⑥という文書になった。

八月二三日、来栖三郎駐独大使はリッベントロップ外相より、スターマーを公使の資格で派遣したい旨の連絡を受けた。そこで松岡は、八月二八日に斎藤良衛《りょうえ》と白鳥敏夫を外務省顧問に任命して、人事の刷新を行なった。

九月一日、斎藤、白鳥両顧問、および大橋忠一次官、西春彦欧亜局長を加え、すでに陸海軍の承認を得ていた「日独伊提携強化に関する件」の再検討をした。

九月六日、四相会議（九月五日、吉田海相は病気のため辞任、後任に及川古志郎大将が就任）が開催された。

九月七日、シベリア鉄道経由で東京に到着したスターマー公使は、九月九日と一〇日の両日、オットー大使を同伴して密かに千駄ヶ谷にある松岡の私邸を訪れた。

この際、スターマーは、「まず日独伊三国間の約定を確定せしめて、しかるのち直ちにソ連に接近すべきである。日ソ親善のためにドイツは『正直なる仲介人（オネスト・ブローカー）』たる用意があると述べ、さらに日独伊三国同盟は米国を欧州大戦に参加させないための牽制策であること、そしてソ連を引き込んで四国同盟に発展させる用意があるとも語った。

一方の松岡試案は、日独伊の世界分割案であり、独伊は日本の極東、東南アジアにおける指導的地位を承認するというものだった。

翌一一日、スターマーは、松岡案の第三条を「日独伊は、前述の趣旨に基づく努力について相互に協力しかつ協議すること、並びに右三国のうち一国が現在の欧州戦争または日支紛争に参入していない一国によって攻撃された場合には、あらゆる政治的、経済的および軍事的方法によって相互に援助すべきことを約す」と修正して、対米同盟の性格を明確にしたドイツ側の第一次案を示した。

スターマー対案に関して、九月一二日朝、四相会議が開かれた。席上松岡と東条陸相は、スターマー対案の受諾を主張した。これに対して及川海相は留保の態度を示したため、ここでは結論を得ることはできなかった。このため海軍と外務省との間で、再度意見の調整が必要となった。

同夜松岡外相と豊田貞次郎海軍次官、および岡敬純軍令部第三部長が会談した。ここにおいて海軍側は、本文のほかに付属議定書と交換公文を設け、そのなかで参戦の自主的判断を各国政府が保留するという趣旨の規定を設け、さらに日本の委任統治する旧ドイツ領南洋諸島問題や対ソ国交調整問題にも触れるということで、最終的に同意した。⑦

翌九月一三日、海相官邸において、省部首脳（伏見宮軍令部総長を除く担当部局長、すなわち及川海相、豊田次官、阿部軍務局長、近藤軍令部次長、宇垣第一部長）による会議がもたれ、このことを最終的に確認した。この会議において及川海相は、日独伊三国同盟が日本の今後にどのような影響をあたえるかの分析を怠ったまま、「もう大体やることにしてはどうかね」と述べた。反対は宇垣第一部長一人だけだった。⑧

かくして九月一四日、四相会議と連絡会議準備会が開かれた。出席者は、近衛首相、松岡外相、大橋外務次官、東条陸相、阿南陸軍次官、武藤陸軍軍務局長、沢田参謀次長、及川海相、豊田海軍次官、阿部海軍軍務局長、近藤軍令部次長だった。

近藤軍令部次長は、「速戦即決ならば勝利を得る見込みがある」と述べるとともに、「来春（昭和一六年）になれば戦争は一段と有利である」との楽観的見通しを語った。

このとき海軍首脳の頭を支配していたのは、日本の対米比率がこれまで最高の七割五分になるということであった。この比率ならば、速戦即決に持ち込めば対米戦に負けることはあるまいと判断した。そして英仏の撤退にともなって生じた東南アジアの空白を、ドイツに占められる前に話し合っておこうとした。

松岡外相は、「前々内閣のように曖昧にしてドイツの提案を蹴った場合、ドイツは英国を倒し、最悪の場合は欧州連合をつくり、米と妥協し、英蘭等を植民地にして、日本に一指も染めさせないだろう。残された道は独伊との提携以外にはない」と述べた。

これを受けて及川海相は、「それ以外道はあるまい。ついて海軍軍備の充実について、政府や陸軍当局も考慮願いたい」と述べた。この及川の発言は、会議の出席者に対して、三国同盟問題をあたかも海軍の予算獲得の手段に使ったかのような印象をあたえた。⑨

23　三国軍事同盟と五十六

話は前後するが、昭和一四（一九三九）年七月、まだ五十六が海軍次官だったとき、「海軍というところはだれが来ても、その統制と伝統には少しも変わりはなく、だれが大臣になろうとも、だれが次官になろうとも、無責任な、いわゆる独伊との攻守同盟のようなものに乗ることは絶対にできない」と述べていた。しかしそれは、日本海軍の良識に対する五十六の買い被《かぶ》りだった。

当時の日本海軍は、米内、五十六、井上らをのぞくと、中堅層のほとんどが親独派で占められていた。

昭和一四年八月三〇日、米内に代わって海相に就任した吉田善吾は、五十六と同期（三二期）であり、政治信条を共にする同志であった。

日独伊三国軍事同盟に五十六が反対する最大の理由とは、日本がドイツに引き込まれて米国と戦うようになった場合、日本に勝ち目がないことにあった。

軍令部では、昭和一五年五月一五日から二一日にかけての一週間、蘭印を占領した場合における「対米持久戦」に関する第一回図上演習を実施した。その結果は以下のごとく悲劇的なものになった。

（1）開戦当初の日本の作戦はきわめて順調に経過したが、損傷艦艇の修理に手一杯で、新造艦艇の増加も、米軍に比較して格段の差を生じた。米軍はその国力に物を言わせて海上兵力の増勢が目覚しく、日米両軍の兵力比は、開戦後一年半にして一対二となった。

（2）作戦の様相は完全に持久戦となった。日本軍の頽勢顕著で、勝算はいかに贔屓目《ひいきめ》に見てもまったく認められなかった。①

したがって吉田海相としては、日米戦争が増大するような三国同盟の締結に絶対反対であった。八月二日、海相官邸で開かれた海軍省部の会議においても、吉田海相は欧州戦争でドイツが対英戦に勝つというような甘い希望的観測を戒めていた。②

しかしながら、日一日と、吉田と中堅層との時局認識のズレは拡大していた。このため吉田は重度の精神衰弱となり、職務の遂行ができなくなった。

昭和一四年八月末、平沼内閣が総辞職する際、五十六は米内海相に対して、「吉田とは同期です。吉田の強みも弱みも知り尽くしています。彼の弱みは私でなければ補強できません。私を次官として残してください！」と迫っていたが、右翼による五十六の暗殺を懸念する米内の入れるところとならなかった。米内としては、五十六の出番はもう少し後になると考えていた。

吉田海相の下の住山徳太郎海軍次官は温厚な人柄であり、米内海相時代の五十六のような働きは、とうてい期待できなかった。また、軍令部次長の近藤信竹は親独派であり、以前は中立的だった阿部勝雄軍務局長もしだいに枢軸派に傾いていった。

昭和一五（一九四〇）年八月、吉田の精神状態は最悪の状態に陥っていた。八月のある日、大臣室を訪ねてきた近藤軍令部次長の胸ぐらを摑《つか》んで、「この日本をどうするつもりか！」と叫んだ。

八月三〇日、大臣室で書類の仕分けをしていた副官の福地政夫少佐と秘書官の杉江一三少佐は、吉田が、「このままでは日本は滅亡してしまう……」③とつぶやくのを耳にした。

九月四日、吉田海相は極度の疲労のため入院し、ついに辞任した。いまから振り返ってみると、この吉田海相の辞任劇が、日本が滅亡に向かうターニングポイントになったように思う。

九月一五日夕刻、海軍首脳会議が開催された。参集者は、海相、次官、軍令部総長、次長ら省部首脳のほか、各軍事参議官（大角峯生、永野修身、百武源吾、加藤隆義、長谷川清）、各艦隊司令長官（山本五十六連合艦隊兼第一艦隊、古賀峯一第二艦隊）、および各鎮守府司令長官だった。

上京に際して五十六は、海軍首脳が本当に対米戦に勝算があると思っているか否か問い質《ただ》すべく、連合艦隊戦務参謀の渡辺安次《やすじ》中佐に命じて、日米兵力および戦略物資について詳細な資料を用意させた。

ところが、会議に先立って及川海相は五十六に向かって、「軍事参議官は先任の永野より、間に合えば大角より、三国同盟の締結に賛成の発言があるはずにつき、艦隊としても同意の意味を言ってもらいたい」と頼み込んできた。

会議では豊田貞次郎次官の司会のもと、阿部軍務局長が経過説明を行なった。この後、伏見宮軍令部総長が、「ここまで来たら仕方ないね……」と理由にもならない理由を述べた。当時この宮様総長に、正面から口を挟める者はいなかった。

つづいて大角軍事参議官が立ち上がって賛成の旨の発言をした。すべては三国同盟賛成を取り付けるためのシナリオに基いた儀式であった。

こうした会議の空気に抗するかのように五十六が立ち上がって、「昨年八月まで、私が次官を務めていた当時の企画院の物動計画によれば、その八割までが英米圏の資材で賄われることになっていたが、今回、三国同盟を結ぶとすれば必然的にこれを失うはずであるが、その不足を補うため、どういう物動計画の切り替えをやられたのか。この点を明確にして、連合艦隊長官としての私に安心をあたえていただきたい！」と述べた。

しかしながら及川海相は、この五十六の質問に真正面から答えようとはせず、「いろいろご意見もありましょうが、先に申し上げたとおりですから、この際は三国同盟にご賛成願いたい」と逃げを打ち、幕になってしまった。

会議後、憤懣やるかたない五十六がさらに及川を追及したところ、及川は、「事情やむを得ないものがあるので、勘弁してくれ……」④と懇願した。五十六は「勘弁ですむか！」と迫ったが、すでに後の祭りだった。

これより二ヵ月半後、五十六は海兵同期の嶋田繁太郎支那方面艦隊司令長官宛の昭和一五年一二月一〇日付の書簡のなかで、「日独伊同盟前夜の事情、その後の物動計画の事情を見るに、現政府のやり方はすべて前後不順なり。今更米国の経済圧迫に驚き憤慨することなどは小学生の刹那主義にて、うかうかと行動するにも似たり」⑤と憤慨した。

海軍首脳会議のため上京した際、五十六は近衛首相とも会談したが、このとき五十六は、「いまの海軍本省は余りに政治的に考えすぎる」と述べ、さらに「（日米戦争は）是非やれと言われれば、初めの半年や一年の間は、随分暴れて御覧に入れる。しかしながら二年三年となれば、まったく確信は持てぬ。三国条約が出来たのは致し方ないが、かくなりし上は日米戦争を回避するよう極力ご努力願いたい」と連合艦隊司令長官として精一杯の所信を述べた。

歴史家の間には、このとき五十六が述べた「初めの半年や一年は」の言質を捉えて、「これが開戦賛成派に利用されてしまった。もっと明確に開戦不可を言うべきであった」と批判する者もいるが、この近衛・五十六の会談の詳細を見れば、五十六としては日米開戦反対の意思を強く言っていることは明瞭である。⑥
　また日本海軍にあっては、海軍政策と人事については、海軍大臣の専権事項であり、他の部署の者は口を挟むべきでないという伝統があった。したがって、五十六の上記の発言が、連合艦隊司令長官としてのぎりぎりのレベルであった。

　だいたい五十六は、国家の責任者でありながら評論家然としている優柔不断な近衛に対して、非常に嫌悪感を抱いていた。

　五十六は嶋田宛の書簡において、近衛が海軍の突然の三国同盟賛成に関して訝《いぶか》った態度をしたことについて、「随分人を馬鹿にしたる如き口吻にて不平を言われたり。これ等の言い分は近衛公の常習にて驚くに足らず。要するに近衛公や松岡外相等を信頼して海軍が足を土から離す事は危険千万にて、誠に陛下に対し奉り申し訳なりとの感を深く致し候」⑦と批判していた。

　一〇月一四日、西園寺公の秘書の原田熊雄と懇談した際、五十六はつぎのような感想を述べた。五十六の所見は、太平洋戦争の経過を的確に予見していた点で、非常に興味深いものがある。

「じつに言語道断だ。しかし自分は軍令部総長及び大臣の前で、これから先どうしても海軍がやらなければならないことは、準備として絶対に必要である。自分は思う存分準備のために要求するから、それを何とかして出来るようにして貰わなければならん。自分の考えでは、アメリカと戦争するつもりでなければ駄目だ。要するにソヴィエトなどというのは当てになるもんじゃない。アメリカと戦争している内にその条約を守って後ろから出て来ないということを誰が保証するか。結局自分は、もうこうなった以上最善を尽くして奮闘する。そうして長門の艦上で討ち死にするだろう。その間に東京あたりは三度位丸焼けにされて、非常に惨めな目に遭うだろう。そうして結果において近衛なんかが、気の毒だけれども国民から八つ裂きにされるようなことになりゃあせんか。実にこまったことだけれども、もうこうなった以上は已むを得ない」⑧

五十六としては、「三度位丸焼けにされる」と比喩的に言ったつもりであったが、数年後、日本全土がそれ以上に焦土化したのであった。

昭和一四年一〇月一八日、軍務局長から支那艦隊参謀長に転出していた井上成美は、日本海軍があまりにも安易に三国同盟に同意したことについて、「日独伊三国同盟は、昭和一五年九月、及川大臣豊田（貞次郎）次官（豊田大臣及び及川次官と言った方がピッタリ）のとき結ばれ、日本海軍数十年の伝統を破って海軍までが親独に踏み切った。その後ある席上で、『われわれが生命を賭してまで守り戦った三国同盟に、その後一年経つといとも簡単に海軍が同意したのは、いかなる理由によるのか』と当時の責任者に訊ねたら、『君たちの反対した自動参戦条文は抜かれたので、あとはなにも問題はないいんだよ』との答弁で、われわれのときはドイツは戦はしていなかったのに、こんど独伊と結んだときは、彼は不徳千万な侵略戦争をやっている最中であるという大事なことを考えもせぬ。呑気と言うか、おめでたいと言うか、まったく言葉なしでただただ唖然とした」⑨と批判した。

当時、三国軍事同盟に強く反対したのは、日本海軍では米内、五十六、井上ら一握りの海軍省（軍政）首脳陣のみで、省部の課長級の中堅層ではむしろ推進派が多かった。したがって三国同盟絶対反対の五十六と井上は、体よく海軍省を外されて、政策決定圏外に置かれていたのである。

同盟推進の中心は、のちの昭和一六年一一月に第一委員会（政策）のメンバーだった石川信吾、神重徳、高田利種、柴勝男ら佐官クラスであり、さらに彼らを支援支持する提督としては岡敬純（昭和一四年一〇月に軍令部第三部長、一五年一〇月に軍務局長）らがいた。

彼らは、神、高田、柴のようにドイツ駐在武官の経験者が多く、等しく親独的感情、言葉を返して言えば反英米感情を持っていた。彼ら三国同盟推進者は、日本が南進するためにはドイツとの提携が不可避であると考えていた。

また、近藤信竹軍令部次長、中沢佑作戦部長、大野竹二第一部長直属甲部員（戦争指導）など軍令部

の中心的人間も、ドイツの英国本土上陸の成功と英国の早期敗北を予測していた。

五十六が恐れる対米戦争の危険については、三国同盟締結による威嚇で米国の欧州参戦を昭和一五年いっぱい阻止できれば、英国の敗北によって米国の参戦目的は無くなると考えていた。このように日本海軍内には、陸軍と同じくドイツの勝利を安易に当てにした機会主義者が多くいたのである。

このため米内、五十六、井上らが中央を去ると、確固たる見識を持たない及川海相は、こうした空気に流されるまま、じつにあっけなく三国同盟に賛成してしまった。

昭和一五年九月一四日付『木戸日記』には、「東条首相より独伊との関係の件は、陸海本日一致せる旨内話あり」と記されていた。

海軍側の同意の条件となった付属議定書と交換公文を設ける作業が、斎藤良衛顧問を中心にすすめられ、その結果、六項目からなる議定書と二つの交換公文の案文が作成された。

九月一九日、宮中において、三国同盟締結に関する御前会議が開催された。

会議には政府側から近衛首相、松岡外相、東条陸相、及川海相、河田（烈《いさお》）蔵相、星野（直樹）企画院総裁、統帥部からは閑院宮参謀総長、沢田茂参謀次長、伏見宮軍令部総長、近藤軍令部次長、それに原嘉道《よしみち》枢府議長等が出席した。

会議は午後三時より六時まで三時間開催され、三国同盟の締結を承認した。つづいて天皇の裁可が下り、条約の国内手続きは枢密院の審議を残すのみとなった。

九月二六日、宮中において三国同盟に関する枢密院委員会が開かれ、全会一致をもって可決され、同夜の本会議にかけられた。

本会議においては元外相の石井菊次郎顧問は、「ドイツ宰相ビスマルクはかつて『国際同盟には一人の騎馬武者と一匹の驢馬とを要す。而してドイツ国は常に騎馬武者たらざるべからず』といえり。……新興ナチスドイツ国は必ずしも帝政ドイツ国と軌を一にするものに非ずと言う者あらん。さりながらナチスドイツの総裁ヒトラーは危険少なからざる人物なりと思料す」⑩と歴史的事例を引いて警告したが、会議の大勢を覆すには至らなかった。かくして九月二七日、日独伊三国軍事同盟はベルリンにおいて正式に締結された。

24　天皇の憂慮

昭和一五（一九四〇）年九月一五日、木戸内府は前日の一四日、日独伊三国軍事同盟について陸海軍の間で了解がついたことを報告するために参内した。その際、天皇は、「近衛はまた嫌気をさして辞めるようなことはあるまいね」と洩らされた。

一六日、閣議はこの三国軍事同盟を承認した。閣議の報告のため近衛が天皇のもとを訪れると、天皇からつぎのような話があった。

「今回の日独軍事同盟協定については、成程いろいろ考えてみると、今日の場合已むを得まいと思う。アメリカに対してもう打つ手がないというならば致し方あるまい。しかしながら、万一アメリカと事を構える場合には海軍はどうなるだろうか。よく自分は、海軍大学の図上作戦では、いつも対米戦争は負けるのが常である、ということを聞いたが、大丈夫だろうか。……自分はこの時局が誠に心配であるが、万一日本が敗戦国となった時には一体どうだろうか。かくの如き場合が到来した時には、総理も自分と労苦を共にしてくれるだろうか」①

天皇は、天皇家にもっとも近い公家である近衛文麿という男を非常に頼りにしていた。しかし近衛文麿という男ほど、国家非常時においてふさわしくない人間はいなかった。もし近衛が評論家であれば名を残したであろうが、しかし、このとき必要な人物は批評家ではなく、明確に決断のできる政治家だった。

この天皇の憂慮に対して近衛は、つぎのように答えた。

「明治天皇が日露戦争直前の御前会議において、いよいよ対露態度を決したときに、その会議の後ですぐ伊藤公を別室にお招きになって、『いよいよ廟議決定の通り、我国は露国と一戦を交えなければならないことになったが、万一戦に敗れた場合は一体どうするか。この点自分は誠に深憂に堪えん』と言われて、伊藤公の考えを聞かれた。そのとき伊藤公は、『万一国が敗れました場合は、私は爵位勲等を拝辞いたします。単身戦場に赴いて討ち死に致す覚悟でございます』と奉答した所が、明治天皇は非常に感動されて、『よく言ってくれた』と言わんがばかりに頷《うなず》かれた。という話を聞いていたので、『こういうこともあったということでございます』ということを陛下に申し上げ、なお『陛下のご診念は、誠にご同情に堪えません。自分も及ばずながら誠心ご奉公申し上げる覚悟でございます』と申し上げた所が、陛下は頷かれておられました」②

元老の西園寺公望は、近衛の政治観を非常に危惧していた。三国同盟問題については、天皇も近衛も木戸も、事前に西園寺の意見を聞こうとはしなかった。

九月二六日、原田が西園寺を訪れ、はじめて三国同盟条約について説明した。このとき西園寺は原田の説明を黙って聞いていたが、一〇月一四日、「やはり尊氏が勝ったね」③と語った。

それから四〇日ほど経った一一月二四日、最後の元老である西園寺公望は、日本を憂いながら満九一歳で他界した。

一方、米国のハル国務長官は、九月一二日にグルー駐日大使から、それまでの穏健政策から積極的政策へと転換することを具申した「青信号」電報を受け取った。

グルーは一〇月一日付日記に、つぎのように記載した。

「ここ日本における事実上の諸条件と現在の観望に基づいて見れば、今や米国側が忍耐と自制の行使を継続することが日米両国政府をますます不定にする時が来たと私は信じる。私は日本政府と日本国民が、やり過ぎていると感じさせられる時が来れば、振り子は反対の方向に揺れ、その時こそ米国と日本の親善関係を再建することが出来るという希望を抱いている。私にとってこれ以外の事は絶望と思われる。九月の日記を書き終える私の心は重苦しい。これは私が知っていた日本ではない」④

25 連合艦隊司令長官・五十六の深憂

これより一年ほど前に遡《さかのぼ》ることにする。

五十六は、昭和一四年八月三〇日、連合艦隊司令長官兼第一艦隊司令長官に補せられた。この日の午後五時半、五十六は宮中での親補式を終えていったん海軍省に帰り、新聞記者団との会見にのぞんだ。

記者団を前にして五十六は、「このたび身に余る重任を拝し恐懼に堪えないが、微力に鞭打って最善のご奉公をするつもりだ。連合艦隊司令長官といえば武人にとってこれ以上の名誉はない。この意味で自分の決意も決まっている」と口元を引き締めて、その決意を述べた。

前述したことだが、五十六が米内海相に対して、「吉田の下で次官を務めさせて欲しい！」と懇願したとき、米内は笑いながら、「じつはね、この前君が来てくれたとき、ちょうど居合わせた男があったろう。あれは紹介しなかったが有名な占い者だよ。君の顔に死相が現れている。『気をつけなければいけない』と言っていた。妙な話だが、どうもその話が頭に引っかかってね。まあしばらく安全な海上暮らしをするがいいよ。……そのうちまた二人で日本のために矢面に立たなければならん時機が来るかも知れぬから、今回は君を海軍大臣に推薦しないで連合艦隊司令長官にしたのである」①と語った。

一〇月二三日、九段の軍人会館で、長岡中学校と長岡社の合同主催で、五十六の連合艦隊司令長官栄転と小原直《なおし》内務大臣の就任祝賀会が開かれた。

その際、五十六は、「自分は連合艦隊司令長官の大命を拝してから今日に至るまで、一夜も安眠したことがない。それは自分の任務の遂行のいかんは、じつに日本の興廃に関するからである。私の任務は絶対に不成功たるを許されない。私はいかにして任務を完全に遂行して聖慮を安んじるか、またいかにして国民の興望に答えんかを考慮するときにおいて、未だ一夜も安眠することができないでいるが、今後大いに研究し努力してその任務を達成することを期している」②と語った。

なぜ、連合艦隊司令長官となった五十六が、安眠できなかったのか。それはもし日米開戦となった場合、日本にまったく勝算がなかったからであった。

昭和一五年五月一五日から二一日にかけて、軍令部では蘭印を占領した場合における「対米持久戦」に関する第一回の図上演習を実施した。

（1）研究項目―日米戦争生起の場合

（イ）開戦時の戦備

（ロ）作戦遂行中における彼我の兵力補充およびその増強の模様

（ハ）我が国の持久能力並びに限度

（2）演習員の構成

統監―宇垣纏軍令部第一部長、審判長―中沢佑軍令部第一課長

青軍（日本）、最高指揮官―橋本象造《しょうぞう》軍令部第四課長

赤軍（米国）、最高指揮官―松田千秋軍令部第五課長

（4）研究の成果並びに所見

（イ）開演当初の青軍の作戦は極めて順調に経過したが、時日の経過に伴い青軍の兵力は漸減し、損傷艦艇の修理は手一杯で、新造艦艇の増加も赤軍に比し格段の差を生じた。赤軍はその国力に物を言わせ、海上兵力の増勢目覚しく、青赤両軍の兵力比は開戦後一年半にして一対二以上となる。

（ロ）作戦の様相は完全に持久戦となり、青軍の頽勢顕著で、勝算はいかに贔屓目に見ても全く認められなかった。
（ハ）以上の観点より、日米戦争は開戦二ヵ年以内に終結しなければ日本に勝算はない。而して日米戦争は持久戦になる事は必至である。
（ニ）日米軍需物資の差が意外に大きく、日本に十分ありと思っていた物が米国の一〇分の一、少ない物は一〇〇分の一にも及ばないものがあった。さらに日本は、その軍需物資を南方地域より船舶によって長大な距離を海上輸送して、日本内地に持ち来たって、加工して初めて戦力化するという甚だ不利な状況下にある。南方地域には我が国の利用し得る工業力は絶無に等しい。米国はその情況全く我国と対照的である。③

実際の太平洋戦争は、おおよそこの図演のように推移した。ともあれ図演の結果を注視していた五十六の憂慮はまことに深刻だった。

五月二五日、宇垣第一部長は中沢第一課長をともなって図演の結果について吉田海相に報告したが、その際、吉田はつぎのような所見を述べた。

（1）蘭印における資源要地を占領しても、海上交通線の確保困難にして、資源を日本に持ち帰ることは不可能ではないか。然りとせば蘭印攻略は無意味ではないか。
（2）本年度物動計画においては、海軍の要望を貫徹する事は困難なりと察せらる。重点主義にて再検討を望む。南方方面の防備強化は賛成である。
（3）七月一日頃、米国が対日前面禁輸を実行するやも知れない。軍令部はしっかり願う。
（4）一旦緩急に処し戦備を行う際、企図秘匿のため演習として行うを可とせざるや。予め配慮しおかれたし（戦時編制準備時機など検討を必要とすべし）。
（5）海軍大演習終了後、全艦隊同時に編替を行ない、戦力を低下する事は洵に寒心に堪えない。例えば第二艦隊と第三艦隊はそのままとし、艦隊の半分は依然として従来の戦力を保有しあるが如き方策を取り得ざるや。人事局長をして研究せしむるも、軍令部としても研究を望む。

八月二日、海相官邸において海軍省部の会議が開催されたが、この会議の最後に吉田海相はつぎの見解を示した。

「帝国海軍の兵力は、米国に比較して一ヵ年だけである。米国は持久戦に持ち込むだろう。英国に対抗するならば対日封鎖を採る。国策運用に際して海軍としては牢固とした肚が必要であり、引きずられないようにしなければならない。陸軍に対しては海軍としての方針を明瞭に示すことが必要で、釘を刺しておくべきだ。……軍備と持久力の関係―軍令部にて深刻に研究することを望む。足元のない海軍ではないか。……海軍省―軍令部の意見をまとめて対策を樹立するを要す。課長、部員任せでは駄目だ。省部一体。両者提携してこれに当るを要す。事務的に事を処しては駄目である。今の内閣は断行が出来ない。……英国に対する態度（ドイツ側の曖昧な観測を）軽率に信じては駄目だ。日本は今後窮境となるかも知れない」④

しかし、しだいに吉田海相と中堅層との時局観のズレは大きくなり、それが海軍内の人間関係の軋轢《あつれき》になった。

吉田はその手記において、「大臣として義務遂行上、極めて詳細なる指導と監視を必要とすることとなり、部内の統制に辛苦すること甚大なるに至れり。毎週金曜日の局部長会議（次官が主宰）日を変更して閣議なき日を選び直接これに臨席したるが如き、重要なる案件には、次官、局長の認印あるものといえども、深くその当否を検討するの必要に迫られ、以って国策推進の方途に遺憾なきを期したる次第なり。もとより当然の事ながら細大の事務加重し心身の過労日を追うて加わるを自覚す」⑤

第一次近衛内閣以来、三国軍事同盟に終始反対しつづけてきた海軍が、突如、賛成に態度を豹変した経緯について、近衛はその手記のなかでつぎのように批判していた。

「吉田海相が組閣当初において三国枢軸強化という事には同意した。然しながら進んで軍事上の援助を含む三国同盟となっては海軍としては大問題である。果たして吉田海相は大いに煩悶したらしい。而して心臓病が昂じ俄《にわか》かに辞職した。然るに及川大将が海相となるや直ちに海軍は三国同盟に賛成したのである。余は海軍の余りにあっさりした賛成振りに不審を抱き、豊田次官を招きて其の事情を尋ねた。次官曰く、『海軍としては実は腹の中では三国同盟に反対である。然しながら海軍がこれ以上反対する事はもはや国内政治事情が許さぬ。故に止むを得ず賛成する。海軍が賛成するのは政治上の理由からであって、軍事上の立場から見れば、未だ米国を向こうに回して戦うだけの確信はない』。

余曰く『これは誠に意外の事を承る。国内政治の事は我々政治家の考えるべきことで、海軍がご心配にならんでもよいことである。海軍としては、純軍事上の立場からのみ検討せられて、もし確信なしというならば飽く迄反対せらるるのが国家に忠なる所以ではないか』。

次官曰く『今日となりては海軍の立場もご了承願いたい。ただこの上は出来るだけ三国条約における軍事上の援助義務が発生せざるよう外交上の手段に依りて、これを防止する外に道がない』」⑥

九月一五日夕刻、海軍首脳会議が開催された。席上、連合艦隊司令長官の五十六は、三国軍事同盟反対の立場から、対米英戦争に対する物動計画の不備を指摘したが、推進派に押し切られてしまった。

26 海軍の立場

昭和一六年七月二一日、連絡会議において永野軍令部総長は、「米に対しては戦勝の算あるも、時を追うてこの公算は少なくなる。明年後半期には最早歯が立ちかねる。その後はますます悪くなる。米は恐らく軍備を整うまでは問題を引きずり、これを整頓するならん。従って時を経れば帝国は不利となる。戦わずに済めばこれに越したことはない。しかし到底衝突は避くべからずとせば、時を経ると共に不利となるということを承知せられたい。なお比島を占領すれば、海軍は戦争がやり易くなる。南洋の防備は大丈夫、相当やれると思う」と語り、対米戦争の早期決行こそが勝利の鍵であると述べた。

海軍としては、米国に対して戦う力のあるうちに、和戦の決定がなされることを望んでいた。

七月二八日の日本軍による南部仏印進駐に対して、八月一日にアメリカは対日石油輸出全面禁止の措置をもって対抗してきた。

このため海軍省軍務局は、八月一日現在を基準にして、開戦を前提にしたつぎの石油三ヵ年計画を作成した。

（1）需要予想量（単位、万キロリットル）

第一年五四〇（各月消費四五×一二）、第二年五四〇、第三年五四〇、計一六二〇（他に艦隊決戦用五〇）

（2）供給予想量

貯油九四〇。第一年八〇（南方三〇、国産二〇、人工三〇）、第二年三三四（南方二四四、国産二〇、人工七〇）、第三年六六七（南方四七七、国産四〇、人工一五〇）、計二〇二一

（3）各年末在庫（カッコ内は決戦用予備五〇、民需予備一〇〇、タンク焦げ付き八〇を控除）

第一年四八〇（二五〇）、第二年二七四（四四）、第三年四〇一（一七一）①

米蘭の対日石油輸出禁止が続行されれば、毎月四〇万キロリットルずつ貯油量に喰い込むことになり、経済断行のまま日を送って米国から最後通牒を突きつけられた場合、日本は石油欠乏のため戦わずして全面的に屈服せざるを得なくなるのであった。

海軍としては、いざ戦争という場合、貯油量が枯渇しないためには、なるべく早期に開戦時期を決定する必要があった。ましてや戦災による喪失や輸送難などを考慮に入れれば、遅くとも九月か一〇月ごろまでには戦争開始の決定がなされなければならない。これが海軍の主張の基礎になっていた。

八月中旬、陸海軍局部長会議は、今後の国策遂行方針について連日のように会議を開いた。八月一六日に海軍側から陸軍側に対して、「今年一〇月下旬を目途として戦争準備と対米外交を併進させる。一〇月中旬に至るも日米交渉が妥結しない場合には実力発動の措置を採る」②との提案がなされた。

この海軍案は、戦争決意を保留にしたままで戦争準備を行なうというものだった。これに対して陸軍側としては、まず戦争の決意が先決であり、この決意をせずして戦争準備をすることに難色をしめした。陸軍側としては、海軍がその特性からして作戦準備を完整し、外交不調にもかかわらず作戦の自信欠如を理由に対米戦回避に転ずることを懸念していたのだった。

かくして陸軍側は海軍案に対して、まず「対米英蘭戦争を決意して」、次いで「対米英蘭戦争決意の下に」を挿入することを主張したが、海軍側の容《い》れるところとはならず、結局、「対米英蘭戦争を辞せざる決意の下に」と改められ、「実力発動の措置を採る」は、「直ちに対米（英蘭）開戦を決意す」③と修正されることになった。

ところで岡軍務局長の解釈によれば、「開戦を決意す」は「開戦す」ではなく、開戦を決意しながらもなお外交によって局面打開にあたる、との微妙ではあるが解釈の余地を残すものであった。海軍としては、日本の国策が決定されると否とにかかわらず、着々と戦備促進および作戦準備をすすめていた。④そして八月一四日、一五日、軍令部作戦当局は参謀本部作戦当局に対して、その概要を説明した。

27　九月六日の御前会議

九月三日の連絡会議は「帝国国策遂行要綱」を決定し、同月六日の御前会議において国策として正式に採択された。

（1）帝国は自存自衛を全うする為、対米（英蘭）戦争を辞せざる決意の下に、概ね一〇月下旬を目途とし戦争準備を完整す。

（２）帝国は右に並行して米英に対し外交手段を尽くして、帝国の要求貫徹に努む。対米交渉において帝国の達成すべき最小限度の要求事項、並びにこれに関連し帝国の約諾し得る限度は別紙の如し。

①

御前会議前日の九月五日、近衛首相が参内して「帝国国策遂行要領」について内奏したところ、天皇は、「これを見ると（１）に戦争を記し、（２）に外交を掲げている。何だか戦争が主で外交が従であるかの如き感じを受ける。この点について明日の会議で統帥部の両総長に質問したいと思うが……」と述べられ、強い不満を表明された。このため近衛の配慮によって急ぎ両総長が召され、天皇より下問を受けることになった。

天皇は陸海両総長に対して、「外交を主とするように」と述べられ、さらに杉山総長に対しては、「日米戦争起こらば、陸軍としては幾許の期間で片付ける確信ありや」と質《ただ》された。

これに対して杉山は、「南方方面だけは三ヵ月にて片付けるものであります」と答えた。すると天皇は、「汝は支那事変勃発当時の陸相なり。その時陸相として『事変は一ヵ月位にて片付く』と申せし事を記憶す。然るに四ヵ年の長きにわたり未だ片付かんではないか！」と腹立たしげに述べられた。

杉山が恐懼して、「支那は奥地が開けており、予定通り作戦し得ざり」とくどくど弁明すると、天皇は、「支那が奥地が広いと言うなら、太平洋はなお広いではないか。如何なる確信があって三ヵ月と申すのか！」とさらに鋭く問い詰められた。

杉山が返答できずにいると、永野軍令部総長が、「統帥部として大局より申し上げます。今日日米関係を病人に例えれば、手術するかしないかの瀬戸際に来て居ります。手術をしないでこのままにしておけば、だんだん衰弱してしまう恐れがあります。手術をすれば非常な危険があるが、助かる望みもないではない。その場合、思い切って手術をするかどうかという段階であるかと考えられます。統帥部としては、飽く迄外交交渉の成立を希望しますが、不成立の場合は思い切って手術をしなければならんと存じます。この意味でこの議案に賛成して居るのであります」と助け舟を出した。

天皇がかさねて、「統帥部としては今日のところ外交に重点を置く主旨と解するが、その通りか？」と念を押したところ、両総長とも「その通りであります！」と答えた。②

翌九月六日午前一〇時から御前会議が開催された。

席上、原枢密院より、「この案を見ると、外交より寧ろ戦争に重点が置かるる感あり。政府統帥部の趣旨を明確に承りたし」と天皇の意向を体しての質問があった。これに対して政府を代表して及川海相が答弁した。しかし、ほかには統帥部からだれも発言しなかった。

すると天皇はすかさず、「只今の原枢相の質問は誠に尤もと思う。これに対して統帥部が何等答えないのは甚だ遺憾である」と述べられた。さらに天皇は明治天皇御製の「四方の海みな同胞《はらから》に思ふ世になど波風の立ち騒ぐらむ」と読み上げ、「余は常にこの御製を拝承して、故大帝の平和愛好のご精神を紹述せむと務めて居るものである」③と語られた。

しばらく静粛があった。すると永野軍令部総長が立ち上がって、「統帥部に対するお咎めは恐懼に堪えません。実は先程海軍大臣が答弁致しましたのは、政府、統帥部双方を代表したものと存じ、沈黙して居りました次第であります。統帥部としてはもちろん海軍大臣のお答え致したる通り、外交を主とし、万已むを得ざる場合に戦争に訴えるという主旨に変わりはございません」④と返答した。

かくして御前会議は、天皇が何度も自分の意見を表明されるという異例の出来事のうちに終了した。

九月六日の御前会議において、日米交渉成否の最終期限を一〇月上旬までと決定したことから、日本政府、統帥部とも、このまま時が経過するままに任せておくことはできなくなった。

そのころ近衛首相は、日米交渉の打開に、政治家としての最後の情熱を傾けていた。

九月六日、近衛首相は日本側の真意を米国側に知らせるべく、陸海外三相の了解のもとに、極秘裡にグルー大使と会見した。

その際、近衛首相は、「現内閣は陸海軍とも一致して交渉の成立を希望していること、そしてこの内閣以外には交渉成立の機会はないこと」を強調し、「いま、この機会を逸すれば、われわれの生涯の間には遂にその機会はないであろう」と語り、さらに陸海外の代表の人選まで終わっていると述べた。

この時の模様について、グルーはその著において、つぎのように述べている。

「近衛公は再三再四、時の問題が大切だということを力説した。完全な解釈に到達するすべての細部を研究し成就するには、半年も一年もかかるかも知れず、他国による経済的圧迫に対する憤慨が日一日と高まっていく現在、半年後あるいは一年後にこのような解決計画を実行にうつせるかどうか、彼としては保証できない。しかし、いまならば日本を彼が選んだ目的地へ引っ張っていくことを保証し得る」

一時間半にわたる会談ののちグルーは、「直接大統領宛に、今日の会談の結果を報告する」ことを約束し、「この報告は自分が外交官生活をはじめて以来、もっとも重要な電報になるであろう」⑤と感慨をこめて語った。

ところで、九月二五日の連絡会議において、陸海軍両総長より、「日米交渉は一日もすみやかにその成否を判定し、遅くとも一〇月一五日までに政戦の転機を決するを要す」とした文書が提出された。

そこで九月二七日、豊田外相はグルー大使の来訪を求め、日米首脳会談の実現へのいっそうの努力を要請した。同日、豊田外相は野村大使に対して、「国際情勢よりするも国内情勢よりするも、この際タイムがあらゆる関係ある主要なる要素にして、一日もすみやかに両首脳者の会見決意をする必要あり」とする訓令を発電した。

九月二九日、グルー大使はハル国務長官宛に、米国政府が日米交渉成立のために積極的に努力するよう具申した電報を送った。しかしワシントンでは、すでにグルーの穏健的意見はまったく顧みられなくなっていた。

一〇月二日、ハル長官は野村大使に対して、いままでの交渉経過を概観して、あらためて（1）主権尊重、（2）内政不干渉、（3）機会尊重、（4）太平洋の現状維持、の四原則を指摘した。

席上ハルは、「米国政府としては、あらかじめ了解成立するにあらざるは両国首脳者の会見は危険なりと思考するものなること、また太平洋全局の平和維持のためにはパッチアップしたる了解にて不可にしてクリーアカット・アグリーメントを必要とする」⑥ことを言明した。

昭和一六年春の日米了解案をめぐって米国側が見せた宥和的《ゆうわてき》態度とはまったく違っていることを、日本側は読めていなかった。

すなわち六月二二日の独ソ開戦によって、世界のパワーバランスは大変動を起こしていたのである。ヒトラーによるソ連侵略は、必然的にソ連と米国および英国を大同盟させることになった。したがって六月二二日以降、米国は、それまでの日本に対する宥和的態度を改めて強硬な態度をしめすようになった。

米国の外交史家のファイスは、日米開戦に関し、一二月二六日のハル・ノートよりも、この一〇月二日の回答の方を重視している。

一〇月四日、前夜到着した米国側の回答を協議するための連絡会議が開催された。席上永野軍令部総長は、「もはやデスカッションをなすべきにあらず。早くやってもらいたいものだ！」⑦と述べた。

一〇月七日付の『木戸日記』には、つぎのように記載されている。

「米国の覚書につき、陸軍は望みないとの解釈なるが、海軍は見込みありとして交渉継続を希望す。しかし陸海軍とも中堅は一致して強硬決意を要望す。海軍側は、首相はこの際遅滞なく決意を宣明し、政局を指導せられたしと要望す。先ず首相は強硬意見を有する陸相と充分意見を交換したる後、陸海外の三相を招き、自己の決意を披露し、協力を求むる筈なり」⑧

一〇月一二日、この日は近衛首相の五〇回目の誕生日であった。この日の午後、近衛首相は日曜日にもかかわらず、陸海外の三相と鈴木貞一企画院総裁を荻外荘に招集して、和戦についての日本の最終的態度を決定しようとした。

それに先立ち一〇月九日、海軍省軍務局第二課長の石川信吾は及川海相に対して、開戦決意について質《ただ》していた。

さらに一二日午前にも石川は及川のもとを訪れて、「陸軍は海軍に『戦争はできない』と言わせて下駄を預けるつもりらしい。大臣はくれぐれも下駄を履かせられては駄目ですよ。気をつけてください！」⑨とダメを押した。

一〇月一一日夜、富田健治書記長は岡敬純軍務局長を訪ねて、「明日の会議において海軍は総理を助けて、戦争回避、交渉継続の意思をはっきり表明してもらえないだろうか。もし海軍の意思表示がなければ、近衛公は辞職するかもしれない」と語った。すると岡軍務局長は富田の説明に頷《うなず》いて、「これは重大な問題だから、君から直接大臣に話をしてくれ給え。僕もついて行こう」と言うことになり、二人は同道して、同夜午前零時ちかく、海相官邸を訪れた。

このとき及川海相は、「この際、日米戦争は避けたい。自分はあくまで交渉継続を希望する。また陸軍と違って海軍の下層部が戦争しなければ収まらぬということは絶対にない。その点は全然心配要《い》らぬ。しかし海軍としては、『軍としての立場上、この戦争に反対である』ということを公式に言明することはできぬ。戦争するや否やを決定することは政治問題であるから、総理が決めるのが適当である」⑩と述べた。

この及川の発言には、開戦の責任を近衛首相に転嫁しようとする心理が色濃く存在していた。したがって、及川海相には海軍の最高責任者としての責任感が欠如していたと言わざるを得ないのである。⑧
一〇月一二日午前、荻外荘会議を前にして、岡軍務局長は富田に対して、「海軍は交渉の破壊を欲しない。すなわち戦争をできるだけ回避したい。しかし、海軍としては表面に出してこれを言うことはできない。今日の会議においては海軍大臣から和戦の決は首相一任するということを述べる筈になっているから、そのお含みで願いたい」と連絡してきた。会議は同日午後二時から六時まで、じつに四時間にわたって行なわれた。

日米交渉の打ち切りを主張する東条陸相に対して、まだ交渉に望みを捨てていない近衛首相と豊田外相は真っ向から対立した。⑪

ここでこの会議で及川海相は、日独伊三国同盟強化問題の際の当時の米内海相の発言のように、「海軍は戦争などできません!」と明確に断言することはできなかったのであろうかの問題について考えてみたい。かく断言すれば、日本としては米国との交渉に頼らざるを得なくなったのであったが……。

終戦から半年後の昭和二一年一月二三日に行なわれた『海軍戦争検討会議』において、この及川海相の態度が問題となった。

井上成美(昭和一六年一〇月当時、第四艦隊司令長官)—陸海抗争も、全陸海軍を失うより可なり。何故男らしく処置せざりしや、いかにも残念なり。

及川—私の全責任なり。海軍が戦えぬと言わざりし理由、二つあり。第一は、情況異なるも、谷口(尚真)大将、軍令部長のとき(五年六月に加藤寛治大将に代わり軍令部長に就任、七年二月まで)満州事変を起こすべからずと言い、大臣室にて東郷(平八郎)元帥より面罵せられしことあり(富岡〔定俊〕所持の谷口大将の手記にあり)。谷口大将の反対理由は、満州事変は結局対英米戦となる恐れあり。これに備うる為の軍備に三五億を要するところ、我国にはこれは不可能なりというにありしが、ロンドン条約以後、加藤大将と谷口大将は先鋭に対立せしを以て、加藤大将が元帥に言われし為か、元帥は「谷口は何でも弱い」と言われしことあり。この折は、「軍令部は毎年作戦計画を陛下に奉って居るではないか。今更対米戦出来ぬといわば、陛下に嘘を申し上げたことになる。また東郷も、毎年この計画に対し、『宜しい』と奏上しているが、自分も嘘を申し上げたことになる。今更そんなことが言えるか』」と面罵せられたりと。

第二には沢本君言われし、近衛さんに下駄を履かせられるなという言葉あり。当時海軍にして非常に警戒せしものにして、軍令部よりも軍務局よりも注意せられたり。

この二者により、今から考えれば不可なりならんも、近衛首相に「海軍にて陸軍を押さえらると思わるるかも知れざるも、閣内一緒になり、押さえざれば駄目なり。総理が先頭に立たざれば駄目なり」と言いたり。荻外荘会見二日前、鎌倉の別荘に呼ばれし折のことなり。

左様な関係にて、東条より申し込みありし際も、海軍として返事すべきにあらず。首相解決すべきものなりと言えり。すなわち近衛一任せしにあらずして、近衛を陣頭に立てんとせしものなり。

井上―近衛さんがやられるべきなるが故にやらざりしか。近衛さんはやる気ありしか。また出来ると思われしや。

及川―首相が押さえざるものを、海軍が押さえ得るや。

井上―内閣を引けば可なり。伝家の宝刀なり。また作戦計画と戦争計画は別なり。なお不可なれば総長を代えれば可なり。

沢本―撤兵問題に関し、六人会議（大臣、総長、次官、次長、軍務局長、第一課長の会議）にて、及川大臣が「いよいよとならば陸軍と喧嘩する心算なり」と言われしに、永野総長は「それはどうかな」といわれたるため、大臣の決心鈍りたり。海軍は必ずしも団結し居らざりき。

井上―大臣は人事権を有す。総長を代えれば可なり。

及川―内閣を投げ出せり。

井上―戦争反対と明確にされしや。その手を使うべきなり。⑫

このように、及川の職務権限に対する井上の追及は鋭かった。カミソリ的頭脳を持った井上の追及に、及川はタジタジだったことが見て取れる。

結局、及川には、開戦反対を明確に断言する勇気に欠けていた。及川は漢籍を読むことには長《た》けた学者然とした海軍軍人だったが、国家の命運を見据えての決断ができなかった。

これは戦後の話であるが、私の恩師の一人である高山岩男先生（太平洋戦争中、海軍省調査課顧問として高木惣吉調査課長と同志的な交わりがあった）に対して、及川は、「われわれが学んできたことは作戦であって、真の戦略ではなかった。われわれには哲学が欠けていた……」としみじみ語ったとのことである。

ともあれ海軍が対米戦に自信がなければ、開戦に対して明確に反対すべきだった。及川に勇気がありさえすれば、最後的手段として海相辞任という手も使うことができたはずである。

このとき五十六は連合艦隊司令長官であり、国策を決めることはできなかった。残念なことに、五十六は前線の最高指揮官であっても、国策を決する地位にはいなかったのであった。

戦後、「もし五十六が戦争に反対だったら、連合艦隊司令長官の職を擲《なげう》ってでもそれを貫くべきであった」とする批判を聞くことがあるが、ラインの先頭に立つ五十六にそれを求めることは現実的には無理であった。

当時の五十六の心境は、戦争回避を望みながらも、小千谷の慈眼寺における軍艦岩村精一郎との会談にのぞんだ河井継之助の立場と重なるものがある。

一〇月一三日、参内した木戸に対して、天皇よりつぎのような話があった。

「昨今の情況にては日米交渉の成立は漸次望み薄くなりたるように思はるる所、万一開戦となるが如き場合には、今度は宣戦の詔勅を発することとなるべし。その場合、今までの詔勅を見るに、連盟脱退の際にも特に文武恪循と世界平和と言ふことに就いて述べたのであるが、国民はこの点を等閑視している ように思はれる。また日独伊三国同盟の際の詔書に就いても平和の為と言ふことが忘れられ、如何にも英米に対抗するかの如く国民が考えて居るのは誠に面白くない。就いては今度宣戦の詔書を出す場合には、是非近衛と木戸も参加して貰って、篤と自分の気持ちを述べて、これを取り入れて貰いたいと思ふ。……戦争終結の場合の手段を、初めより充分考究しおく要あるべく、それにはローマ法王との使臣の交換等親善関係につき、方策を樹つる要あるべし」⑬

一〇月一四日の閣議では、和戦に関する近衛首相と東条陸相の、ぎりぎりの話し合いがつづけられた。この際、両者の間で、つぎのような話が交わされた。

東条陸相—人間、たまには清水の舞台から目をつぶって飛び降りることも必要だ。

近衛首相—個人としてはそういう場合も、一生に一度や二度はあるかも知れないが、二六〇〇年の国体と一億国民のことを考えるならば、責任ある地位に在る者として出来ることではない。⑭

このようにぎりぎりの段階に来て、ようやく近衛は全うな見識を示すようになった。しかし内外の情況は、時すでに遅しだった。

一〇月一四日午後、武藤陸軍軍務局長が富田のところに訪ねてきて、「どうも総理の肚が決まらないのは海軍の肚が決まらないからだと思われる。海軍が本当に戦争を欲しないのならば陸軍も考えなければならない。……しかし『海軍がこの際は戦争を欲せず』ということを公式に陸軍の方に言ってくるならば、陸軍として部下を押さえるにも抑えやすい。何とかそういうふうに言うて来るよう仕向けてもらえまいか」と言ってきた。

そこでさっそく、富田がこのことを岡海軍軍務局長に話したところ、「海軍としては戦争を欲しないということは、どうも正式には言えない。海軍として言いえることは、『首相に裁断一任』ということが精一杯である」⑮と返答した。

一四日夜、東条陸相の使いとして鈴木企画院総裁が荻窪の近衛の私邸を訪れて、「海軍大臣が全部責任を総理にしている形がある。これは誠に遺憾である。海軍がそういうふうに肚が決まらないならば、九月六日の御前会議は根本的に覆るのだ。したがって御前会議に列席した首相はじめ陸海軍大臣も統帥府の総長も皆輔弼の責を充分に尽くさなかったということになるのであるから、この際は全部辞職して、いままでのことをご破算にして、もう一度案を練り直す以外にはないと思う。……後継内閣の首班には今度は宮様に出ていただく以外に途はないと思う。その宮様は東久邇宮殿下が適当と思う」⑯と述べた。

一〇月一五日、近衛は参内して、現下の政情と東条による東久邇宮の後継首相の要望について報告した。

これに対して天皇は、「東久邇宮は、参謀総長としてはじつに適任であると思っていた。しかし皇族が政治の局に立つことは、これはよほど考えなければならないと思う。ことに平和の時ならばよいけれども、戦争にでもなるという恐れのある場合には、なおさら皇室の為から考えても皇族の出ることはどうかと思う」⑰と慎重な態度を示された。

この天皇の判断は、きわめて見識のあるものといえるだろう。裕仁天皇は、元老西園寺公望が目指したところの英国流の立憲君主制を理想としていたのであり、東久邇宮の首相就任はこれを危くするものだったからである。また皇族の政治の失敗は、ただちに天皇制の危機に繋がるから、この意味からも好ましいことではなかった。

一〇月一六日朝、近衛は木戸に電話を掛け、東久邇宮後継首相の話を持ち出したところ、木戸は、「宮殿下の問題は、宮中方面においても到底行なわれ難い」と述べ、これに反対した。

ここにおいて近衛は、時局柄一刻の猶予も許されないと考えて、この日の夕方参内して、辞表を提出した。⑱

話は前後するが、この当時、五十六とその周辺では、戦争回避のための一つの秘策が練られていた。それは小林躋造大将、山梨勝之進大将、堀悌吉ら海軍良識派の将官が秘めていた案だった。それによれば米内を現役復帰させて軍令部総長に据え、五十六を連合艦隊司令長官から海軍大臣に就かせ、米内・

五十六の布陣でもって部内を強力に統制し、海軍内の戦争熱を抑えようというものであった。

この秘策がなぜ日の目を見なかったかといえば、このときはすでに日米戦開戦の可能性がきわめて高くなっており、そのような重要な時期に連合艦隊司令長官を代えることは実際的でなかったからである。

日頃、近衛公のところに歯科治療に出向いている長岡出身の嶋峰徹博士がいた。この嶋峰が、同郷の者と夕食を共にしたことがあり、その席にたまたま上京中の五十六も連なったことがあった。

席上嶋峰が、「先日、近衛公のところにうかがったら、山本大将は立派な提督だが、ただ一つ英米派だという一点だけが難点で、そのため評判が悪いんだとの話があった」と述べた。

すると五十六は憤然として、「私は日本が米国および英国と親善をつづけていくことが日本のためばかりでなく、世界平和のためであると確信している。そしてその実現のためには、大いに努力しているしだいである。それにもかかわらず、あたかも山本が英米派などと言われる理由は絶対にない。私はつねにわが国の将来のみを考えている。嶋峰先生のこの近衛公の話が実際にあったものとすれば、誠に公人として無責任きわまる言葉であると思う。海軍として道理あることであれば、一水兵の言葉であっても喜んで聞き入れる。しかし近衛公であっても、いまのごとき非礼な言葉は断じて受け入れることはできない。もし近衛公にしてこのようなお考えだとすれば、堂々と海軍当局を通してか、あるいは私に直接お話しがあってしかるべきかと思う。そのとき私は自分の所信を近衛公に申し上げ、おたがい国家のため努力したいと思っている。この点をしかと近衛公にお伝えくださいい」⑲と語った。

28　東条内閣の出現と開戦決定

一〇月一七日、組閣の大命が東条英機陸相に降下した。大命降下の前日の一六日、木戸と会見した東条は、「近衛首相がいまになって踏み切りがつかない事情はよくわかる。それは海軍が自信を表明しないからである。……もし本当に海軍が戦争ができないというのならば、九月六日のご決定を再検討することも止むを得ないであろう。……海軍がいまになって自信がないというならば、一切ご破算にして出直すほかあるまいと思う」①と述べていた。

この東条の言葉を聞いた木戸は、九月六日の御前会議の決定を白紙還元し、陸軍を押さえ得るとの意図から、東条内閣を推挙することにした。

後日（一〇月二〇日）、天皇は木戸に対して、「所謂《いわゆる》虎穴に入らずんば、虎児を得ずということだね」②と述べられた。

一〇月一七日、大命降下の際、東条と及川に対して天皇の命により木戸は、「国策の大本を決定せられますに就いては、九月六日の御前会議の決定に捉われるところなく、内外の情勢を広く検討して、慎重なる考察を加えうることを要すとの思し召しでございます」③と語った。

一〇月一八日、東条内閣は成立した。東条は陸相を兼任し、海相には嶋田繁太郎大将、外相に東郷茂徳、蔵相に賀屋興宣がそれぞれ就任した。

海相の第一候補は、当時、呉鎮守府司令長官をしていた豊田副武であったが、大の陸軍嫌いで通っていたこの豊田を、東条は忌避した。

国家重大時局のこの際、海相に就任することになった嶋田は、長らく中央を離れていて、九月一〇日に横須賀鎮守府司令長官になったばかりだった。

ところがその嶋田は、及川からなんの申し継ぎも受けず、「金庫の中に重要書類が入っている」④と言われただけであった。

就任直後、嶋田は九月六日の御前会議の内容を読み、その重大さに衝撃を受けた。

及川にせよ、その後継海相に就任した嶋田にせよ、日米開戦か否かの緊迫した最中にもかかわらず、平時の気分で海相を務めていたようだ。その緊張感の無さには呆れるほかない。この二人には、「凡庸」という言葉が、そのまま当てはまるように思える。

一〇月二〇日、嶋田海相が宮中に蓮沼（蕃）侍従武官長を訪問した際、蓮沼は、「陛下ご心痛恐懼に堪えず。及川前海相の態度明確を欠きたり。六月には陸海軍共不戦なりしに、海軍省某課長（石川信吾）の反対にして一夜に変じ、次いで七月、九月の御前会議となりたり。この態度に導きたるは、海軍なりと考えられたり。陛下には、東条に大命降下のときには内大臣を通じて、九月六日の会議の決定を白紙にもどし、再検討せよと命ぜられた。先頃、伏見宮博恭王殿下拝謁のとき、殿下より、すみやかに開戦のご決意可然と奏上ありしに、陛下よりご詰問あらせられしやに拝す」⑤と語った。

東条新内閣においては、一〇月三日から一一月二日早暁にかけて連日のように連絡会議が開催され、国策の再検討が行なわれた。

そのメンバーは、東条首相兼陸相、東郷外相、賀屋蔵相、嶋田海相、鈴木企画院総裁、杉山参謀総長、永野軍令部総長であり、そのほか星野内閣書記官長、武藤陸軍軍務局長、岡海軍軍務局長、および塚田攻《おさむ》参謀次長と伊藤整一軍令部次長らが出席した。

一〇月三〇日をもって諸検討は終了し、一一月一日、（1）戦争を極力避け臥薪嘗胆《がしんしょうたん》す、（2）開戦を直ちに決意し、政戦諸施策をこの方針に集中す、（3）開戦決意の下に作戦準備を完整すると共に外交施策を続行す、の三案のなかから結論を求めることにした。⑥

一方、陸軍参謀本部においては、一〇月三一日、部長会議を開き、「即時対米交渉断念し開戦を決意し、一二月初頭戦争発起、今後の対米交渉は偽装外交」とする旨を決定した。

一一月一日午前九時から開かれた連絡会議は、二日深夜の午前一時半までおよんだ。

会議は、いよいよ第一案の「臥薪嘗胆案」についての検討に入った。

軍令部総長─臥薪嘗胆案は最下案である。臥薪嘗胆、戦わずして切り抜けんとすれば、ジリ貧となることは必至である。自滅自屈に甘んずることを欲しないかぎり、やがて戦わなねばならなくなる。

そのときには日本海軍はもはや戦う力はなくなっているであろう。海軍の見地からすれば、対米戦争の時期は唯今日のみである。明年後半期になれば彼我海軍戦力の関係からも、また石油の関係からも、戦えなくなることは明らかである。
蔵相―臥薪嘗胆案は不可であるとして、しからば長期戦争第二年の後、すなわち戦争第三年、敵が決戦を求め来ったとき、我は軍需その他の関係で勝利の確算がないと思われるが如何？
外相―長期戦争の場合、国際情勢の推移は必ずしもとくに好転するとは思われない。長期の将来に多くの疑問がある。
軍令部総長―戦争第二年までは確算あることを申し上げる。第三年以降は予断を許さない。
蔵相―しからば戦うべきはいつか。いつなら勝てるのか⁉
軍令部総長―いまである。戦機は唯今日に在る！
このような論議を通して、まず臥薪嘗胆案は採用不可となった。代わって第二案と第三案を一括して審議することにした。
蔵相―作戦準備と外交を併行する第三案を選ぶべきである。
参謀総長―開戦を決意せよ！　そして外交は開戦準備に奉仕せしむるべきである。
参謀次長―外交交渉の見込みはない！　国家存亡の鍵たる作戦を重視して、ただちに開戦を決すべきである！
外相―国運の決する大転機がいまである。最後の効力を外交に傾けねばならない。
蔵相―同意見である。
参謀次長―外交をやるにしても、ただちに開戦を決意せよ！　戦争発起を一二月初頭とすることを決定すべきである。この決定なくしては統帥部の作戦準備はこれ以上すすめられない。
軍令部次長―海軍の立場からは、一一月二〇日から作戦発動期に入るものと考える。それまで外交をおやりになることは差し支えない。

参謀次長―陸軍としては、一一月一三日を外交の限度としたい。

外相―一一月一三日とは余りに窮屈である。少なくとも海軍案のように、一一月二〇日を希望する。

その期日までは外交で妥結したら戦争発起は取り止めることはもちろんであると了解する。

参謀次長―請合い得る時期は、一一月一三日である。それ以後は困る。⑦
このように外交打ち切りの日時については統帥部と外交当局は対立したが、両統帥部長がおのおの作戦部長を呼んでさらに協議した結果、一一月三〇日までは外交交渉を行なってもよいということになった。

そして最終的に外交打ち切り日時を、一二月一日午前零時とすることにした。

一一月二日午後五時、東条首相は陸海両総長とともに、連絡会議の結論を上奏した。席上天皇は、「日米交渉による局面打開の途を極力尽くすも、しかしながらも達し得ずとなれば、日本は止むを得ず英米との開戦を決意しなければならぬのかね⁉」と語られ、「事態かくの如きであれば、作戦準備もさらに進むるは已むを得なかろうが、なんとか極力日米交渉の打開をはかってもらいたい」⑧との希望を述べられた。

一一月四日、天皇臨席のもとに陸海軍合同の軍事参議官会議が開かれ、「帝国策遂行要領」中、「国防用兵」に関する事項についての審議が行なわれ、全会一致でもってこれを可決した。一一月五日、御前会議は最終的に、「帝国国策遂行要領」を採択した。⑨
一一月四日、東郷外相は野村大使宛に、甲案と乙案を打電するとともに、「本交渉は最後の試みにして我対策は名実共に最後案なりとご承知ありたく」旨の最後的訓令を発した。そして一一月五日、交渉の期限を一一月二五日とすることを訓令した。

一一月三日、東郷外相は、野村大使を援助するために来栖三郎大使を、急遽ワシントンに派遣することにした。来栖は、五日に東京を発って、飛行機を使って香港経由で米国に向かい、一五日にワシントンに到着した。⑩

一方、七日、野村大使は、東京からの訓令に基づいてハル国務長官を訪ね、「日本の国情は六ヵ月の交渉の後痺れを切らし、事態重大であるから、本交渉のすみやかなる成立を熱望するしだいである」と述べるとともに、甲案を提示した。

その後、ワシントンにおいては、野村と来栖の両大使と、ルーズヴェルト大統領とハル長官との間で、数回にわたって会談が行なわれたが、成果を得ることはできなかった。

そこで東郷外相は、一一月二〇日、甲案による妥結を断念し、「乙案ご提示相成度、尚右は帝国政府の最終案にして絶対にこの上譲歩の余地なく、右にて米側の応諾を得ざる限り交渉決裂するも致し方なき次第」との訓令を、野村大使に発電した。

しかるに一一月二六日になって、ハル国務長官は、日本側甲案を拒否し、いわゆる「ハル・ノート」を提示してきた。⑪

歴史家のビアードの表現を借りるならば、これは「米国の東洋全般にわたる最大限の要求」であった。すなわち中国、仏印よりの日本軍の完全撤退、三国同盟の否認など厳しい条件が書かれており、これまでの日米交渉の積み重ねをまったく無視したものであった。

翌二七日、ハル国務長官はスティムソン陸軍長官に対して、「私はそれから手を引いた。いまや君とノックス海軍長官の手中、つまり陸海軍の手中にある」⑫と語った。

日本政府は、これをもって米国側の最後通牒であると判断した。

一二月一日午後二時より宮中東一の間において、開戦の聖断を仰ぐべく最後の御前会議が開かれた。そして午後四時、天皇は御前会議の決定を嘉納され、ここに対米開戦は定まった。

29 真珠湾奇襲作戦

五十六としては、海軍人事の大転換をはかり、具体的には軍令部総長に米内光政、または吉田善吾、あるいは古賀峯一、連合艦隊司令長官として米内、あるいは古賀、嶋田、そして五十六本人は海軍大臣、井上成美の次官の陣容によって、海軍内の対米主戦論を防ぎ止めようと考えた。

昭和一六年一月二三日、五十六は第二艦隊司令長官古賀峯一に対して、つぎの書簡を送っている。

「昨年八月か九月三国同盟予示の後離京帰艦の際、非常な不安を感じ、及川氏に将来の見通し如何と問ひたるに、或は独の為火中の栗を拾ふの危険なしとせざるも、米国はなかなか起つ間敷大丈夫と思ふとのことなりき。殿下（伏見宮）も亦かつて『此くなる上はやる処までやるも已むを得まじ』との意味の事を申されし様に記憶し、之ではとても危険なりと感じ、此上は一日も早く米内氏を起用の外なしと感じ、それには先以て艦隊長官に起用の順序を捷径と考へ、其時及川氏に敢而《あえて》進言せし次第也。

及川氏も其後小生や貴兄等の考を聞き、追々危険を感じ来れるにあらずやと思はるる点あり。小生又次官室にて昨年一一月初頭（一〇月末か）頃、丁度今次泰仏印問題と同じ事を石川（信吾）が次官に進言し居るを聞き、直に大臣にあれでよいのかと注意せしに、どうも次官（豊田貞次郎）は策動が過ぎるから早目に替えた方がよからんと思ふが（豪州公使はどうかねとの事也き）、同時に軍令部ももっとしっかりするの要あり。強化策として一部長に福留（連合艦隊参謀長）を呉れぬかとの事なりき」①

ここに名前が出てきた石川信吾とは、海軍省軍務局第二課長のことで、昭和一六年六月五日に取りまとめられた海軍第一委員会報告書、すなわち「現情勢下に於いて帝国海軍の執るべき態度」と題するレポートの作成に携わった主要な一人であった。

この第一委員会報告書がなぜ注目されるかといえば、昭和一六年六月上旬の段階で、すでに日本海軍が、「和戦の決の最後的鍵鑰《けんやく》を握るもの、帝国海軍を措いて他に之を求め得ず」との決意のもとに、三国同盟堅持―南部仏印進駐―米英蘭による対日石油禁輸―対米英蘭参戦というシナリオを作成し、それ以後のわが国の歩みがほぼこのとおりに推移していったからである。

すなわち日本を太平洋戦争に引きずり込んだ主導者は、この第一委員会のメンバー、なかでも軍務局第二課長の石川信吾大佐であるといえるのである。

報告書の結論には、つぎのように記されていた。

「(1) 帝国海軍は皇国安危の重大時局に際し、帝国の諸施策に動揺を来さしめざる為、直ちに戦争(対米を含む)決意を明定し、強気を以て諸般の対策に臨むを要す。

(2) 泰、仏印に対する軍事的進出は、一日も速やかに之断行する如く努むるを要す」②

先述したように日本海軍部内には、加藤友三郎流の思想を継承する日米不戦派(海軍省系、条約派、あるいは英米協調派)と対米敵視派(軍令部系、艦隊派、あるいは強硬派)の二つの思想的な流れがあった。それが昭和八年から九年にかけて行なわれた、いわゆる大角人事によって、日本海軍の主流は、米内海相(昭和一二年二月～一四年八月)、五十六次官、井上軍務局長時代の一時期をのぞいて、対米敵視派(強硬派)にうつることになった。

第一委員会の構成員でもある高田利種、石川信吾、富岡定俊、大野竹二、柴勝男、藤井茂、小野田捨次郎らは、日本海軍を実質的に動かしている中堅エリートである。

ところが、いずれも親独論者＝対米強硬論者であり、そのなかの中心的人物といえば、政治に対して一歩距離を置くことを旨とする海軍軍人のなかにあって、「政治将校」の異名をとる石川信吾であった。海軍中央部より米内、山本、井上らが去ってからは、海軍首脳のなかで中堅層の強硬派に抗するだけの知力と胆力を持った人物は見当たらなくなった。

米内、山本、井上以外の海軍首脳たちは、いずれも凡庸で大勢順応主義者であった。

それに加えて、軍という強固な官僚制機構にあっては、政策担当者がいったん決定した政策を上層部の者が覆すということは容易ならざることであった。③

海軍内で、石川とともに対米強硬派の最右翼に属し、思想的共鳴者であった軍令部第三部（情報）長の前田稔少将は、四月に南方視察に赴いたが、後日、当時の部内の状況をつぎのように述懐している。

「南部仏印進駐は、対米英戦争生起の場合の準備であり、南方の戦略要点を先制的に占拠しようとするものであった。当時は日米海軍力の比率が、もっともわが方に有利なときであり、四、五年もするとその比率は一対七とか一対八とかになるということで、いまや戦争のチャンスであると考えた。……当時海軍側は戦争を賭しても南部仏印に進出するという気配が十分であった。私は第三部長として主戦論であり、戦争以外にはないと考えた。戦略資源の枯渇が大問題であった。第三部（情報）に慎重論はなかった。四、五月ごろから戦争気分が支配的となった。情報活動は四、五月ごろから全面的に拡大強化された。真珠湾攻撃のためのスパイ活動も然《しか》り。永野総長は万一の場合、戦争を辞さないという肚を着任当時（昭和一六年四月）から持っていた。途中で迷うということはなかった。永野総長は戦争は不可避と考えていたのである」④

ところで、この第一委員会報告書とはまったく対照的な意見書が、昭和一六年一月、及川海相の手もとに提出されていた。

執筆者は、日本海軍で随一のラディカル・リベラリストで知られている航空本部長の井上成美中将だった。

井上は、五十六および及川古志郎と豊田貞次郎の後継海軍航空本部長として、昭和一五年一〇月一日付で就任していた。

また井上は、加藤友三郎流の国防観を受け継ぐ日米不戦論者だった。軍務局第一課長時代に軍令部条例改正に反対し、また軍務局長時代には、米内、五十六とともに三国同盟阻止に身体を張って戦った人間だった。カミソリ的頭脳の持ち主で、合理的思考を信条としていたが、それゆえにつねに孤高な人間だった。

その井上は、昭和一六年一月、軍令部⑤計画の説明を受けるための海軍首脳会議が開催された際、「この計画は、明治、大正時代の軍備計画である！」と喝破し、居並ぶ海軍首脳の顔色をなからしめた。それから井上は、一週間ほど費やして「新軍備計画論」⑥と題する意見書を書き上げて、及川海相に提出した。

それによれば、（1）航空機の発達によって、これからの戦争では主力艦決戦は起こらない、（2）したがって戦艦と巡洋艦は犠牲にして、航空兵力を整備すべきである、としていた。

井上の考えとは、これまで日本海軍が考えてきたところの伝統的な戦略思想である速戦即決主義、および主力艦決戦主義を覆し、専守防御に立つというものであり、この内容を熟読するならば、それがとのっていないいまの日本海軍では、とうてい対米戦争に勝ち目はなく、したがって日米不戦の方針を堅持すべきだと説く非常なる卓見であった。

五十六と井上は、同じ戦略観に立っていた。けだし太平洋戦争の推移は、五十六や井上の予測どおりに推移したといってよい。

さて開戦劈頭における真珠湾奇襲作戦は、五十六独自の構想にもとづくものであった。

昭和一五年、ドイツ軍の春季大攻勢の熱に煽《あお》られて、海軍内には英、蘭、米可分論にもとづく南進論が台頭した。

このような雰囲気は、昭和一五年七月二五日に連絡会議で採択されたところの「世界の情勢に伴う時局処理要綱」に反映することになった。

しかしながら英蘭米可分論は、同年一一月下旬、五十六がみずから統裁して実施したところの対蘭図上演習によって、最終的に否定された。

五十六は、つぎのように対英米戦を批判していた。

「過日施行の対H〔蘭印〕作戦図演に関し、一一月三〇日〔図演終了せしも研究会は東京にては行なわず、一二月八日当集合地にて行ふ。二八日図演一先づ終了〕。総長殿下より2F長官〔第二艦隊司令長官古賀峯一中将〕と小生両人に対し、図演の所見を聴き度との御希望に依り、態《わざ》と2Fと長官とは別個に起案し、夫々言上せり。期せず両人の所見大略一致致候。

〔所見要旨〕

1、A〔アメリカ〕の戦備が余程後れ、又E〔イギリス〕の対独作戦が著しく不利にならざる限り、H〔蘭印〕作戦に着手すれば早期対A開戦必至となり、E亦追随し、結局H作戦半途に於て、対H、A、E数ヶ国作戦に発展するの算極めて大なる故、尠なくも其覚悟と充分なる戦備とを以てするに非ざれば、対南方作戦に着手すべからず。

2、右の如き情況を覚悟して尚ほ開戦の已むなしとすれば、寧ろ最初より対A作戦を決意し、比島攻略を先にし、以て作戦線の短縮作戦実施の確実を図るに如かず。H作戦は其資源獲得にあり。之を平和手段にて解決し得ざるは、A、EのBackあれば也。若しA、Eが到底立たずと見れば、Hは我要求に聴従する筈なり。故にH開戦已むなき情勢となるは、即ちA、E、H数ヶ国作戦となるべきは当然也。〔中略〕

而して海軍中央部課長以下の処にては、此の時流に乗り、今が南方作戦の仕時と豪語する輩もありと聴きしに依り、特に南方作戦の図演を軍令部に強要せしも、間に合わずとて渋り居るに付、小官統裁にて軍令部、大学校等を動員し実施せり。其目的は一六年度訓練中に南方作戦の場合の事を考慮し、種々折り込み演練するの要あること。此作戦に依り、物動方面、兵力方面に亙り不足の程度（即ち実現強要の程度）を如実に示現し、中央及艦隊幹部に真の認識を与へんとするにありたる次第に候」⑦

東京では、五十六が昭和一四年八月三〇日付で連合艦隊司令長官に就任してから丸二年になることから、時局緊迫のおり、霞ヶ関の海軍省にもどそうとする運動がはじめられていた。こうしたとき、物怖じせず肝が据わって八面六臂の働きができるのは、海軍には五十六しかいなかった。

昭和一六年一〇月、第三次近衛内閣が東条内閣に代わったころ、この運動はあるていど表面化したが、東条内閣で海相となった嶋田は自分の地位が脅かされるのを嫌って、「いま、連合艦隊の長官には山本以外に人がいない」の一点張りで、ついに承知しなかった。

通常このポストは、一年から二年で交替するのが一般的だったにもかかわらず、五十六は足かけ五年もの長きにわたって連合艦隊司令長官に座ることになった。

日本海軍の内部事情に詳しい武井大助（海軍主計中将、米国留学、ワシントン会議出張、昭和一三年～一八年まで海軍省経理局長）は戦後、「昭和一六年秋までに、もし山本の中央復帰が実現していたら、一二月の開戦は、少なくとも先に延ばされ、山本が腰抜けとか親英米とか言われて時を稼いでいるうちにドイツの頽勢がはっきりして来、日本が世界動乱に処して、おそらくもっと有利な道を辿り得ただろう」と述懐している。

しかし実際には、四月の編制換えの際、福留繁は、及川の求めどおり連合艦隊参謀長から軍令部第一部長に転出し、米内の現役復帰ではなく、伏見宮に代わって永野修身が就任したのだった。このため五十六が希望した戦争回避の秘策は、実現しなかった。⑧

五十六は嶋田海相宛の昭和一六年一〇月二六日付書簡のなかで、「艦隊担当者としては、到底尋常一様の作戦では見込み立たず、結局桶狭間とひよどり越と川中島とを併せて行ふの已むを得ざる羽目に追込まれる次第」⑨と覚悟せざるを得なかった。

五十六は、対米不戦という彼の信念と、軍人としての職責とのジレンマに苦しみながらも、運を天にまかせて真珠湾奇襲作戦を決行した。

五十六は、連合艦隊参謀長福留繁の中央転出について相談にやってきた中原義正人事局長に対して、「大臣は参戦すべからずという確乎たる意見を持ち、これを実現するため省部を固むとする意図なるや、或は現陣容にては何となく物足りぬからとの漫然たる意向に依るものなるや。此の点局長に何か伝言ありや如何？」と質した。

これに対して中原は、「国際情勢については種々ご心配の様なるも、如何なる程度まで堅き御決心なるや、別に伝言等はなかりき……」と言葉を濁《にご》した。

そこで五十六は及川海相に対して、つぎのように伝言することを中原に依頼した。

「対米関係が今日の如くなるは、昨年秋より分かりきったる事なり。しかし真剣なる軍備計画並びに之が実行上物動方面と照合し、この際海軍は踏み止るを要す。其為に省部に信頼するに足る幕僚を要すとの見地よりのご注文ならば、大臣の御意向は充分尊重すべきものと信じ居れり。

併し大勢は早やtoo lateにして結局行く処まで行く公算大なりと言ふ如き事なれば、連合艦隊長官としては最信頼する長官、参謀長等は、現在の儘にて極力実力の向上を図り、一戦の覚悟を固めさるへからず。今此両官を交代する事は、後の人々の力量等は別として、自分の精神上にも動揺なき能はす。又艦隊将兵の上にも好ましからざる影響は免れ難きにより現状の儘を望む」⑩

このように五十六は、三国軍事同盟にあくまで反対し、終始対米戦争に反対してきたものの、もし最悪の場合、日米開戦となったときには、劈頭にハワイにある米太平洋艦隊を叩き、機を窺《うかが》って和平へ持って行きたいと考えた。

それでは五十六は、いつごろからハワイ奇襲作戦を着想したのであろうか。

連合艦隊参謀長の福留繁によれば、昭和一五年春の艦隊訓練において、航空戦訓練が着々と成果をおさめ、とくに航空魚雷の成果が目覚しいことが確認された際、五十六が、「ハワイに航空攻撃は出来ないものだろうか……」とふと洩らしたことが、その最初だとしている。

日本本土から約三三〇〇浬《カイリ》の地点に位置するハワイを奇襲する作戦を構想した心境について、五十六は、先に述べた昭和一六年一〇月二四日付の嶋田海相宛書簡のなかで、つぎのようにその心境を語っていた。

「敵将キンメルの性格及最近米海軍の思想を観察するに、彼必ずしも漸進正攻法のみに依るものとは思はれず。而して我南方作戦中の皇国本位の防御力を顧念すれば、真に寒心に不堪もの有之、幸に南方作戦比較的有利に発展しつつありとも、万一敵機東京大阪を急襲し、一朝にして此両都府を焼尽せるが如き場合は、勿論左程の損害なしとする国論（衆愚の）は果たして海軍に何と言ふべきか、日露戦争を回想すれば想半ばに過ぐるものありと存じ候。聴く処に依れば、軍令部の一部に於いては、此劈頭の航空作戦の如きは、結局一支作戦に過ぎず、且成否半々の大賭博にして、之に航空作戦の如きは以ての外なりとの意見を有する由なるも、そもそも此支那作戦四年疲弊の余を受けて、米英支共同作戦に加ふるに対露をも考慮に入れ、欧独作戦の数倍の地域に亙り持久作戦を以て自立自営十数年の久しきに堪へん企図する所に非常の無理ある次第にして、之をも押切り敢行否大勢に押されて立上がざるを得ずとすれば、艦隊担当者とすれば到底尋常一様の作戦にては見込立たず」

これを見てもわかるように、五十六は来るべき日米戦争の様相を的確に見通していた。

日本にとって対米戦争はほとんど勝ち目のない戦であるからこそ、五十六としては、「桶狭間とひよどり越と川中島」⑪など、奇襲作戦を三つ重ねたほどの勝利が必要だと説いていた。

わかりやすく野球の試合にたとえれば、「逆転、満塁、サヨナラホームラン」が三試合連続して勝利するのと同じようなものであろうか。そうでなければ、日本は米国との戦には勝てないということなのである。

したがって五十六の作戦の基本は、積極的な守勢作戦を基調とし、あくまで一撃和平論を求めるものであった。

書簡の最後で、五十六はつぎのように締め括《くく》っている。

「以上は結局小生技倆不熟の為、安全蕩々たる正攻法順次作戦に自信なき窮余の策に過ぎざるを以て、他に適当の担当者有らば欣然退却躊躇せざる心境に御座候。尚ほ大局より考慮すれば、日米英衝突は避らるるものなれば之を避け、この際隠忍自戒臥薪嘗胆すべきは勿論なるも、夫れには非常の勇気と力とを要し、今日の事態迄追込まれたる日本が、果たして左様に転機し得べきか申すも畏き事ながら、唯残されたるは尊き聖断の一途のみと恐懼する次第に御座候」

この書簡でも明らかのように、五十六はもともと対米戦には勝ち目はないと思っており、ただ一つ残された手段としては、聖断によって参戦を食い止めようと考えていた。

当然のことながら五十六は、従来の日本海軍の伝統的な対米作戦に対して、強い疑問を持っていた。

昭和一六年一月七日付の及川古志郎海相宛書簡のなかで、ハワイ奇襲作戦について、つぎのように述べている。

「【軍備に関する意見】⑫

国際関係の確たる見透しは何人にも付き兼ぬる所なれども、海軍、殊に連合艦隊としては、対英米必戦を覚悟して戦備に訓練に将又作戦計画に真剣に邁進すべき時期に入れるは勿論なりとす。依て茲に小官の抱懐し居る信念を概述し、敢て高慮を煩わさんとす。（中略）

3、作戦方針―作戦方針に関する従来の研究は、是亦正々堂々たる邀撃大主作戦を対象とするものなり。而して累次図演等の示す結果を観るに、帝国海軍は未だ一回の大勝を得たることなく、此の儘推移すれば、恐らくぢり貧に陥るにあらずやと懸念せらるる情勢にて、演習中止となるを恒例とせり。事前戦否の決を採らんが為の資料としてはいざ知らず、苟も一旦開戦と決したる以上、此の如き経過は断じて之を避けざる可からず。日米戦争に於いて我の第一に遂行せざるべからざる要領は、開戦劈頭敵主力艦隊を猛撃破して、米国海軍及米国民をして救ふ可からざる程度に其の志気を沮喪せしむること是なり。此の如くにして初めて東亜の要障に占居して不敗の地歩を確保し、依って以て東亜共栄圏も建設維持し得べし」

真珠湾奇襲作戦に賭ける五十六の狙いは、非常に明確である。それは奇襲作戦によって米太平洋艦隊を完膚なきまでに叩いて、米国民の志気を消沈させ、以《も》って和平交渉の端緒を摑まんとするものであった。それが可能であるか否か、いまは問う暇はない。もし対米開戦が閣議で決まれば、連合艦隊司令長官としてぎりぎりのところ、この作戦でやってみるしかないと考えていた。残念ながら五十六としても、それ以上の見通しを持ちようもなく、みずからが修羅となって生命が果てるまで戦い抜かなければならないと考えていた。

「【作戦実施の要領左の如し】

(1)敵主力の大部真珠湾に在泊せる場合には、飛行部隊を以て之を徹底的に撃破し、且同港を閉塞す。

(2)敵主力真珠湾港以外に在泊する時も亦之に準ず。之が為に使用すべき兵力及其の任務。

(中略)

(3)敵主力、若し早期に布哇を出撃来航するが如き場合には、決戦部隊を挙て之を邀撃し、一挙に之を撃滅す。右の何れの場合を問わず、之が成功は容易にあらざるべきも、関係将兵上下一体、真に必死奉公の覚悟堅からば、冀くば成功を天佑に期し得べし。右は米主力部隊を対象とせる作戦にして、機先を制して菲島及新嘉坡方面の敵航空兵力を急襲撃滅するの方途は、布哇方面作戦と概ね日を同じくして決行せざるべからず。

万一布哇攻撃に於ける我損害の甚大なるを慮りて東方に対し守勢を採り、敵の来攻を待つが如きことあらんが、敵は一挙に帝国本土の急襲を行ひ、帝都其の他の大都市を焼尽するの作戦に出でざるを保し難く、若し一旦此の如き事態に立ち至らんか南方作戦に仮令成功を収むるとも、我海軍は輿論の激昂を浴び、延ては国民の士気の低下を如何とするも能はざるに至らんこと、火を観るよりも明らかなり。（日露戦争浦塩艦隊の太平洋半周に於ける国民の狼狽は如何なりしか。笑事にはなし）

小官は本布哇作戦の実施に方りては、航空艦隊司令官を拝命して、攻撃部隊を直率せしめられんことを切望するものなり。

爾後堂々の大作戦を指揮すべき大連合艦隊司令長官に至りては、自ら他に其人在りと確信するは、既に先に口頭を以て意見を開陳せる通なり。願わくは明断を以て人事の異動を決行せられ、小官をして専心最後の御奉公に邁進することを得しめられんことを」

昭和一六年一月下旬ごろ、五十六は、鹿屋第一一航空隊参謀長大西瀧治郎少将に対して、ハワイ奇襲作戦の具体的な研究を密かに依頼した。

二月はじめごろ、大西より第一航空艦隊航空参謀源田実中佐のもとに、「至急鹿屋に来訪されたい」との手紙がとどけられた。さっそく源田が大西を訪ねると、懐から五十六の手紙を取り出した。それには、つぎのように認められていた。

「国際情勢の推移によっては、あるいは日米開戦の已むなきに至るかもしれない。日米が干戈をとって相戦う場合、我方としては、何か余程思い切った戦法をとらなければ、勝ちを制する事は出来ない。それには開戦劈頭ハワイ方面にある米国艦隊の主力に対し、わが第一、第二航空戦隊飛行機隊の全力をもって痛撃を与え、当分の間米国艦隊の西太平洋進行を不可能ならしむるを要す。目標は戦艦群であり、攻撃は雷撃隊による片道攻撃とする」

源田は、従来の日本海軍の兵術思想を根本的に覆した五十六の思い切った奇襲作戦に、思わず息をのんだ。⑬

大西よりハワイ奇襲作戦の研究を依頼された源田は、ただちに有明海の加賀に帰り、機密保持のため彼の私室にこもって密かに研究した。そして三月上旬、大西のもとに攻撃計画案を提出した。

源田案によれば、攻撃の成果を徹底的なものとするため、片道攻撃ではなく往復攻撃とした。当時はまだ水兵爆撃の命中率は不充分であり、浅深度魚雷（真珠湾の水深は一二メートル）も早急に解決を望み得ない情況だったことから、艦上爆撃による急降下爆撃を用いることとし、攻撃目標を航空母艦、副目標を戦艦とすることにした。

参加兵力は、第一、第二航空戦隊とし、出発基地を一応、父島か厚岸とした。そしてこれらの空母部隊は密かにハワイ二〇〇浬（三七〇キロ）まで接近し、そこから攻撃隊を発進させることにした。⑭

奇襲において最も重要なのは機密保持であり、これについては源田も自信がなかったが、途中、商船などと出会う可能性の少ない北方航路をとることにした。

大西は源田の原案を叩き台にして、四月初旬、五十六に対してハワイ奇襲作戦案を提出した。

連合艦隊は、九月一一日から二〇日まで、日米開戦を主題にしての図上演習を行なった。図上演習はこれまでも恒例的に行なわれてきたが、今回はとくに、九月一六日、「ハワイ作戦特別図上演習」と題した特別研究会が行なわれた。

図上演習の実施日程は、つぎのとおりだった。

一二日（木）　〇九〇〇～一三〇〇　図上演習打ち合わせ
一三日（金）　〇八〇〇～一七〇〇　一般図上演習
一六日（火）　上記と同じ
一六日（火）　ハワイ作戦特別図上演習（別室）

一七日（水）　〇八〇〇〜午後、ハワイ作戦特別図上演習終了、青軍打ち合わせ（各艦隊長官萱下情況奏上、御陪食）

一八日（木）　各部隊図上演習研究会、一二三〇連合艦隊司令長官の図上演習関係者招待（水交社）、一三四五から各種打ち合わせ

二〇日（土）　〇九〇〇〜一七三〇　研究会⑮

さて九月一六日、軍令部総長統裁の作戦図演が終了したのち、連合艦隊司令部の希望によって、特別研究会が海大講堂の一室で行なわれた。

参加者は、連合艦隊、第一航空艦隊の各司令官、参謀長、首席参謀、航空参謀、軍令部から第一部長、第一課長、および同部員であった。室内入り口には歩哨が立ち、立ち入り者を厳しく制限し、機密が外に洩れないようにした。

この特別図演の作戦要領には、「開戦を一一月一六日と予定し、北方航路から真珠湾に近接し、米主力艦隊に対し奇襲をもって攻撃を決行する。途中ミッドウェー攻撃隊を分離して引き揚げ、航路掩護のため同島を攻撃する」⑯と記されていた。

特別図上演習は、参加者約三〇名が、青軍（日本）、赤軍（米軍）の二手に分かれて行なわれた。その結果、青軍は赤軍に対し、主力艦四隻撃沈、一隻大破、空母二隻撃沈、一隻大破、飛行機撃墜一八〇機、ほかに巡洋艦六隻を撃沈破し、一方青軍は、第一日にして、空母二隻撃沈、二隻小破、飛行機一二七機ていど損害をだすものと予想された。

しかし、この特別図演においては、日本海軍内でハワイ作戦が最終的に結論づけられたわけでなく、討議研究されるに止まった。

福富第一部長がこの模様を永野軍令部総長に報告したところ、永野は、「非常にきわどいやり方だね……」と述べ、にわかに賛成しかねる意向を示した。⑰

九月二四日、軍令部において、ハワイ奇襲作戦に関して真剣な研究が行なわれた。会議出席者は、福留第一部長、富岡（定俊）第一課長および第一部員、連合艦隊の宇垣（纏）参謀長、黒島（亀人）、佐々木（彰）両参謀、第一航空隊の草鹿（龍之介）参謀長、大石（保）、源田両参謀であった。

席上軍令部側は、（1）あまりにもリスクが大きいこと、（2）洋上作戦が困難であること、（3）機密保持が困難なこと、（4）逆に日本軍が米国側によって先制攻撃を受ける危険性があること、（5）日米交渉に累をおよぼす恐れがあることなどの理由から、ハワイ奇襲作戦について否定的な態度をとった。

最後に福留第一部長が、「中央としては諸般の関係上、できるだけ早く開戦することとしたい。一一月二〇日ごろを考えている。ハワイ作戦をやるかやらないかは中央で決める」と発言した。

これに対して連合艦隊首席参謀黒島亀人大佐は、会議終了の際、「軍議戦わずですよ……」⑱と言葉を洩らした。

この会議の報告を受けた五十六は、「だいたいお前たちは、ハワイ攻撃をやらないで、南方作戦ができると思っているのか。だれが会議などやってくれと頼んだのだ。戦は自分がやる。会議などやってもらわなくてもよろしい！」⑲と激怒した。

そのころ大型航空母艦翔鶴が就役し、九月一日、これに春日丸が加わって、第五航空戦隊が編成された。これに九月二五日には、さらに瑞鶴も編入されることになった。

ここに至って、南方作戦の航空兵力不足からハワイ奇襲作戦の採択を躊躇していた軍令部も、南方作戦に第五航空戦隊を充当し、ハワイ作戦に第一、第二航空戦隊を割り当てることが可能になったため、連合艦隊側が主張しているハワイ奇襲作戦を認めてもよいと考えるようになった。

一方このころ、第一航空艦隊参謀長草鹿龍之介少将と第十一航空艦隊参謀長大西瀧治郎少将は、ハワイ奇襲作戦を検討した結果、両者ともこの作戦の成功に強い疑いを持つようになった。

草鹿は、「国家の興亡をこの一戦に賭けるということは、あまりに投機的すぎる」と考え、大西もまた草鹿の説得を受けた結果、「日米戦では武力で相手を屈服させることは不可能である。城下の盟を結ばせ、ハドソン河で観艦式を行なうことができない情況で対米戦に突入する以上、当然、戦争の早期終結を考えねばならず、それにはある一点で妥協する必要がある。そのためには、フィリピンをやっても何処をやっても構わないが、ハワイ攻撃のようなアメリカを強く刺激する作戦はできるだけ避けるべきだ」と考えるようになった。

そこで草鹿と大西の二人は、一〇月三日、山口県室積沖の旗艦陸奥に五十六を訪ね、ハワイ作戦の中止を要望した。

これに対して五十六は、「僕がいくらブリッジや将棋が好きだからと言って、そう投機的、投機的と言うなよ」と、両者を軽くいなしながらも、二人が退艦する際、わざわざ舷門まで見送り、草鹿の肩を叩きながら、「草鹿君、君の言うことはよくわかった。しかし真珠湾攻撃は今日、最高指揮官たる私の信念である！　今後はどうか私の信念を実現することに全力を尽くしてくれ。そしてその計画は、全部君に一任する。なお南雲長官にも君からその旨伝えてくれ」と言った。

ここに至ってさすがの草鹿も、「今後、反対論は一切申し上げません。全力を尽くして長官のお考えの実現方に努力いたします！」と返答した。⑳

草鹿参謀長は、五日午前、有明湾に停泊していた第一航空艦隊旗艦の加賀に帰還し、南雲長官に五十六の決意を伝えるとともに、首席参謀の大石中佐と作戦参謀の源田中佐に対して、ハワイ作戦実行計画の完成を命じた。

連合艦隊司令部は麾下の艦隊が戦備をととのえて内海西部に集合していたため、一〇月九日から一三日まで室積沖在泊中の旗艦長門に各級指揮官を集めて、つぎの日程で図上演習を行なった。

一〇月九日　〇八三〇　各級指揮官、長門に参集。五十六訓示、祝盃、終わって一般図上演習

一〇日　〇九〇〇　一般図上演習
一一日　〇九〇〇　同じ
一二日　〇九〇〇　ハワイ作戦特別図上演習、次いで特別図上演習研究会
一三日　〇九〇〇　一般図上演習研究会
　　　　一六〇〇　司令官以上（艦隊首席参謀以上を含む）特別研究会

この研究会において五十六は、「異論もあろうが私が長官であるかぎり、ハワイ奇襲作戦はかならずやる！　やるかぎりは実施部隊の要望する航空母艦兵力の実現には全力を尽くす」㉑と重ねて言明した。

連合艦隊司令部は、長門における図演終了後、一〇月一五日に第一航空艦隊参謀長を上京させ、空母六隻使用案の採用と給油艦の手配について交渉させた。

しかし軍令部側は、南方作戦との兼ね合いから、空母六隻使用をなかなか承認しなかった。そこで一〇月一八日、連合艦隊司令部は、黒島連合艦隊主席参謀を上京させることにしたが、その際、五十六は、「ハワイ作戦を空母全力をもって実施する決心に変わりはない。自分は職を賭しても断行する決意であることを軍令部に伝えよ！」㉒と黒島に命じた。

五十六の強硬な要求に押された軍令部は、鳩首会議を開いた結果、ついに永野軍令部総長は、「山本にそれほどの自信があるならばやらせようではないか」㉓と述べ、空母六隻使用の断を下した。

歴史の皮肉と言うべきか、日米戦争に終始反対を唱えてきた五十六が、いままさに真珠湾攻撃の首謀者に立たされることになった。

五十六は、一〇月一一日付堀悌吉宛書簡において、自分の運命の皮肉さを、つぎのように述べている。

「出発の際は色々御迷惑をかけ多謝。大船より託送の貴翰も落手。
1、留守宅の件、適当に御指導を乞う。
2、大勢は既に最悪の場合に陥りたると認む。山梨さんではないが、之が天なり命なりとは情けない

次第なるも、今更誰が善いの悪いのと言った処で、始まらぬ話也。独使至尊憂社稷の現状に於いては、最後は聖断のみ残され居るも、夫れにしても今後の国内は六かしかるべし。

3、個人としての意見と正確に正反対の決意を固め、其の方向に一途邁進の外なき現在の立場は、誠に変なものなり。之も命といふものか。

4、年頭初頭より凡失により重大事故頻発にてやり切れず。御自愛」㉔

すでに九月六日、御前会議において、「帝国国策遂行要領」が採択され、「一〇月下旬を目途として戦争準備を完整す。……一〇月上旬頃に至るも尚我要求を貫徹し得る目途なき場合に於いては、直ちに対米（英蘭）開戦を決意す」旨が決定されていた。

一〇月一八日、近衛内閣に代わり東条内閣が成立した。

その東条内閣のもとで、一〇月二三日から一一月二日にかけて連日のように大本営政府連絡会議が開催され、国策の再検討が行なわれた。

そして一一月一日深夜（二日午前一時半）、最後まで日米交渉は続行するが、交渉打開が困難であれば、「武力発動の時機を一二月初頭と定め、陸海軍は作戦準備を完整す」ことを決定した。ここに日米開戦への具体的準備が、すすめられることになった。

さて、開戦第一日（X日）の決定は、対米交渉の成り行きとの兼ね合いから行なわなければならず、作戦担当者にとって非常に困難な問題だった。

統帥部において、真珠湾奇襲に最も適当な日時をもってX日が選考された結果、夜半より日の出まで月のある月齢二〇日付近の月夜で、さらに米太平洋艦隊が週末休養のため真珠湾に帰ってくるなどの理由から、「一二月八日、日曜日」と決まった。

一一月五日、永野軍令部総長は天皇より作戦計画の裁可を得て、つぎの「大海令第一号㉕」および「大海指第一号㉖」を発令した。

「〔大海令第一号〕昭和一六年一一月五日　山本連合艦隊司令長官に命令　軍令部総長　永野修身
1、帝国は自存自衛の為、一二月上旬、米国、英国及蘭国に対し開戦を予期し、諸般の作戦準備を完整するに決す。
2、連合艦隊司令長官は所要の作戦準備を実施すべし。
3、細項に関しては軍令部総長をして指示せしむ。
〔大海指第一号〕昭和一六年一一月五日
1、連合艦隊司令長官は、一二月上旬、米国、英国次いで蘭国に対し、開戦するを目途とし、適時所要部隊を作戦開始前の待機地点に進出せしむべし。（以下省略）」
一二月二日、すでに「大海令第一号」によって、所要部隊はそれぞれ準備地点に向けて内地を発航していたが、これを作戦開始地点まで進出せしめるため、「大海令第五号」が発令された。

「〔大海令第五号㉗〕昭和一六年一一月二一日
1、連合艦隊司令長官は作戦実施に必要なる部隊を、適時待機海面に向け進発せしむべし。
2、連合艦隊司令長官は、作戦準備行動中、米国、英国又は蘭国軍の挑戦を受けたる場合、自存自衛の為、武力を行使することを得。（以下省略）」
「〔大海指第五号㉘〕昭和一六年一二月二一日
1、連合艦隊司令長官は、日米交渉成立せば、作戦部隊を即時集結帰還せしむべし。
2、「大海令第五号」による武力行使は、米、英、蘭国海上兵力が我が領海付近に近接し、其の行動我を危殆ならしめると認められたる場合、或は領海外に於いて我を危殆ならしむる如き積極的行動を執りたる場合に限定す」
真珠湾奇襲の任務を帯びた機動部隊は、一一月二二日まで、択捉島単冠《ヒトカップ》湾に集合した。

さて一一月二三日、山口県徳山において、最後の陸海軍首脳陣の最後の打ち合わせが行なわれた。この会議ののち、五十六は海軍の指揮官全員を別室に集め、「もし対米交渉が成立したならば、一二月七日午前一時まで、本職より出動部隊に引き上げを命令する。命令を受領したらならば即時撤退帰来せよ」と訓示した。

これに対して数人の指揮官より、「我等はすでに敵中に飛び込んでいる。実際上これは実行不可能である」との意見があった。

これに対して五十六は、「一〇〇年兵を養うは国家の平和を守護せんためである。もしこの命令を受けて帰還不可能と信ずる指揮官は、只今より出動を禁ずる。即時辞表を提出せよ！」と厳命した。この五十六の所信を聞いて、一同は粛然となった。

一一月二六日、ワシントンにおいてハル・ノートが提示されたその日、機動部隊は密かに一路真珠湾に向けて出港した。

そして一二月一日、御前会議はついに開戦を決定した。ここに一二月二日、一七時三〇分、五十六は麾下の艦隊に対して、「新高山登れ一二〇八（X日を一二月八日とす）」の命令を発した。

「〔大海令第九号㉙〕昭和一六年一二月一日

1、帝国は一二月上旬を期し、米国、英国及び蘭国に対し開戦を決す。

2、連合艦隊司令長官は、在東洋敵艦隊及航空兵力を撃滅すると共に、敵艦隊東洋方面に来航せば、之を邀撃撃滅すべし。

3、連合艦隊司令長官は南方軍総司令官と協同して、速やかに東亜における米国、英国、次いで蘭国の主要根拠地を攻略し、南方領域を占領確保すべし。

4、連合艦隊司令長官は、必要に応じ支那方面艦隊の作戦に協力すべし。

5、前諸項に依る武力発動の時機は後令す。

6、細項については軍令部総長をして之を指示せしむ。」

「〔大海令第一二号㉚〕昭和一六年一二月二日　各司令長官に命令
　1、連合艦隊司令長官は、一二月八日午前零時以後大海令第九号に依り武力を発動すべし。
　2、支那方面艦隊司令長官、各鎮守府司令長官及各警備府司令長官は、連合艦隊の開戦第一撃の報を得次第、夫々大海令第十号及第十一号に依り武力発動すべし。
　3、蘭国に対しては米国及英国に次いで適宜武力を発動すべし。」

　一二月一日、五十六は海軍大臣の召電により、瀬戸内海の艦隊基地より極秘裡に上京した。

　翌一二月二日、海軍省に出頭の際、歌人でもある海軍省経理局長の武井大助中将に対して、「国を負いて　むかふきはみは千万の　軍なりとも言あけはせし」という一首の歌を示した。

　上京中の一二月二日の夜のこと、五十六は密かに親友の堀悌吉に会っていた。

　指定された場所に堀が行ってみると、五十六は畳の上に横になっていた。

「どうした？」

「とうとう決まったよ」

「そうか……」

「岡田さんなんかも、ずいぶん言ったそうだね」

「効果なし……万事休すか……」

「ウン万事休す。……もっとも、もし交渉が妥結を見るようなことになれば、出動部隊はすぐ引き返すだけの手筈はしてあるが……どうもね」

「それで拝謁はいつか」

「明日だ。明後日の朝、飛行機で出発する」

「送っていこう……」

「出発は大臣官邸からだよ」㉛

それから第二艦隊の処置に関してちょっと話したが、あとは沈黙の対座がつづいた。

その翌日の一二月三日、宮中に召された五十六は天皇より勅語を賜った。

この夜、五十六は何ヵ月ぶりで、青山の自宅に戻った。ところが、妻の礼子は折悪しく肋膜炎に罹《かか》り臥《ふせ》っていた。

子供たちがいつものように台所の隣の六畳で食事を摂《と》ろうとしていると、五十六は、「離れの部屋にお膳を運びなさい。今夜は向こうで食べるから……」と言いつけた。

礼子が伏せているその部屋は狭く、しかも室内のほとんどが布団で占められていた。しかし五十六は、「ここに用意しなさい！」といつにもない口調で言った。ふだんとは違う五十六の様子から、家族はハッとしたものを感じ取った。

卓袱台の中央に乗った小さな鯛には、だれも最後まで箸をつけようとしなかった。これが五十六が家族と一緒に摂った最後の夕餉になった。

いろいろな想念が駆けめぐり、寝付けないまま一夜を明かした長男の義正は、翌朝、学校に行くべく玄関脇の小部屋にいると、不意に五十六が入ってきた。

「行ってまいります！」と義正が挨拶をすると、五十六は「行って来なさい！」と短く答えた。

そのあと義正は黙したまま玄関を出た。一歩一歩足を運ぶ義正の後姿を、五十六の目はジッと追っていた。これが五十六と義正の最後の別れになった。

この日の夕方、五十六は、東大病院の看護婦長を辞めて洗足池畔に住んでいた姪の高野京子の家を訪ねた。京子は姪とは言っても、五十六にとっては姉のような存在だった。五十六としては、この京子に一目会って最後の別れをしたかった。㉜
五十六は茶の間の台子の前に座って室内を見回すと、「時間がないからこれで帰る……」とポツリと言った。

「まあ、お茶一杯ぐらいは……」と京子が引き止め、熱い番茶を差し出すと、「ああ美味かった……」と言うや、笑みを残して帰って行った。㉝

一二月三日、堀は海軍省に行き、海軍省書記官の榎本重治のところで、「明日、山本の出発を見送るのだ」などと話していると、隣室の澤本次官がやって来て、「山本さんが東京にいることは、極秘中の極秘で本省の部局長でも知らぬ人があるくらいです。……明日出発することなどだれから聞きましたか?」と訝《いぶか》しげに聞いた。

「本人から聞いた。そして近親者代表として見送ることにしてある」と言うと、澤本は大臣室に行って相談して戻って来て、「それでは明朝九時に官房に来てください。秘書官がご案内するから」と言った。

四日、堀が打ち合わせどおりに官房へ行くと、秘書官が大臣官邸に裏門から連れて行ってくれた。そこにはごく少数の省部の主要関係者が集まっていた。

この日の午前九時、海軍省の一室で、五十六はじめ、差遣された侍従武官、嶋田海相、永野軍令部総長らは、粛然として立ち並んだ。

恩賜のブドウ酒をそれぞれのグラスに注ぐと、嶋田海相が「山本長官の壮途を祝しまして!」との音頭で一同乾盃した。

ここで慌しく出陣の儀式が執り行なわれ、やがて閉ざされた官邸の正面玄関を瞬間的に開いて、連合艦隊出陣式は終了した。

その前に五十六は堀に対して、「飛行機は都合によって止めて、午後三時の特急で発つことになった」と囁《ささや》いた。そこで堀は、「それでは横浜駅でまた会おう……」と答えた。

堀は横浜方面の用事をすまして急いで駅に行き、入場券を買って午後三時二七分、プラットホームで五十六と面会した。

二人は別れ際に握手をして、堀が「ぢゃ元気で！」というと、五十六は「あいがとう……でももう俺は帰れんだろなあ……」と答えた。列車に乗り込み進行をはじめると静かに、「千代子（堀悌吉の夫人）さん、お大事に！」と言った。これが五十六と堀の最後の別れになった。㉞

30　戦術的勝利、戦略的失敗の真珠湾作戦

昭和一六年春ごろ、五十六は郷里長岡の友人の坂町栄一に対して、連合艦隊司令長官に米内光政を現役復帰させて迎えるか、あるいは古賀峯一もしくは嶋田繁太郎にこれを譲って、みずからは郷里に引退する意向を洩らしていた。

「私は海軍に奉職して三六年にもなった。一緒に兵学校に入った者は二〇〇余名だったのが、今現役に残ったのは、塩沢、吉田、嶋田と私の四人になってしまった。これまでご奉公ができたのは洵に天恩とも言うべきであって、あの玉蔵院（生家の屋敷）に住んで、父や先祖の書いた書物を読んで余生を過ごしたい」①

しかし、この五十六の願いは、かなえられることはなかった。

「国雖大好戦必亡、天下雖安忘戦必危」②（国大なりと雖も戦を好めば必ず亡び、天下安しと雖も戦を好めば必ず危し）。これは五十六が好んで揮毫した司馬法の一句であった。

ハワイ作戦の目的は、開戦劈頭、米艦隊主力を撃破して、南方作戦を実行する時間を稼ぐことにあった。

ところが、ハワイ作戦に関しては、第一に日本機動部隊の行動を秘匿できるかどうか、第二に真珠湾のように浅く狭隘な海面において、航空機から魚雷攻撃を行なうことができるか否かに関して、きわめて疑問視されていた。

武力発動日は、月齢（一九日）と曜日の関係から、一二月八日（米国は一二月七日で日曜日）とされた。

加賀をのぞく五隻の空母が同湾内に集結したのは、一一月二二日のことであった。加賀は佐世保で、長崎兵器製作所が突貫工事で完成した浅海面魚雷（浅沈度魚雷）一〇〇本を積み込んで一日遅れで到着した。

ところで浅海面魚雷とは、真珠湾のように浅い所で使用するため、特別に作られた魚雷のことであった。魚雷は飛行機から投下され水中に突入するといったん深く潜るが、これでは駛走《しそう》する前に海底に突き刺さってしまう。このため投下時の魚雷沈度を一二メートル以下にしなければならないことから考案された特別なものだった。

この魚雷は「九一式改二」と名称され、炸薬量二〇四キロ、雷速四二ノット、射程二キロ、燃料は石油だった。

一一月二三日、「機密機動部隊命令作第一号」（作戦関係の命令をしめす呼称）が発令された。この内容は、空襲第一撃をX日（開戦日）〇三三〇（日本時間、現地では午前八時）とし、空襲が終われば機動部隊はすみやかに敵より離脱して内地に帰ること、そして先遣部隊は敵の脱出に備えることなどであった。

機動部隊の行動については、長途の秘匿に万全を期すため北方航路とし、X－《マイナス》一日〇七〇〇ころから高速南下（おおむね二四ノット）を開始し、X日〇一〇〇敵泊地北二三〇マイル付近に進出して、全機発進させることにした。③

一一月二六日、日本の機動部隊は択捉島単冠湾を出撃し、一二月一日、機動部隊は航程の半分に達し、日付変更線を通過した。

一二月二日夜八時、「新高山登レ、一二〇八」、すなわちX日を一二月八日に定める旨の隠語電報が入電した。

一二月七日午前五時三〇分（ハワイ時間、日本時間では八日）、直前偵察のため利根と筑摩から各一機の零式艦上偵察機が射出された。

午前六時（ハワイ時間）、機動部隊はオアフ島北方一九〇海里に達し、第一次攻撃隊一八三機が出撃した。

七時三〇分、筑摩機から、「敵艦隊ハ真珠湾ニ在リ」との第一電が入った。七時四九分、淵田美津雄中佐は、全軍に突撃を下命する「ト連送」を打電し、七時五二分、「我奇襲ニ成功セリ」の略語である「トラ連送」を発信した。

七時五五分、攻撃の第一撃は、フォードとヒッカム両飛行場に向かった急降下爆撃隊が投じた。ホイラー飛行場にも、二五〇キロ爆弾を抱えた艦爆隊が殺到し、壊滅的な打撃をあたえた。

日本の雷撃隊は、フォード島に沿って碇泊する戦艦群に目標を定め、戦艦列の外側の艦に甚大な被害をあたえた。

さらに水平爆撃隊は、高度約三〇〇〇メートルから八〇〇キロ爆弾を投下した。この攻撃によって、米戦艦アリゾナの前部弾薬庫が爆発して沈没した。

制空隊は奇襲の成功を確認すると、飛行場を銃撃して廻った。

日本の第一次攻撃隊の未帰還機は、雷撃隊五、急降下爆撃隊一、制空隊三の、わずか九機にすぎなかった。

八時五五分、第二次攻撃隊は、「全軍突撃」を開始した。濛々と立ち込める黒煙と対空射撃の弾幕をかいくぐって、湾内の艦艇めがけて急降下爆撃した。

第二次攻撃隊の未帰還機は、急降下爆撃機一四、制空隊六の合計二〇機であった。

日本軍の戦果は、戦艦の撃沈が四、大破一、中破三、巡洋艦以下の撃破一二、航空機撃破二三一機、死傷者三七一四名にのぼった。これによって米太平洋艦隊は、事実上、戦艦八隻のすべてを失って壊滅した。

これに対して日本側の損害は航空機のみで、第一次攻撃に際して九機、第二次で二〇機の合計二九機を失っただけだった。

第一次攻撃隊が真珠湾上空に差し掛かっているころ、真珠湾外では、五隻の特殊潜航艇が米駆逐艦の爆雷攻撃を受けて苦戦していた。

先遣部隊の潜水艦伊一六、伊一八、伊二〇、伊二二、伊二四は、機動部隊の攻撃に先立って、ハワイ水域で隠密裏作戦配備につき、各潜水艦に一隻搭載されていた特殊潜航艇によって、機動部隊の攻撃開始後、湾内に潜入し攻撃するように命令されていた。

しかし、四隻は暗礁に行く手を阻まれたり、米駆逐艦による攻撃に遭ったりして、港外で挫折した。一隻だけが港内に潜入したが、攻撃の成功を確認することはできなかった。

生還の可能性のないこの作戦に殉じた岩佐直治大尉をはじめ、古野、横山の両中尉、広尾、酒巻の両少尉、佐々木、横山、上田、片山、稲垣の各兵曹の至純な行為は、日本の全将兵を感奮せずにおかなかった。

なお、酒巻は米軍の捕虜となったため、のちに「軍神」として名前が公表されなかった。④

一二月八日の真珠湾奇襲作戦の開始を、五十六は旗艦長門の作戦室で迎えていた。この日の五十六の様子について、連合艦隊渉外参謀・藤井茂はつぎのように記している。

「作戦室の四周の壁には、太平洋全域を示す大海図や、東南アジアの各海域を表わす海図等が張り巡らしてある。中央の大机の上にも海図が広げられ、側の小机の上には作戦命令綴や電報綴がキチンと置かれている。先ほどから司令長官山本五十六大将は、奥の方大机直前にして折椅子に深々と腰かけ、半眼を閉じながら塑像のように動かない。右側に並んで宇垣参謀長が眼鏡をかけて机上の海図を見つめている。先任参謀は大机に沿うて腰かけの姿勢ながら瞑目している。その外、電報綴を見ている者、緩やかに鉛筆を動かしている者、それぞれ無言。垂れ幕で仕切ってある次の幕僚事務室にも、二三の参謀が机に向かっている。無人のような静けさながら、大事を期待している各員の満身の気魄が室内一杯に満ち渡っているためか、凄まじいような緊張感が漲っている。先任参謀がソット小声で『もうそろそろ始まる頃だが……』と洩らしながら壁にかけてある小型の海軍用掛け時計を見上げたので、この場の緊張がほぐれて一瞬ざわめき始めた時、司令部付通信士が駆け込んできた。

若々しい声で『当直参謀【ト】連送です。飛行機突撃下命です！』と叫びながら受信紙を当直参謀に渡した。当直参謀は受け取りながら一同に『お聴きの通りです。発信時刻三時一九分』と報告する。長官は口を一文字に結んだ。眼は大きく見開いて当直参謀の方に大きく合点した。参謀長は未だ入口に立っていた通信士に向かって、『今のは、飛行機の電報を直接了解したのか？』と問い、『ハイ、そうです！』との答えに、『直接受信したとは、鮮やかなものだぞ！』と批評する」

その後、「奇襲成功！」電報をはじめとして、ひっきりなしにさまざまな通信が入ってきた。

真珠湾奇襲攻撃の成果は、戦艦二隻撃沈、同四隻大破、巡洋艦四隻大破など目覚しいものだったが、当時、同方面に在ると思われた敵の空母が一隻も在泊していなかったこと、したがって空母群が無傷であったことは、司令部に一抹の物足りなさを感じさせた。

そうこうしているうちに、サラトガの搭載機が着陸するという米側の電報を受信したので、空母軍も帰港中であることが予測された。

作戦参謀の三和義勇大佐が、「南雲部隊は今一回攻撃を再開したらいいんだがな……」と航空参謀の佐々木彰中佐に話しかけると、彼は首をかしげながら、「さあどうですか……」と生返事をした。すると、いままでほとんど沈黙を守っていた五十六は、独り言のように「南雲は帰るよ……」とポツンと洩らした。

この日、朝食が終わって一同が席を離れようとすると五十六は、「藤井参謀ちょっと……」と言って手招きした。

藤井が長官室に入ってみると、五十六は、「君はよくわかっていると思うが、最後通牒を手渡す時期と攻撃実施時刻との差を中央では三〇分詰めたとのことだが、外務省の方の手筈は大丈夫だろうね……。いままでの電報では攻撃部隊は間違いなくやっていると思う。しかし、どこの手違いであろうとも、この攻撃が騙し討ちになったとあっては、日本国軍に対する名誉の大問題だ。陛下に対し奉っても、国民に対しても申し訳ない。法に適い筋さえ通っておれば、それは立派な奇襲である。四周の情勢を察せず油断しているのは、その者の落ち度であろう。急ぐことはないが、気に止めて調査しておいてくれたまえ」⑤と言った。

五十六は、特殊潜航艇五隻、乗員一〇名の若い勇士たちを殺したことに心を痛めていた。

「たぐひなき　勲をたてし若人は　とはに帰らずわが胸いたむ。

ますらおの　ゆくとふ道をゆききはめ　わが若人らついにかへらず」

開戦にあたって、五十六がもっとも危惧していたことが現実のものとなった。五十六は、真珠湾奇襲攻撃直後から米国がラジオ放送で、さかんに「トレチャラス・アタック（騙し討ち）」という言葉を使って日本を非難していることを知った。

日本が「騙まし討ち」したとなれば、五十六が期待するような早期和平は難しくなる。したがって開戦通告問題は、五十六の早期和平論のうえからも重大問題だったのである。

真珠湾奇襲作戦によって生じた「騙し討ちを許すな！」と「真珠湾を忘れるな！」の声は、米国内に満ち満ち、米国世論は対日戦争に向かって一つにまとまった。

したがって、五十六の真珠湾奇襲にかける第一の目的である米国民の対日戦に対する意思の沮喪《そそう》は、この瞬間に霧消してしまったのである。

31　五十六の目論見を打ち砕いた開戦通告遅延問題

昭和一六年一二月一九日、当時、大磯に病臥中の原田熊雄に対して、「今に至りしもの、幸に天佑天皇の御上に在り。開戦当初の戦果概ね順当なるは幸運尚ほ皇国を護るが如く被感候。此際特に自粛自戒、奮励御奉公致度覚悟に御座候」と認めた書状を送っていた。

真珠湾攻撃から一〇日後の一二月一八日、五十六は長岡に住むただ一人の実姉の高橋加寿子に、この戦が長期に及ぶことを示唆したつぎの手紙を送っている。

「拝啓　お手紙ありがとうございました。降雪もこれありし年末寒冷の際幾重にも御大事に御願い致します。いよいよ戦は始まりましたが、どうせ何十年も続くでしやう。あせっても仕方有ません。世の中では空騒ぎをして、がやがやしているようですが、あれでは教育も修養も増産も余りうまく出来ぬでしやう。重大時局になればなるほど皆が持ち場を守ってシーンとしてコツコツやるのが真剣なので、人が軍艦を三隻や五隻沈めたとて、何も騒ぐに当らないと思います。勝つ時もあり、少々やられる時も有ります。

海軍はこれからだと覚悟して油断なくやるつもりですが、戦争の事ですから、今の今どうなるかわかりません。然し夫れは問題ではなく、唯々力一杯自分の仕事に御奉公するだけです。幸に丈夫で勤務して居りますから御安心下さい。此手紙は年の内には届くと思いますから、御歳暮の印に〇〇円封入しておきますから御使い下さい。どうぞ呉々も御大切に御願い致します」①

さて、日米開戦時に外務大臣だった東郷茂徳は、その著『時代の一面』のなかで、「対米通告手交遅延問題」に関して、「館員が、一二月七日午前（ワシントン時間）、海軍武官が大使館事務所を来訪して多数の電報が配達せられ居るのを発見して、注意を加えて、初めて処理にかかったというほど規律のない状態に置いたのか、不可解なことであった」と書いているが、上記文中の海軍武官とは、駐米日本海軍武官の実松譲中佐のことであった。

当日はたまたま日曜日であったが、実松がいつものように午前九時ごろ、大使館事務所の二階にあった海軍武官事務室に出勤してみると、大使館事務所の入り口のステップには、大使館と陸海両武官室の分厚い日曜の新聞が山積みされており、牛乳瓶も数本並んで置いてあった。さらに事務所の郵便受けには、前日の退庁後に配達されたものと見える、蓋ができないほどの電報が詰まっていた。

実松が郵便受けから取り出した電報のなかには、日本政府が一四部に分けて発電した「対米覚書」の一四部と、「午後一時通告」の訓令が入っていた。

実松は、急いで新聞と牛乳瓶を事務所内に運び、電報を陸海両武官室で仕分けして、大使館事務所に届けた。しかし当直員は居らず、まだだれも登庁していなかった。これはあとでわかったことであるが、当直の電信官は、日曜日のミサに出かけていたのだった。

やがて電信官が電報の翻訳に取り掛かり、書記官たちも出勤してきた。そうこうしているうちに、大使館内はてんやわんやの大騒動となった。

このへんの事情について、さらに詳述してみれば、つぎのようになる。

日本政府の「対米覚書電」の一三部については、その前日の一二月六日午後一一時（ワシントン時間）までに翻訳がし終わって書記官室に提出された。

しかし、肝心の書記官がいなかったため、同夜は電信課の翻訳の仕上げはもちろんのこと、その浄書にも取り掛かることができなかった。

前夜の夜更かしのため、いつもより遅く出勤した奥村勝蔵一等書記官（庶務担当）は、前夜に翻訳を終わっていた第一部から第一三部までを成文化し、それを浄書するためタイプライターのキーを懸命に叩きだした。

それまでに松平康東（条約担当）と、寺崎英成（プレス担当）の両書記官も登庁した。

午後零時半、電信課が七日午前に受けた第一四部の翻訳を終わって書記官室に届けたときには、奥村はまだ一三部までの浄書中であり、第一四部をふくむ対米覚書の全文を浄書し終わったのは午後一時五〇分であった。

その間、「午後一時通告」の訓電は、午前一一時に翻訳が終わっていた。このため、ただちに野村大使は、訓令されたハル国務長官との午後一時の会見の約束を取り付けた。

しかし、肝心の「対米覚書」のタイプが約束の時間まで完了しそうにはなかった。このため野村大使は、やきもきしながら本館の大使の部屋と事務所の書記官室を何度も往復せざるを得なかった。

そしてついに午後零時半には、会見を午後一時四五分まで延期するように申し込まざるを得なくなった。

やっとのことで浄書した覚書を持って、野村、来栖の両大使が国務省に到着したのは、午後一時五分のことであった。そして、しばらく控え室で待たされた両大使がハルと面会できたのは、二時二〇分であった。②

しかるに真珠湾攻撃は、その一時間前の午後一時二〇分（ハワイ時間午前七時五〇分）からすでに開始されていた。

両大使がハル長官室に入った五分後（ハワイ時間午前八時五五分）には、第二次攻撃隊指揮官の嶋崎重和少佐は、「全軍突撃せよ！」と下令した。

日本の対米覚書を読み終えるや、ハルは、「これほど恥知らずな、虚偽と歪曲に満ちた文書を見たことがない！」と激怒した。

これは戦後にわかったことであるが、米国側は当時の日本のすべての外交電報の解読に成功しており、日本側の対米最後通牒の内容を詳細に知っていた。したがってハルとしては、開戦の責任を日本に押し付けるべく、一世一代の大芝居を打ったのであった。

もともと日米不戦派の中心にいた五十六は、日本大使館の手抜かりによって、騙し討ちの張本人の汚名を着せられることになった。

ここに五十六の悲劇があった。

郷里長岡で五十六と親交のあった人のなかに、九歳年上の上松翁という人がいた。

その上松が、真珠湾作戦の成功を祝賀する手紙を出したところ、一二月二七日付で五十六からつぎのような返事があった。

「寝込みを襲うこの一撃などに成功したとて、賞めらるる程の事は無いと恐縮に候。唯々寝首をかかれし如き米将の不覚は、武人の恥辱たるべきは確と存候。英の自滅は無謀による過失にて言はば、清正公の槍先を餌と間違い飛び付きしこれも先方の不覚と存候。小敵を侮らざる事は、大敵を懼れざるよりも大切と感申候。併し米英とても今日迄の大を成せしもの用心堅固第一と心得、小心翼々奉公の覚悟に御座候。此大戦に所詮小生にも有言の凱旋など思も寄らぬ事と存居候へ共、万一再会の機ありとしても、アツキアオラ（「何といっても」の意味）何日だって矢つ張り高野のオジだがに」③

五十六としては、開戦通告遅延問題で味噌をつけた真珠湾奇襲攻撃成功を、手放しで喜ぶ気にはとてもなれなかったのである。

32　革命的な五十六の真珠湾奇襲作戦

五十六主導による真珠湾奇襲作戦で特筆されるべきは、それまでの日本海軍の用兵作戦を完全に覆しているところにある。

五十六の航空主兵の考え方は、それまでの日本海軍の用兵思想の基本にはなかったものであった。

五十六の強いリーダーシップのもと、空母六隻の集中使用によって、真珠湾奇襲作戦は成功裡に終わった。しかし、だからといってその後の日本海軍の作戦と用兵、そしてそれに基づく人事が、五十六の考えに基づいて行なわれたかといえば、そうではなかった。

真珠湾奇襲作戦の成功後も、日本海軍の作戦には、軍令部主導による艦隊決戦主義や迎撃作戦が根強く存在した。このため軍令部と五十六の率いる連合艦隊の間で、たびたび作戦や戦略面で、意見の齟齬《そご》や衝突が生じることになった。

日本海軍の人事の基本は、海兵の卒業年度と成績、いわゆるハンモック・ナンバーによって成っていた。このため米国海軍のように、機動作戦に長《た》けた指揮官が、年次を超えて抜擢されるということはなかった。

それでは、従来の軍令部の戦略思想とは、いかなるものであったのだろうか。

軍令部は、天皇に直属して、作戦、用兵を掌り、兵力量の決定を行なうところである。

太平洋戦争開始時の昭和一六年九月の軍令部（大本営海軍部）の首脳部と第一課（作戦）参謀の陣容は、つぎのようなものであった。

総長　大将　永野修身（海兵二八期）
次長　少将　伊藤整一（三九期、一〇月一五日中将）
第一部長　少将　福留繁（四〇期）
　第一課　課長　大佐　富岡定俊（四五期）
　部員（参謀）　中佐　神重徳（四八期）作戦、軍備一般
　　　　中佐　佐薙毅（五〇期）編制
　　　　中佐　山本祐二（五一期）対数ヵ国作戦、対支作戦、海上作戦
　　　　中佐　三代辰吉（のちに一就と改名、五一期）
　　　　中佐　内田成志（五二期）対米蘭作戦、対ソ作戦の一部

少佐　華頂博信（五三期）対英作戦

日本の国家戦略の基本方針は、「帝国国防方針」で示されていた。この「帝国国防方針」は、明治四二年に制定され、その後、大正七年、同一三年、昭和一一年の三回にわたって改定された。昭和一一年改定の「帝国国防方針」と「用兵綱領」には、つぎのように記されている。

「〔帝国国防方針〕①

（3）帝国の国防は帝国国防の本義に鑑み、我と衝突の可能性大にして、且強大なる国力、殊に武備を有する米国、露国（ソヴィエト連邦を示す）を目標とし、併せて支那（中華民国を示す）、英国に備ふ。之が為帝国の国防に要する兵力は、東亜大陸並びに西太平洋を制し、帝国国防の方針に基く要求を充足し得るものなるを要す。

（4）帝国軍の戦時に於ける国防所要兵力左の如し。

陸軍兵力―五〇個師団及航空一四二中隊

海軍兵力―艦艇　主力艦一二隻、航空母艦一二隻、巡洋艦二八隻、水雷戦隊六隊（駆逐艦九六隻）、戦水戦隊若干（潜水艦七〇隻）

航空兵力―六五隊」

「〔用兵綱領〕

（1）帝国軍の作戦は国防方針に基き、陸海軍共同して先制の利を占め攻勢を取り、速戦即決を図るを以て本領とす。

（2）米国を敵とする場合に於ける作戦は、左の要領に従ふ。

東洋にある敵を撃滅し、その活動の根拠を覆し、且本国方面より来航する敵艦隊の主力を撃滅するを以て初期の目的とす。之が為海軍は、作戦初頭、速やかに東洋に在る敵艦隊を撃滅して東洋方面を制圧すると共に、陸軍と共同してルソン島及其の付近の要地、グアム島に在る敵の海軍根拠地を攻略し、敵艦隊の主力東洋海面に来航するに及び、機を見て之を撃滅す」

太平洋戦争終戦時に連合艦隊の参謀だった千早正隆氏は、「連合艦隊・その八〇年を想う」（『歴史と人物〔1〕』一九九三年一月）のなかで、日本海軍の戦略思想の誤謬《ごびゅう》について、（1）仮想敵国の概念が曖昧だったこと、および（2）大艦巨砲主義にとらわれて艦隊決戦主義から脱却できなかったこと、を挙げている。②

このことをもう少し具体的に説明すれば、（1）の日本海軍の仮想敵国の概念の曖昧さとは、つぎのようなものである。

すなわち日本海軍の仮想敵国とは、佐藤鉄太郎の『帝国国防史論』に記載されているように、「其の国の親疎に論なく、関係諸国を挙げて普く想定敵国と見做し、其の最大勢力を以て我に対し得べき一国を取り、仮に想定敵国中の目標とする」というものであった。

したがって、わが国の仮想敵国は、正しくは「想定標準国」とでも呼ばれるべきものであった。

日本陸軍の場合は、眼前に迫りつつあった具体的国家であるロシアを仮想敵国としていたのに対して、海軍の場合は「想定標準国」として、米国に敵性を付与して、仮想敵国の地位まで引き上げられたものであった。

日露戦争後の明治四〇（一九〇七）年に制定された日本海軍の観念的仮想敵国観は、その後さほど検討されることもなく、結局、太平洋戦争に至るまで強く影響をおよぼすことになった。

（2）の大艦巨砲主義と艦隊決戦主義については、たとえば「海戦要務令」には、「決戦は戦闘の本領なり。故に戦闘は常に決戦に依るべし。会戦に当り直ちに決戦に移るを不利とする場合においても、尚克く主動的に行動し、敵をして我に随動せしめ、以て有利なる決戦時機を作為するを要す」と記されていた。③

このため来航する米艦隊を、途中で迎撃しながらその勢力を削減し、日本近海に入ってから決戦を求めてこれを撃滅するという「艦隊決戦主義」は、日本海軍の基本的兵術思想となった。

この艦隊決戦主義に立脚するならば、彼我の戦艦の戦闘能力の比較にすべての関心が集まるのは、けだし当然の事である。

千早氏によれば、わが作戦担当者の勝算の基礎には、日米建艦に関するつぎのような読みがあったとしている。

「日本海軍は、海軍軍縮条約から脱退して自主的な軍事軍備を進めることを決意した。そして昭和九年末に日本は、海軍軍縮条約の期限切れとなる昭和一二年から無条約時代に入ることを関係国に通告した。それから以後は、海軍軍縮条約に縛られず、自主的に自由な建艦をするということであった。海軍軍縮条約に拘束されずに、海軍軍備を拡充する最大の目玉は、大和型戦艦四隻の建造と南洋諸島の拠点を基地として作戦する陸上攻撃隊の充実であった。

大和型戦艦の計画がスタートしたのは、昭和九年一〇月のことである。その基本思想は、アメリカがまだ計画していないと思われる四六センチ砲八門以上を搭載し、パナマ運河を通過できないものとする。アメリカが日本の大和型戦艦の計画に気づいて、それに対抗する艦を建造しても、約五年は必要とするであろう。それまでの間は、日本は戦艦に関するかぎり、絶対の優位を保つことが可能になる」④

このように日本海軍の作戦担当者（軍令部）としては、対米作戦に関して全面的な勝利を得ることは難しいものの、負けはしない程度の勝算を持っていたのである。

もちろんこうした軍令部の考え方を、強く批判する海軍軍人は、少数ながら存在した。その一人が五十六であり、井上成美だった。

昭和一四年一〇月に海軍省軍務局長を辞め、翌一五年一〇月、航空本部長に就任した井上成美（海軍中将）は、昭和一六年一月、軍令部の計画（第五次海軍軍備充実計画）の説明を聞くため海軍首脳会議が開催された席上において、日米不戦の立場から、「この計画は、明治、大正時代の軍備計画である。……アメリカの軍備に追従して各種の艦艇をその何割かに持って行くだけの、まことに月並みの計画で、……どんな戦は何で勝つのか、それが何程必要なのかといったような説明もなければ計画も現われていない。……軍令部はこの案を引っ込めて、篤とご研究になったらよいと思います」⑤と鋭く批判した。

海軍首脳全員が顔を揃えた席上で、真正面から直言できる人物はラディカル・リベラリストの異名をとる井上くらいしかいなかったと思うが、井上の批判は、五十六の軍令部批判と軌を一にするものであった。

作戦のスペシャリスト集団である軍令部が、旧来の用兵を墨守し、五十六や井上のような軍政畑の人間に非常な革新性が見られるというのは、興味深いものがある。

さらに井上は、軍令部の体質を厳しく糾弾した。

「軍令部というのはね、海軍の象牙の塔ですよ。自分たちがエリートで、あとの有象無象は田舎侍だ、です。……軍令部は毎年作戦計画というものを出します。そうして陛下に御覧を願う。結論として『現在の軍備で国防は安全でございます』と、そんな無責任な文句で結ぶのが慣例となってしまいました。私はそんなことは言わんほうがいいと思う。『刻下の国防は、これでは不安があります。しかしながら日本の国から見て、これ以上も軍備をする方が無理でしょう。したがってそういう強国との関係は、外交で以て諍《いさか》いを起こさせないようにして行くのが日本の生きる道じゃないかと思います』とそのぐらいのことを陛下に申し上げたらいいんじゃないかと思うが、軍令部は『国防は安全です』という。どう安全だと聞きたくなります。だから軍令部にいる連中は、さっぱり進歩しない」⑥

読者諸氏は、この井上の考え方が、ワシントン海軍軍縮会議の際の全権だった加藤友三郎の考え方と驚くほど似ていることに気がつかれたはずである。

その後、井上は、一週間ほど費やして、「新軍備計画論」と題する建策書を書き上げ、昭和一六年一月三〇日付で、及川海相に提出した。

井上の「新軍備計画案」は、日本海軍の伝統的戦略思想である速戦即決主義、主力艦決戦主義を覆すものであり、航空系力が充分にととのっていない日本海軍としては、当然、不可能と結論づけられてしかるべきものであった。

しかし、この井上の卓見は、海軍首脳から完全に黙殺された。

太平洋戦争開戦のわずか一ヵ月前の昭和一六年一一月三日、軍令部は、「対米、英、蘭戦争帝国海軍作戦計画」を作成した。

それによれば、作戦初期に攻略または占領する地区としては、フィリピン、グアム、香港、英領マレー、蘭領インドネシア、ビスマルク群島、ビルマとなっていた。

ハワイ作戦については、「開戦劈頭、機動部隊を以てハワイ所在の敵艦隊を奇襲し、その勢力を減殺するに務む」となっていた。

海上交通保護については、(1)日本海、黄海、東シナ海、ジャワ海、セレベス海などの海上交通は確保す、(2)南洋諸島方面、フィリピン東方海面、オホーツク海の海上交通は極力確保するに努むとしていた。

このように昭和一六年度の作戦計画にくらべると、保護区域が大幅に拡大されていたにもかかわらず、その海上交通保護にあたる部隊はほとんどいなかった。⑦

33 第一段作戦(攻勢作戦)―ハワイ奇襲作戦と軍令部

連合艦隊司令長官である五十六の存在は、日本海軍内にあっては対米不戦派の最後の砦であった。

昭和一五年春、ドイツ軍の春季大攻勢の熱に煽《あお》られて、日本海軍部内に、英・米・蘭可分論に基く南進論が台頭した。これは、七月二五日、大本営政府連絡会議で決定された「世界の情勢に伴う時局処理要綱」に反映することになった。

しかしながらこの英米蘭可分論は、同年一一月下旬、五十六みずから統裁して実施した対蘭図上演習によって最終的に否定された。

昭和一五年一一月、軍令部第一（作戦）課長に就任した富岡定俊大佐によれば、当時の軍令部の情勢判断は、つぎのようなものであったとしている。

「昭和一五年夏以来、時局の緊迫に伴い、軍令部は年度作戦計画の他に、南方要域攻略を含む対米英蘭同時作戦生起の場合を考慮した作戦計画の基礎研究に着手していた。当時はドイツ軍の進攻により英本国が崩壊する場合、これに伴ってわが国が南方に進攻するのに備えた研究であった。

昭和一六年度作戦計画では、対米、英、各一国を相手とする作戦のものを、昭和一六年三月までに概成し、允裁を経て六月頃策定されたが、まだ数ヵ国に対する同時作戦のものは立案に着手していなかった」①

軍令部第一部は、昭和一六年六月、米英蘭に対する同時作戦計画の立案を開始したが、その作戦構想の基調は、従来の対米一国作戦の年度計画に南方資源要域の攻略作戦を加えたものであった。

独ソ開戦直前、連合艦隊から佐々木（彰）参謀、第一航空隊から大石（保）首席参謀、源田（実）航空参謀が軍令部に出頭し、神、佐薙、三代部員などと協議し、ハワイ奇襲作戦の採用を強く要求した。

その後、軍令部第一部において、ハワイ作戦が検討された結果、八月上旬に至って、あまりにも冒険的すぎるとの理由から、軍令部としては採用しないことにした。

六月下旬ごろ、連合艦隊司令部の黒島（亀人）首席参謀が軍令部に出頭し、さらに八月七日、黒島は有馬参謀をともなって再度出頭して、作戦計画について説明した。

その際、黒島が軍令部に対して、対米英蘭作戦計画案の内示をもとめたところ、依然としてハワイ作戦が織り込まれていなかったため、その採用方を強く申し入れた。このため黒島と富岡の両者は、大激論を戦わすことになった。

連合艦隊では、九月一一日から二〇日まで、日米開戦を主題にした図上演習を行なった。図上演習は例年行なわれていたが、今回はとくに九月一六日、「ハワイ作戦特別図上演習」の特別研究会が開催された。

福留(繁)第一部長が、会議の模様を永野軍令部総長に報告したところ、永野は「非常にきわどいやり方だね」との感想を述べて、にわかには賛成しかねる態度を示したが、その後の経緯についてはすでに詳述しているので、ここでは繰り返さない。

このへんの状況について、富岡はつぎのように回想している。

「一六年九月の御前会議の結果、『重大な決意』を固めなければならなくなって、私たちは改めて新しい問題にぶつかった。開戦の場合、真珠湾に行くべきか、南方にすべきか、ということである。もともと伝統的な海軍の戦略思想は内南洋を固めることにあって、それから南の方はどうするかは、はっきり決まっていなかった。②

日本は戦略上石油に困るので、その地点を押さえなければ戦争はできない。それでフィリピン、ボルネオ、ジャワまで食い込もうと考えられたが、ジャワまで行けば、片付くものとされていた。マレーについては、とくに決まっていなかった。

況《いわん》やハワイ、米本土までも行こうなどということは、まったく問題にもされていない。ともかく力を結集して、敵の海上兵力を潰してしまえば、敵の二の矢はなかなか繋げないだろうというものだった。それというのも内南洋を固めて、そこで米艦隊を迎え撃つのが、根本思想だったからである。最悪の場合、マーシャル群島あたりまで食い込まれても、南方作戦(油田、鉄鉱地域)がうまく行けばいいじゃないかという考え方を持っていた」

ともかくも五十六の主導によって、真珠湾奇襲作戦は成功した。

しかし、同港に停泊していた米太平洋艦隊の主力戦艦は壊滅したものの、作戦展開中だった空母群は無傷のまま残ることになった。このため米海軍は、その後の作戦を戦艦から空母に切り換えざるを得なかったのに対して、日本海軍では、その切り換えができなかった。

戦艦を主とするか、それとも空母を主とするか、迎撃作戦なのか攻勢作戦に撃って出るべきか、一撃和平論なのか長期持久戦に持ち込むべきなのか、最終的に米英との和平の糸口をどのようにして掴《つか》むのかなどについて、日本海軍部内の意見はなかなかまとまらなかった。

人事の混乱も依然としてつづいていた。機動艦隊の用兵に精通した指揮官を登用すべきだったのに、艦隊決戦を信奉する指揮官を登用したりする人事上のミスが、最後までつづくことになった。

34 南方進攻作戦とマレー沖海戦

南方進攻作戦は三期に分かれていた。

第一期は、開戦からフィリピン攻略の陸軍主力が上陸を完了するまで、第二期は、マレー攻略の陸軍主力が上陸を完了するまで、第三期は、蘭印攻略作戦が一段落するまで、となっていた。

第一段作戦で、南方軍と協力して南方攻略作戦にあたる海軍兵力は、近藤信竹司令長官が指揮する南方部隊で、同部隊にあたえられた作戦は、つぎのようなものであった。
(1)マレーおよびフィリピンに対して同時に作戦を開始して、敵の航空兵力と艦隊への先制反復攻撃によって、陸軍の上陸作戦を支援すること。
(2)すみやかに、セレベス、蘭領ボルネオ、南部スマトラ、モルッカ諸島、チモール島の要地を占領して、航空基地を整備すること。

（3）航空基地の整備次第、逐次航空部隊を推進して、ジャワ方面の敵航空兵力を制圧して、陸軍攻略部隊の主力をジャワに上陸させ、同島を攻略すること。

マレー作戦は、南方攻略作戦の重点作戦であったが、その成否はシンガポールを根拠とするイギリス艦隊の動向にかかっていた。

マレー沖海戦は、日本の第二五軍がマレー上陸作戦を開始した直後、英国東洋艦隊主力がこれを阻止しようと出撃したために起こったものである。

一二月八日午後、第二二航空隊の偵察によって、シンガポール湾内に戦艦二、巡洋艦二、駆逐艦四の存在が確認され、この戦艦が、プリンス・オブ・ウェールズとレパルスであると判断された。

プリンス・オブ・ウェールズは、基準排水量三万六七二七トンの英国が誇る最新鋭戦艦であり、当時これと対等に渡り合えるのは、日本側では長門と陸奥のみと見られていた。

一二月九日午後三時一五分、警戒配備にあった伊六五潜水艦から、「敵レパルス型戦艦二隻見ユ」の第一報が入った。

たまたま上陸地点にいた輸送船団は、全速力でシャム湾に退避するとともに、上陸地点からカムラン湾に引き揚げ中のマレー部隊（南遣艦隊司令長官小沢治三郎中将）は、反転して発見地点へ向かった。

一〇日午前六時二五分、サイゴンにあった第二二航空戦隊指揮官松永貞市少将は、索敵機九機を発進させた。

つづいて元山空・陸攻二七機が、午前七時五五分にサイゴン基地を、鹿屋空・陸攻二六機が、午前八時一四分にツドウム基地を、最後に美幌空・陸攻三三機が、午前八時二〇分にツドウム基地を発進した。

潜水艦伊五八の報告によれば、英艦隊は針路一八〇度二二ノットで南下中であり、ただちに発見できるものと予想された。

ところが伊五八が、午前二時四五分に発信した「敵針二四〇度」（クワンタンに向かう）の重要電報は、中継不良のため、第二二航空隊には届かなかった。このため英艦隊発見に手間取ったが、早期に発進した索敵機が、午前一一時四五分に発見し、接触を開始した。

この報告は、ただちに司令部から各攻撃部隊に転電された。

これ報せを受けた第二二航空戦隊は、全力をあげて攻撃にかかった。

五一機の電撃機、二五機の爆撃機、九機の偵察機の合計八五機の攻撃隊は、午後一二時四五分から逐次現場に到着して、あいついで爆撃と雷撃を強行した。①
旗艦の作戦室において五十六は、「三和参謀どうだい、俺はレナウンはやるが、キング・ジョージ五世はまあ大破かなと思うが……」と言葉をかけると、航空参謀の佐々木中佐は躍起となって、「いや長官。そんなことはありません。両方ともきっとやります！」と口を挟んできた。

「よし、そんなら賭けようか！」

「願ったり叶ったりです。その代わり長官が負けでしたらビール一〇ダース、私が負けたら一ダース。いいですか⁉」

正午すぎからはじまった戦闘で、午後二時三分にレパルスが沈没した。しかし、もう一隻の状況がわからず、幕僚一同は大いに気を揉《も》んだ。

二時間以上もすぎた午後二時五〇分のこと、電信室にいる暗号長の声が、伝声管から伝わってきた。

「またも戦艦一隻沈没！」

佐々木参謀は勇躍一番、「長官、さあ一〇ダースいただきますよ！」と言うと、五十六は、「ああ、一〇ダースでも五〇ダースでも出すよ。副官、よろしくやっておいてくれ！」と顔をほころばした。

マレー沖海戦の結果は、世界中に衝撃をもって伝えられた。

時の英首相ウェンストン・チャーチルは、『第二次大戦回顧録』のなかで、つぎのように書いている。

「このニュースが持つ意味の恐ろしさが痛いほどわかっていた。カルフォルニアに急いで帰りつつあった真珠湾で生き残ったものを除いては、インド洋にも太平洋にも、英米の主力艦は一隻も無くなっていた。これらの広々とした水域で日本艦隊は最強であり、われわれはそのいたるところで弱く、裸同然であった」②

太平洋戦争開戦の冒頭、真珠湾で日本の機動部隊が独力で米艦隊の主力を撃沈破したにもかかわらず、日本海軍内の大艦巨砲主義者たちは、「あれは敵戦艦が停泊中だったからで、戦闘準備をととのえて高速で航行中戦艦ではそうは行かない」などと言っていた。

しかしながら、このマレー沖海戦では、日本の基地航空隊が、単独で、当時最強といわれていた不沈艦プリンス・オブ・ウェールズと巡洋戦艦レパルスを一撃のもとに沈めてしまったのだった。

航行中の戦艦を、航空機だけで撃沈したのは、世界海戦史上はじめてのことであった。

日本はハワイ作戦と、これにつづくマレー沖海戦によって、西太平洋およびマレー海域の制海権を完全に手中におさめた。

35　第二段作戦—五十六の焦り

昭和一七年一月六日、天皇と杉山（元）参謀総長は、つぎのような問答を交わしていた。

天皇—南方作戦は既定計画より相当進度が早いようだが、計画を修正する必要はないのか？

杉山—第一期作戦終了せば、爾後機を失せず、海軍作戦を主として、米豪遮断作戦並びに印度洋作戦など、かねて申し上げましたる戦争終末促進の腹案に準拠する作戦につき、目下検討中であります。

北方ソ連に対しては、独伊の作戦により安固を図り、機会があれば、外交的に独ソ和平に導き、作戦、外交、謀略面から総合的に具体的な検討を加え、その基本方針を確立致したいと考えております。

天皇―よろしい。それはすみやかにやれ！①
昭和一七年二月五日、シンガポールが陥落し、三月中旬にはジャワ・スマトラ方面の占領がおおよそ終了した。

第一段作戦があまりにも順調にすすんだため、海軍部内に楽観論が蔓延した。

しかし、連合艦隊司令部参謀の藤井茂大佐は、このころ五十六の顔にときおり焦慮の表情が表われるようになったことを見逃さなかった。

この五十六の焦りとは、和平への糸口がなかなかつかめないというところにあった。

藤井はそのメモに、つぎのように認めた。

「戦局はあまりにも順調に経過した。支那事変四年有余、泥沼にはまったような戦争に、神経疲れした。お互いに日本国民は、今度の乾坤一擲の大戦争をも、同じような安易さで迎えるのではないだろうか。ことに勝ち過ぎたと思えるほど順風満帆である。しかし本質はそんなものではあるまい。

さすがに山本長官と思う。早くも大勢を洞察して、打つべき手が打たれていないもどかしさを時折洩らされる。平静の静けさに似合わない焦慮の色が濃い。少し変だ。無理もないかも知れぬ。今でもその卓見の故に、軍政上もまた広く国策運営の上でも腕に自信を持った人だ。かつては日本の国際孤立を不可なりとする見通しの故に、三国同盟反対の元凶と罵られ、身辺の危険さえ起こったという人だ。米国に在勤し、つぶさに米国の政治産業力まで研究し、国内産業については、航空本部に在る頃、民間航空産業の実体を通じて大勢を摑んできた人である。

言うべきことの余りにも多く、しかし言ってはならない厳しい現実の立場である。すなわち作戦部隊の指揮官としては、別に任務と立場があるのだとはいえ、当然打つべき手が打たれないということは、戦争に負けることだ。居ても立ってもおられないという気持ちだろうか。先の見え過ぎる人の味わう人しれぬ悩みならんか」②

在ワシントンの日本大使館の大失態による開戦通告の遅延は、米国民をして、「騙まし討ちを許すな！」「真珠湾を忘れるな！」の大合唱を和することになってしまった。

日本がファースト・ショット（第一撃）を撃ったことによって、米国としては容易に裏木戸から対独参戦に突入することができた。こうなれば戦争が長期化することは確実である。しかし、和平の糸口はまったく見つからない。このように考えれば、五十六の顔に憂愁の色が出てくるのも無理はなかった。

昭和一七年四月、海軍省経理局長の武井大助中将が呉に出張した際、五十六は『述誌』と書いた二通の遺書を武井に託し、これを海軍省次官室の金庫に保管するように依頼した。同時に、親友の堀悌吉宛の手紙も託していた。

「前略　武井歌の守、呉まで来ながら風邪にて来隊せず残念。同氏に頼んで次官室金庫に入れたものの内容はなんでもないが、一つは昭和一六年一月七日認めたもので布哇作戦と連合艦隊長官更迭の事を及川氏に話して置いたのを覚書の様にして書いたもの。

一つは昭和一四年五月憲兵につけられた時に書いたもの。

一つは昭和一六年一二月八日認めたごく簡単のもの（家庭の事など何もない）。

一つは金若干封入のもの。

右の一の袋に入れ必要の場合堀中将に交付の事を依頼しあり（下略）。

4月4日　山本五十六

堀兄」③

これに関して堀悌吉は、五十六の死後、つぎの『備忘』を記した。

「昭和一七年四月、武井経理局長呉出張の際託されて帰京し、次官金庫に入れありしものを、昭和一八年五月一八日沢本海軍次官より手交を受く。内容左の如し。

1、金千六百円也。
2、述志、昭和一四年五月三一日。
一死君に報ずるは素より武人の本懐のみ云々。
3、述志、昭和一六年一二月八日、
此度大召を奉じて堂々の出陣なれば、生死共に超然たることは難かるべし。ただ此戦は未曾有の大戦にして、いろいろ曲折もあるべく、名を惜み、己を潔くせむの私心ありては、とても此大任は成し遂げ得まじとよくよく覚悟せり。されば『大君の御楯とたゝに思ふ身は　名をも命も惜しまさらなむ』
昭和一六年一二月八日
右の内金円は礼子夫人に渡し、他は再び厳封の上、次官室金庫に保管を乞ふ」④
この遺書に見られるごとく、五十六としては真珠湾奇襲作戦の指揮官として生きて帰ることはないものと覚悟していたのである。
日米不戦を強く願いながらも、最高指揮官として陣頭に立って戦わざるを得なかった五十六の立場は非情であり、哀れでもあった。

36　珊瑚海海戦

昭和一七年三月、蘭印攻略が終わった時点で、陸海軍間で第二段作戦の調整はついていなかった。戦前の総合作戦計画は蘭印作戦までであり、それ以後の作戦については、第一段作戦の経過を見て決めることにしていた。

日本海軍は、ハワイ作戦の成功をはじめとする緒戦の大戦果に立って積極作戦による短期決戦を主張し、ハワイ攻略、豪州攻略、セイロン島攻略をふくむ太平洋・インド洋にわたる決戦を検討しはじめた。これに対して陸軍は、そうした作戦計画は戦争指導の根本を揺るがすものであり、陸軍の攻勢の限界を超えるものであるとして真正面から反対し、あくまでも長期自給不敗態勢の確立をはかろうとした。

しかし結局、陸軍側が妥協し、三月七日、連絡会議で決定された「今後採るべき戦争指導の大綱」になった。

（1）イギリスを屈服させ、アメリカの戦意を喪失させるため、引き続き既得の戦果を拡充して、長期不敗の戦略大勢を整えつつ、機を見て積極的な方策を講ずる。

（2）占領区域および主要交通線を確保して、国防重要資源の開発利用を促進し、自給自足態勢の確立および国家戦力の増強に努める。

（3）一層積極的な戦争指導の具体的な方途は、わが国力、作戦の推移、独ソ戦況、米ソ関係の動向など諸情勢を勘案してこれを定める。①
日本陸軍としては、やはり対ソ戦が気がかりであった。

一方、海軍は、戦勝に乗じて積極作戦をとり、米艦隊を戦場に引き出して早期決戦に持ち込むために、ソロモン諸島からニューカレドニア、フィジー、サモア諸島を結ぶ、米豪分断作戦を主張した。なぜならば、米国がつぎつぎに生産する航空機、船舶の大部隊をオーストラリアに送り込み、ここからじりじりと北上してくれば、せっかく占領した南方地域はたちまち危殆に瀕することになるからである。したがって、この補給路を断ち切ってしまわなければならないと考えていた。

さらにここで敵艦隊が出てくれば、一挙に艦隊決戦に持ち込み、早期戦争終結に漕ぎつけることができるとも考えていた。

一方、陸軍としては、この作戦で海上遠く離れた島嶼に軍を出せば、その補給は海軍に依存せざるをえないので、いわば二階に上がって梯子を外されるような事態に陥ることを恐れていた。

結局、陸海の妥協が成立して、昭和一七年一月、ポート・モレスビー（MO作戦）と、次いで五月、ニューカレドニア、フィジー、サモア攻略（F・S作戦）の第二段作戦が実施されることになった。

ところが五十六は、F・S作戦には消極的で、これに先立ってミッドウェー作戦を実施するように要請し、強引にスケジュールの中に組み込ませた。さらにアリューシャン作戦を加えて、六月上旬に実施することを決定した。このためF・S作戦は、七月にずらされることになった。②
五十六がこの時機にミッドウェー作戦を提案した最大の狙いは、米空母を誘い出して、これを捕捉撃滅することにあった。

五十六がF・S作戦に乗り気でなかったのは、なによりも作戦地域が遠すぎることにあった。

昭和一七年四月一八日、ドーリットル隊による日本本土空襲が実施された。開戦から半年間、日本軍の前に苦汁を飲まされつづけてきた米国大統領ルーズヴェルトとしては、その国民を鼓舞するため、また日本国民に心理的ダメージをあたえるために、日本本土への空襲を実施することにした。

空襲の手段は、きわめて奇抜なものであった。陸上用のＢ－25爆撃機を、空母から強引に発進させ、着艦はできないので、そのまま中国まで飛んで行くこととした。これは日本空襲の際の航続距離を考えると、通常の空母艦載機では不可能だったからである。

米機動部隊指揮官のハルゼー中将は、ドーリットル中佐機を先頭に、一六機のＢ－25爆撃機を母艦ホーネットから、午前八時二五分に発進させた。

日本本土への侵入に成功したドーリットル機をはじめとする一三機は、東京各地と名古屋、四日市、そして神戸に爆弾を投下した。

さて、ミッドウェー作戦の準備が行なわれている最中に実施されたのがＭＯ作戦であり、その過程で生起したのが、五月七日から八日に戦われた珊瑚海海戦だった。

珊瑚海海戦は、ポート・モレスビー攻略（ＭＯ作戦）部隊を護衛するため出撃した日本の機動部隊と、これを阻止する挙に出た米機動部隊との間に起こった世界最初の空母同士の海戦であった。

ＭＯ作戦の総指揮官は、第四艦隊司令長官の井上成美《しげよし》中将だった。作戦には井上の要望で、南雲機動部隊から第五航空戦隊（司令官・原忠一少将）の新鋭空母・翔鶴《しょうかく》と瑞鶴《ずいかく》が引き抜かれ、ＭＯ機動部隊（指揮官・高木武雄少将）が臨時編成された。

完成したばかりの軽空母・祥鳳《しょうほう》もＭＯ攻略部隊（指揮官・五藤存知《ごとうありとも》少将）に編入された。

米国側は、日本海軍の暗号を解読してこの作戦を予察し、急いで空母ヨークタウンとレキシントンでもって第一七任務部隊を編成し、フレッチャー少将を総指揮官として出撃させた。

日米双方の索敵機は、五月七日早朝、ほぼ同時に相手を発見し攻撃した。日本側は翔鳳を撃沈され、一方米側は、油槽船一隻と随伴駆逐艦一隻を失った。

翌八日、ＭＯ機動部隊は七機の索敵機を発進させた。午前六時三〇分、翔鶴の菅野兼蔵《けんぞう》飛曹長の索敵機が、米空母発見の第一報を送ってきた。この発見の報告によって、午前七時すぎ、合計六九機の攻撃機が出撃した。

攻撃隊は、菅野機の誘導で、午前九時五分、米機動部隊の上空に達し、九時一〇分、レキシントンとヨークタウンに突撃を敢行した。レキシントンには、爆弾二発、魚雷二発が命中した。同艦はのちに艦内爆発を誘発して沈没した。

ヨークタウンも命中弾を受けて損傷したが、日本の攻撃機は、ヨークタウンに止めを刺すことはできなかった。

菅野機は、日本の攻撃隊を最後まで誘導したため、燃料が尽きて自爆した。

一方、米側も、同時的に日本軍を発見して合計七二機を発進させたが、その攻撃は翔鶴に集中した。このため翔鶴は三発の命中弾を浴びて大破し、着艦が不可能になった。このため帰ってきた攻撃隊を全部瑞鶴に収容した。しかし、その数は、艦戦一七、艦爆一九、艦攻一〇の計四六機にすぎなかった。

高木MO機動部隊指揮官は、「本日第二次攻撃ノ見込ナシ」と報告し、これを受けて第四艦隊司令長官の井上中将は、「攻撃ヲ止メ、北上セヨ」と電令した。

当時、内地にあって戦闘経過を見守っていた連合艦隊司令部では、この命令は消極的だとして、同夜二〇時、「コノ際極力敵ノ殲滅ニ務ムベシ」と打電して叱咤した。

これを受けて井上第四艦隊司令長官はただちに作戦の再開を命じたが、戦機はすでに去っていた。ここに一〇日、ついにMO作戦は無期延期されることになった。③
なおヨークタウンは、一ヵ月後のミッドウェー海戦に応急措置をほどこして馳せ参じた。

連合艦隊司令部は、昭和一七年三月末までに、独自の第二段作戦を作成した。それによれば、五月上旬にポート・モレスビー攻略作戦、六月上旬にミッドウェー島攻略、七月中旬にフィジー・サモア攻略、一〇月を目途としてハワイ攻略を行なうという、じつに壮大な構想だった。

四月はじめ、五十六はこの作戦構想を軍令部に認めさせるため、渡辺（安次）戦務参謀を東京に派遣した。

軍令部としては、ポート・モレスビー作戦には同意したものの、ミッドウェー作戦には強く反対した。軍令部側でも第二段作戦計画は練っていたが、まだ成案を見ていなかった。

渡辺は、柱島に泊地している旗艦大和に電話で報告した。電話が終わって席にもどった渡辺は、「もしミッドウェー作戦が認められなければ、長官はその職を辞するといっておられる」と述べた。①真珠湾奇襲作戦を成功させ、いまや日本国民の衆望を一手に集めている五十六から辞職するとまで言われると、軍令部としてもミッドウェー反対の態度を撤回せざるを得なくなった。

四月一二日、永野軍令部総長は参内し、第二段作戦計画について上奏し、裁可を得た。

第二段作戦の概要は、つぎのようなものであった。

（1）すみやかにインド洋にある英艦隊をもとめてこれを撃破し、独伊の西アジア作戦と呼応して、状況が許すかぎりセイロン島を攻略し、英印の連絡を遮断する。

（2）豪州に対しては、米英との遮断作戦を強化するとともに敵艦隊を撃滅し、その屈服を促進する。

①このため基地航空隊をもって豪州東岸、北岸にある敵兵力軍事基地を撃砕し、敵の反撃作戦を封じる。

②機動部隊および潜水艦をもって豪州方面敵艦隊を撃滅するとともに、敵海上交通線を遮断する。

③陸軍と協同して、フィジー、サモア、およびニューカレドニアを攻略する。

支那事変を解決するか、または対ソ関係が緩和する情勢になった後は、情勢が許せば、豪州攻略作戦を企図することもある。

（3）東正面に対しては、つぎの作戦を行なう。

①主として敵の奇襲を困難ならしむるの目的をもって、ミッドウェーを攻略する。

②敵の奇襲作戦に対しては、適宜所要兵力を配備哨戒し、とくに本土空襲に対して警戒を行ない、敵の企図を未然に偵知して、適宜兵力を集中して、これを捕捉撃滅する。（③④省略）

（4）インド洋方面作戦および豪州方面が一段落したならば、全力を東正面に指向して、米艦隊に対して決戦を強要し、これを撃滅する。このため準備完整を待って、つぎの作戦を実施する。

①ハワイの外部基地ジョンストン、パルミラを攻略する。

②機を見て、ハワイに対して大規模な奇襲作戦を実施して、所在兵力を撃滅する。（③④省略）

五十六の構想は、中央突破して早期和平をはかる意味から、ハワイを攻略して、米本土西岸を脅かし、講和に持ち込まんとする短期決戦に立っていた。②

これに対して軍令部側は、伝統的漸減作戦を織り込んだ米豪分断作戦で、オーストラリアを降伏させて、ヒトラーによる英本土上陸と相俟《あいま》って米国を孤立させ、日本側に有利な条件で講和に持ち込むという遠大な作戦を描いていた。

ここでふたたび富岡作戦課長の回想に、目を転じてみよう。

「開戦当時に持っていた作戦の構想は、日本の戦争遂行ないし産業の稼働に必要な南方地域の油、米、鉄、石炭、ボーキサイトなどを押さえるための第一段作戦と、これに対する防衛線を作るためのニューギニア、ラバウル、ソロモンに手をつけ、ジャワ、マレー、ビルマに入る第二段作戦とに分かれていた。

第一段作戦は、期間が四、五ヵ月で、綿密なスケジュールができた。第二段作戦は、ビルマとインドを英国圏から脱落ないし独立させ、ビルマ作戦で南に押し出す。ニューギニアとソロモンを押さえて、豪州を戦争から脱落させることを狙いとした。

しかしこれは、具体的には非常に困難な作戦で、アメリカがどのくらいやるか、第一段作戦で彼我の兵力がどのくらい減るかを見てから、詳細な計画を立てることになっていた」③

軍令部においては、新しい攻撃作戦の正面として、（1）ビルマ、インドに進み、中近東からペルシャ湾に進出するであろうドイツと連繋しようとする案（一九四二年一月一八日、日独伊軍事協定に調印、東経七〇度をもって境界とした）、（2）ソロモン諸島からニューカレドニア、フィジー、サモア諸島を結ぶ米豪遮断作戦を行ない、豪州の孤立化をはかって連合軍を個々に分撃する案が比較検討された。

ところが陸軍は、攻勢作戦をつづけることには反対であった。米豪遮断あるいは豪州要地攻略などの作戦遂行のためには、新たに十数個師団を必要とすることから、攻勢作戦の限界を超えるものだとして強硬に反対した。

ふたたび富岡の回想にもどろう。

「豪州ばかりは、海軍だけではどうすることもできないので、止むを得ずガダルカナルとポート・モレスビーに出る。西はビルマをやることにしたのだが、図らずもここに大きな壁にぶつかった。連合艦隊司令部と軍令部との間に、戦略思想の食い違いが出てきたのである。司令部の方では、ミッドウェーを押さえないと本土空襲がある。米機動部隊が空襲をかけてくる。ミッドウェーは小さい島だが、確保しておこう。……その結果出てきた結論は、まずはミッドウェーをやり、それが済んだら豪州遮断にかかることだった」④

そのころ、連合艦隊と軍令部間の論争に、これ以上の遅延が許されない事件が発生した。

その事件は四月一八日に起こった。この日、突如、米空母ホーネットに搭載したノースアメリカン中型陸上爆撃機一六機が、日本側の意表を突いて東京、名古屋、大阪を空襲した。その戦果は微々たるものであったが、五十六をはじめ日本側にあたえた心理的ダメージは大きかった。帝都にやすやすと敵機の侵入を許したことから、最高司令部にとしては深刻に受け止めざるを得なかった。敵機の東京・大阪への進攻を容易に許せば、一朝にして両都府が焼尽に帰す可能性があったからである。

ミッドウェー、アリューシャン攻略戦の構想は、かねてからの懸念に加えて、ちょうどドーリットル攻撃が符合したところに、その淵源があった。さらには第二段作戦が戦略守勢と決定されて、南東ソロモン方面が主として海軍の単独作戦となったことも関連した。

五十六の脳裏に、原体験として焼きついているものがあった。それは日露戦争の際の体験だった。

明治三七（一九〇四）年の日露戦争の開始直後、ロシアの極東ウラジオストック艦隊は、朝鮮海峡をはじめ、日本海や津軽海峡を越えて太平洋沿岸にまで出没して、日本の海上交通を脅かした。

日本は当初、第三艦隊をしてこれにあたらせていたが、明治三七年三月中旬以降、上村彦之丞第二艦隊司令長官が、第二艦隊の装甲巡洋艦四隻をもってこの任務にあたった。ところが、神出鬼没のロシアの通商破壊部隊を捕捉することは容易ではなかった。

四月二五日、金州丸が元山沖で沈められ、一〇〇余名の将兵が犠牲となったのをはじめとして、六月には運送船の常陸丸、佐渡丸、および和泉丸が、あいついで撃沈された。

このため上村艦隊に対する国民の不満は高まった。「上村艦隊どこにありや！」と非難され、それが上村長官への個人的怨嗟にまでなった。

五十六としては、日露戦争のときのこの記憶を決して忘れることができなかった。

緒戦はかろうじてうまくいった。しかし、五十六は肚の底には、「とうてい尋常一様の作戦にては見込み立たず、結局、桶狭間と鵯越と川中島とを併せ行なうの已むを得ざる羽目」との観念が依然として強くあった。

ミッドウェー島は、その名が示すとおり、北太平洋上のほぼ中央にあり、日本からは日付変更線を越えてすぐの所にある。二つの小島からなる同島は珊瑚礁に囲まれ、イースタン島には飛行場、サンド島には飛行艇基地があった。

日本本土の南方洋上では、敵の飛行機や艦隊の接近を警戒する哨戒基地となる島々には事欠かなかったが、東方洋上にはこれに適する島は一つもなかった。

日本は昭和一七年四月一八日の米陸軍機B－25によるドーリットル空襲を許した原因に、この地理上の弱点があった。

したがって日本軍がミッドウェーを占領しようとした目的には、イースタン島とサンド島を、哨戒基地として利用することがあった。

計画された上陸予定日は昭和一七年六月七日（日本時間）であり、開始時間は当時の作戦の常道として、現地時間早朝とされた。

五月五日、軍令部総長の永野修身大将は五十六に対し、「陸軍ト協力シ、AF及びAO西部要地ヲ攻略スベシ」と命じた。

AFとはミッドウェーのこと、AOとはアリューシャン列島を指す地名略称だった。

ミッドウェー作戦は、真珠湾攻撃と同様、五十六の発想にもとづくものであった。その五十六は、太平洋戦争を決定するものは、米艦隊およびその機動部隊の壊滅にあると考えていた。また、米豪遮断が日本の勝利のためには必要であると考えていたが、さらに短期決戦で雌雄の決着をつけるためには、日本とハワイの中間にあるミッドウェー諸島の占領が不可欠であると考えていた。

さらに空母勢力は、日本側にとって有利と判断していた。⑤

米太平洋艦隊には、開戦時、サラトガ、レキシントン、エンタープライズの三隻の空母があり、のちに大西洋からヨークタウンとホーネットが増勢されることになる。

米海軍は開戦時には七隻の正規空母を持っていたが、そのうち大西洋に残ったのはレインジャーだけであり、残り一隻のワスプも、昭和一七年六月のミッドウェー海戦後に太平洋艦隊の所属になった。

ミッドウェー海戦時点では、レキシントンはすでに撃沈されており、ヨークタウンも中破（三日間で応急修理をして、かろうじてミッドウェー海戦に間に合わせた）、サラトガも昭和一七年一月、日本潜水艦の雷撃を受けて修理中だった。こうしたことから空母数では、日本側が圧倒的に有利だった。

日本側は、第一航空艦隊司令長官の南雲忠一中将がひきいる赤城、加賀、蒼龍《そうりゅう》、飛龍《ひりゅう》の空母四隻を基幹とし、その搭載機は、艦爆八四機、艦攻九三機、艦戦八四機の合計二六一機で、ほかにミッドウェー島占領後、同地に展開する予定の基地航空隊の先発戦闘機三六機を各母艦に分載していた。

その他、戦艦榛名、霧島、重巡利根、筑摩、軽巡長良以下、駆逐艦一二隻、大型タンカー八隻が加わっていた。

ミッドウェー島攻略部隊は、近藤信竹中将麾下の戦艦二隻（金剛、比叡）、重巡八隻（愛宕、鳥海、妙高、羽黒、熊野、鈴谷《すずや》、最上、三隈）、軽巡二隻（由良、神通《じんつう》）、ほか駆逐艦一七隻、空母瑞鳳、水上機母艦千歳、神川丸を基幹とし、これに上陸部隊として陸軍の一木《いちき》支隊の約三〇〇〇名、および第二連合特別陸戦隊約二八〇〇名を乗せた、輸送船一二隻が随伴した。

各部隊は、五月下旬、瀬戸内海方面からそれぞれ出動した。輸送船をともなう攻略部隊はサイパンに集結し、態勢をととのえてからミッドウェーに向かった。

米海軍は、真珠湾攻撃で戦艦を失ったため、空母を中心とする機動部隊に突発的な変化を遂げていた。しかし、一方の日本海軍の兵術思想の進化は、漸進的なものにとどまった。

五十六がひきいた連合艦隊司令部のミッドウェー作戦の骨子は、つぎのようなものだった。

まず、前方に張った潜水艦の散開線により、米空母の動向を探る。つぎに機動部隊の空母機によって、敵艦隊を撃沈する。最後に後方から戦艦群が駆けつけて、その巨砲によって敵艦隊を徹底的に撃滅する。

一四隻の伊号潜水艦が、ミッドウェー方面で散開線の配備についた。これによってハワイとミッドウェーの間に、甲乙の二線が展開されることになった。ところが、艦隊司令部の戦務が滞り、潜水艦が散開線につくのが遅れたため、米空母を待ち伏せすることができなかった。

五月二九日、五十六は旗艦大和に座乗し、柱島を出撃した。五十六も南雲も、それまでの日本海軍の情報評価から、米空母がミッドウェーに出てくる可能性はほとんどなく、出てくるとしても占領作戦がかなり進展したあとであると考えていた。

珊瑚海海戦の日本海軍の評価では、米空母一隻撃沈、一隻大破で、大破艦は三ヵ月にわたる大修理が必要であると考えていた。

ところが、実際は前述したように、レキシントンは沈没したものの、ヨークタウンは中破にとどまり、そのヨークタウンはハワイで応急修理をして、五月三一日に出撃し、日本側を待ち伏せする一隻となった。

五月一五日、米正規空母二隻が、ツラギ泊地の日本海軍の飛行艇によって、東方四五〇浬で発見された。しかし、日本海軍はこの二隻を、珊瑚海海戦の被害に応じて来援したものと考え、その針路などからオーストラリアかサモア諸島に後退したものと考えた。

しかし実際には、これがエンタープライズとホーネットであった。

両空母は、ドーリットル空襲を終えてハワイに帰航したのち、珊瑚海へ来援した。ところが太平洋艦隊司令長官ミニッツ大将は、日本の作戦計画を知るや、五月一八日に入港のうえ、五月二九日にミッドウェーへの待ち伏せのため出撃させたのだった。

六月五日未明、予定の計画にしたがってミッドウェー島北西二五〇浬に近づいた日本の機動部隊は、第一次攻撃隊一〇八機の艦載機を放って、陸上基地の空襲に向かった。

一方、かねて日本艦隊の来攻を待ち受けていた米陸海軍航空隊は、全力を挙げて日本の空母に集中攻撃を加え、このため激しい戦闘が繰り広げられることになった。

しかし、日本の艦載機、とくに零戦の性能は卓越しており、米軍機をつぎつぎに撃ち落とした。ミッドウェー基地隊の米軍機は、日本の攻撃機近接の通報を受けて避退した。

このため友永丈市《ともながじょういち》飛行隊長は、攻撃成果が不充分と判断して、午前四時、「第二次攻撃ノ要アリト認ム」と赤城に打電した。

当時の正規空母は、日米とも六〇から七〇機を搭載していた。飛行甲板の面積からして、また現在のようにアングルド・デッキ（斜めに張り出した着艦用の飛行甲板）がなかったため、発艦と着艦とを同時に行なうことはできなかった。

南雲としては、もともと米空母が付近にいるはずはないと考えていた。また、索敵機からの発見報告もなかったため、空母四隻の第二次攻撃隊の兵装を、陸上攻撃のための陸用爆弾に代えるように命じた。そして兵装転換は、飛行甲板でなく格納庫で行なわれた。

四時一五分、南雲は、陸用爆弾に兵装を転換するように命令を出した。そこに索敵中の利根四号機から、四時二八分、「敵ラシキモノ一〇隻発見！」の報告が送られてきた。さらに五時三〇分に至って、「空母ラシキモノ」の存在を報じてきた。

そこで五時四五分、南雲長官は、第二次攻撃隊をミッドウェー島ではなく敵艦隊攻撃に向かわせる決意を固めた。兵装転換中の攻撃機に、こんどは「艦上攻撃機ハ兵装元ヘ（雷装）」を命じた。

飛龍艦上の山口多聞第二航空隊司令官は南雲に対して、「現装備ノママ攻撃隊直ニ発進セシムルヲ正当ト認ム！」と厳しい調子の発光信号を送ったが、南雲はこれを無視した。

そうこうしているうちにミッドウェーからの第一次攻撃隊が帰投しはじめ、その収容には五時四〇分から六時一八分までつづいた。

午前七時二〇分、やっと第二次攻撃隊の発艦準備がととのったその直後の七時二三分、エンタープライズから発進した急降下爆撃機二七機が、赤城を襲ってきた。

甲板に並んだ九七式艦攻はつぎつぎに爆発し、赤城は炎につつまれた。加賀には四発、蒼龍も三発の命中弾を受け、発進中の攻撃機の魚雷や爆弾がつぎつぎに誘爆したため落伍した。

このため機動部隊の司令部は、軽巡長良に移乗して、作戦指揮をとることになった。

ゆいいつ残された飛龍に座乗していた山口少将は、ただちに艦長の加来止男《かくとめお》大佐とともに、戦闘機一二機、艦上爆撃機一八機、艦上攻撃機一〇機に対して、米空母攻撃を命じた（第一次、第二次の合計）。日本の攻撃隊は、ヨークタウンに爆弾三発、魚雷二本を命中させた。しかし、その飛龍にも、米急降下爆撃機二四機が襲いかかってきた。

このため飛龍は爆弾四発を浴びて戦闘不能に陥った。やがて飛龍は、山口と加来の二人の指揮官とともに海中に姿を消した。

五十六はこのとき、旗艦大和に座乗し、戦艦を中心とする主力部隊をひきいて、機動部隊のはるか後方にいた。機動部隊の壊滅という事態に直面して、ただちに応戦を決意し、一六時一五分、全軍にその意図を明らかにしたが、やがてそれが無理なことに気がついて、二三時五五分、ミッドウェー作戦の中止を下令した。

アリューシャン作戦も延期されることになったが、まもなく北方部隊指揮官の意見具申を容《い》れて続行が命ぜられた。

日本側の不運はまだまだつづいた。ミッドウェー砲撃のため進撃した重巡熊野、鈴谷、三隈、最上は砲撃中止となって反転したのち、六月五日深夜、三隈と最上が衝突し、退避中に米艦載機の波状攻撃を受けて、七日、三隈は沈没した。⑥

ミッドウェー海戦は、日本海軍に大打撃をあたえた。一挙に四隻の空母を失った連合艦隊は、七月一四日をもって一大編制替えを行なった。

空母群が相手空母群との戦闘に敗れれば、たとえ大和や武蔵のような戦艦があろうとも、しょせん戦艦部隊は何の役にも立たないことが明らかになった。

日本海軍は、真珠湾とマレー沖海戦で勝利したため、兵術思想の転換が容易にできなかったが、ミッドウェー海戦で敗北したことによって否応なく空母第一主義に切り換えざるを得なくなった。

ミッドウェー作戦にのぞむ連合艦司令部は、絶対的な勝利を見込んで長閑《のどか》だった。ハワイ作戦のような緊張した空気はなく、五十六みずから兵棋図盤と読んでいた将棋盤を引き出し、渡辺戦務参謀をからかいながら一番はじめていた。

顔色を変えた司令部暗号長が、電報持参で入ってきたのはこのときだった。暗号長は、解読した暗号文を急いで読み上げた。

「赤城被爆大にして総員退去！」

暗号長は報告を終えるといったん戻って行ったが、しばらくするとまた戻ってきて、こんどは加賀の悲報を伝えた。

このとき五十六は、少しも動ずることなく、泰然とした姿勢で、「ほう、またやられたか……」と一言洩らした。将棋の手は止まっていなかった。

そして五十六は、「南雲は帰ってくるだろう……」と言った。⑦
実際状況こそ違え、真珠湾攻撃のときと同じく、南雲は第二次攻撃を行なうことなく帰途についた。

第一航空艦隊司令長官の南雲は、旗艦赤城艦長の青木大佐を沈み行く赤城に残し、第二航空艦隊旗艦飛龍に司令官の山口少将を残したまま、草加参謀長をはじめとする第一航空艦隊参謀とともに、空母赤城から巡洋艦長良に将旗を移した。

南雲司令長官、草鹿参謀長らは悄然として、大和に座乗している五十六のもとに、報告のためにやってきた。そのときの両名は作業服姿のままだった。

五十六はみずから南雲を甲板に出迎え、長官室に案内した。二人の対面のときは、宇垣、草鹿の両参謀長の列席もなかった。

南雲は五十六に対して、泣いて非を詫びた。長官室で昼食の接待を受けたときも、南雲は最後までずっと頭を垂れたままだった。

昭和一七年六月一〇日付で、五十六は南雲宛につぎの書簡を出している。

「今次の戦果に関しては同憂の次第なるも、貴隊既往赫々たる戦績に比すれば、なお失うところ大なりとはせず。幸に貴長官再起復讐の決意烈々たるを拝聞し、君国のため真に感激に堪えず。願わくは最善を尽くして速やかに貴艦隊の再編成を完了し、過去の神技に加ふるに、今次の教訓を加え、一挙敵を覆滅するの大策に邁進せられんことを」⑧

五十六は、七月二八日付堀悌吉宛で書簡のなかで、「六月頃横須賀方面行きも止めになって、万事再出発だが、これは本然の姿だらう」と寂しげに書いた。

38　ガダルカナル争奪戦と第一次ソロモン海戦

開戦以来、戦闘の勝敗は航空部隊の優劣によって左右された。その航空部隊の推進は、母艦の機動性と、基地の占領とその整備状況によって支配された。

日本海軍は空母不足を補うために、ソロモン諸島方面に前進航空基地の建設を考えていた。

昭和一七年一月下旬にラバウル、三月にラエ、サラモアを攻略して、ビスマルク諸島からニューギニアに連なる一線を固めた。

三月下旬にブカ、ショートランドに進み、五月には、さらに三〇〇浬躍進してツラギ島に上陸し、その南にあるガダルカナル島（以下ガ島）のルンガ地区に陸上飛行場を建設することにした。

飛行場は、七月六日から海軍設営隊によって建設がはじまり、一ヵ月後の八月五日、長さ八〇〇メートル、幅六〇メートルの滑走路をふくむ第一期工事が完成した。

日本軍によるガ島飛行場建設は、連合軍に衝撃をあたえた。それは米豪を結ぶ交通路が遮断されると豪州は孤立し、連合軍の反抗が挫折するからだった。

そのため連合軍は、可能なかぎりの兵力を動員して大規模なガ島奪取戦を企てた。

八月六日夜、ガ島では滑走路の完成を祝う宴が開かれた。まさにそのとき、フレッチャー中将のひきいる空母三隻を基幹とする機動部隊が、ガ島に近づいていた。

ガ島への敵前上陸作戦は、八月七日午前六時一四分（現地時間）、ヴァンデグリフト海兵少将指揮の一万七〇〇〇名の海兵隊によって開始された。

ところが日本軍のガ島守備隊は、陸海合わせてわずか二四七名であり、そのほかに非戦闘員の設営隊員として二五七一名がいるだけだった。

連合軍は、飛行場が完成した二日後の八月七日にガ島に殺到し、ほとんど無抵抗の状態で上陸に成功した。そして、その日のうちに飛行場を占領し、次いでフロリダ島の水上基地を奪取した。

ツラギからの緊急電を受けた第八艦隊司令部としては、現地からの報告は敵兵力を過大視したものであり、敵の来襲は単なる強行偵察であると判断した。

しかし、急電に接した五十六は、ただちに近藤信竹中将麾下の第二艦隊と南雲忠一中将がひきいる第三艦隊にラバウル進出を命じた。

また、テニアン島にあった第一一航空艦隊司令部も、ラバウルに進出した。こうして太平洋戦争の天王山ともいうべきソロモン諸島争奪戦が展開されることになった。

ガダルカナルの争奪戦は、戦略的には生産と補給と情報の戦いであり、戦術的には航空機による制空権の争奪戦だった。①
連合軍側は、米陸海空三軍と国内軍需生産力に集中したのに比して、日本の東条内閣は徹底さを欠いた。

昭和一七年五月一四日付で、五十六は榎本重治宛につぎの書簡を送っている。

「あれだけ前線の闘士は勇戦苦闘しても、そろそろ飛行機の対峙戦では押され気味のことが、まだ総長や大臣にはわからぬか。不徹底の戦果にかしこき勅語を拝受して恐懼慙愧するよりは、五〇機の飛行機でも前線に供給し得て、闘士の労苦を軽減してやり度が小生の本心です」②

昭和一七年八月八日の第一次ソロモン海戦から翌一八年一二月三日のブーゲンビル島沖の第六次航空戦までに、ソロモン海域で戦われた主要な航空戦は、都合一七回におよんだ。

そのうち主な海戦は、つぎのとおりであった。

〔日時〕	〔日本側呼称〕	〔米国側呼称〕
昭和一七年八月九日	第一次ソロモン海戦	サボ島海戦
八月二四日	第二次ソロモン海戦	東部ソロモン海戦
一〇月一二日	サボ島沖海戦	エスペランス岬沖海戦
一〇月二六日	南太平洋海戦	サンタ・クルーズ諸島海戦
一一月一五日	第三次ソロモン海戦	ガダルカナル海戦
一一月三〇日	ルンガ沖海戦	タサファロング海戦

七月二九日、ラバウルに進出した第八艦隊は、八月七日の米軍によるツラギ、ガダルカナル上陸の報告に接し、その日の夕方には、早くもツラギ沖の米艦隊の撃滅に向けて出撃した。

旗艦・鳥海に乗る三川軍一《みかわぐんいち》中将がひきいる第八艦隊は、夜を待って鳥海を先頭に、第六戦隊の重巡四隻、そのあとに第一八戦隊の軽巡天龍、夕張、駆逐艦夕凪が単縦陣で、速力三〇ノット（時速五六キロ）に上げて、一挙にガ島沖の狭い水道に突っ込んだ。

午後一一時三八分、三川中将は、「全軍突撃」を命じた。一斉に魚雷が放たれ、水上偵察機の吊光弾《ちょうこうだん》が炸裂し、砲撃が開始された。

この日本側の攻撃は、奇襲の形になった。このため連合軍側は、豪重巡キャンベラ、米重巡クインシー、ビンセンズ、アストリアが沈没した。

一方、日本側は、旗艦鳥海が砲弾を二発受けて三四名の死傷者を出した。また、重巡加古は、ラバウルへの帰途に米潜水艦による魚雷攻撃を受けて沈没した。

この奇襲は戦術的には大勝利だったが、陸揚げ中の数十隻の敵輸送船団には一指も触れないで引き返してしまった点で徹底さを欠いていた。

鳥海の早川艦長は、「長官、反転してもう一度攻撃に行きましょう!」と三川司令官に進言したが、翌朝以降の米機の反撃を恐れた司令官の判断で、退けられてしまった。

ハルゼー大将は、この海戦の直後、「日本人は勝ったと思うと引き上げて行く。けっして追撃しないから心配するな!」と部下に語ったという。③

島嶼の戦略的価値は別として、いまやガ島は日米両軍の死闘の島となった。

39 第二次ソロモン海戦

昭和一七年八月八日の第一次ソロモン海戦における圧倒的勝利によって、連合艦隊司令部内には楽観論が台頭した。

ガ島の米軍を追い払うための準備が、トラック島ですすめられていた。その兵力は、歩兵第二八連隊長一木清直大佐が指揮する一木支隊二四〇〇名と、横須賀第五特別陸戦隊司令安田義達大佐が指揮する約六〇〇名だった。

このうち先遣隊(第一梯団)として、一木支隊から九一六名が六隻の駆逐艦に分乗し、八月一六日にトラック島を出港して、ガ島へ向かった。

先遣隊は、一八日午後九時ごろ、ガ島飛行場から東方四〇キロ離れたタイボ岬に強行入泊して逆上陸した。

このとき一木大佐は、「敵兵力は二〇〇〇名程度の偵察部隊」と聞かされていたため、後続の第二梯団の到着を待つことなく攻撃することを決意した。

ところが米側は、万全の態勢で待ち構えていた。二一日未明、一木支隊の先遣隊は飛行場の東を流れるイル川の河口に辿り着き、さっそく渡河をこころみたが、敵の猛烈な砲火と戦車に蹂躙され、イル川東岸で全滅してしまった。

このことに衝撃を受けた日本軍の上層部は、ガ島の米軍の存在を真剣に考えはじめた。

陸軍はただちにガ島奪回計画を立て、海軍側としてもこれに全面的に協力することにした。しかし、いまはとりあえず、第二梯団を無事にガ島に送り込むことが先決だった。

この増援輸送に関連して、第二次ソロモン海戦は起こった。五十六がひきいる連合艦隊司令部では、輸送作戦を成功させるため、第二艦隊による前進部隊および第三艦隊の機動部隊をもって支援部隊を編成し、この両艦隊の進出によって敵機動部隊をおびき出し、敵空母部隊を一挙に捕捉殲滅する作戦を立てた。

近藤信竹中将が率いる第二艦隊は、すでに八月一一日、瀬戸内海を出撃していた。

つづいて南雲中将が指揮する新編成の第三艦隊が、八月一六日、柱島泊地を出撃した。この第三艦隊は、空母二、軽空母一、戦艦二、重巡四、軽巡一、駆逐艦一一からなる機動部隊であった。

ところが米軍側は、北から強力な日本軍水上部隊が南下してくることを、すでに察知していた。フレッチャー中将はこれを阻止すべく、サラトガ、エンタープライズ、ワスプの三隻の空母を基幹とする機動部隊をひきいて、ガ島の南東海面に出動した。

八月二三日正午、機動部隊は第二艦隊との密接な連携のもと、ガ島の真北五〇〇浬の地点に達した。戦艦と巡洋艦は、空母の前衛として展開していた。

二四日、翌日に予定されていた海軍陸戦隊と一木支隊の残部の上陸支援のため、龍驤《りゅうじょう》と第八艦隊を、ガ島飛行場襲撃のため分派した。翔鶴と瑞鶴は敵機動部隊の来襲にそなえた。

一方、米機動部隊は、空母サラトガ、エンタープライズ、ワスプを、それぞれ中心に置いた三群の輪型陣をとり、エスピリッツ・サントを出て北上した。

この日、フレッチャーは、哨戒機による龍驤発見の報告を受けて、日本軍に軽空母一隻しかいないことに不審を感じたものの、サラトガ隊三八機に発進を命じた。

午後二時ごろ、龍驤は攻撃に晒《さら》されて、命中弾多数を受けて右に大傾斜し、午後六時ごろ、ついに艦尾から海中に没した。

サラトガ隊が龍驤を攻撃しているころ、南雲部隊は米機動部隊を発見し、関衛少佐を指揮官とする第一次攻撃隊三七機が発進した。

攻撃隊はエンタープライズに殺到し、命中弾三発、至近弾二発をあたえた。エンタープライズは大火災になったが、撃沈するにはいたらなかった。サラトガは無傷で、ワスプは海戦がはじまる前に補給のため南下していた。

第二艦隊は、米機動部隊を追撃して夜戦を決行しようとしたが、彼我の距離があまりにも遠く、二五日午前零時、追撃を断念して北上した。

この戦闘による日本側の損失は、龍驤のほか、艦攻六、艦爆二三、零戦三〇、水偵三であった。一方、米側の損失機は、二〇機だけだった。

南下をつづけた増援部隊は、二五日朝、ガ島の敵航空隊に空襲され、輸送船金龍丸と駆逐艦睦月が沈没した。このため船団輸送は中止となった。①

こうしてガ島奪回の最初の計画は挫折し、第二次ソロモン海戦は、米側の戦略的な勝利で幕を閉じた。

40 サボ島沖海戦

一木支隊先遣隊の壊滅を知ったラバウルの第一七軍司令部は、川口支隊を加えて早急な増援部隊を決定した。川口支隊は、福岡の第三五旅団（旅団長・川口清健《きよたけ》少将）を中心にして編成された。

川口支隊のガ島進出作戦は、八月二六日に開始されたが、輸送中から米軍機の攻撃に曝《さら》され、多数の将兵が戦死した。九月一三日夜、川口支隊は総攻撃を決行したものの、失敗に終わった。

一木支隊も川口支隊も、上陸時の食糧を一週間分しか携行していなかったため、将兵たちはたちまち飢餓地獄に追い詰められることになった。

一木支隊につづく川口支隊の敗北は、陸軍側としては開戦以来はじめてのことだった。

戦争全体の戦略態勢から見ると、果たしてガ島の飛行場を奪回する必要があったか否か疑問であるが、陸海軍とも面子《メンツ》が先立って戦略的な価値を再考する冷静さを失っていた。

日本側は、しだいに焦りの色を濃くしていった。そのなかで一矢報いたのが、八月三一日の伊二六潜水艦による空母サラトガの大破と、九月一五日の伊一九による空母ワスプの撃沈と、戦艦ノース・カロライナの大破だった。

当時、一二隻の伊号潜水艦が、エスピリッツ・サント、サン・クリストバル、サンタ・クルーズ島方面に遊弋して、雷撃の機会を狙っていた。

ワスプを失った結果、連合軍側でこの方面で使用可能な空母は、ホーネット一隻だけとなった。

八月一二日、五十六はガ島を奪回するために、陸軍の増援部隊を、駆逐艦や哨戒艇などの高速艦艇によって輸送することを指令した。その結果、九月七日までに四五〇〇名の陸軍将兵を輸送することができた。

一方、米海軍は、日本軍の増援部隊を阻止するため、ノーマン・スコット少将に対して、サボ島付近海面に進出して、日本軍を攻撃するよう命じた。

スコット少将は、重巡サンフランシスコに将旗を掲げ、重巡ソルトレイクシティと軽巡二隻、駆逐艦五隻をひきいて、一〇月七日、エスピリッツ・サントを出撃した。

日本艦隊は、重火器、陸軍将兵などを積載した水上機母艦（日進、千歳）と駆逐艦（秋月、夏雲、朝雲、綾波、白雲）からなっていた。

この輸送部隊を支援するのは、五藤存知少将がひきいる第六戦隊（重巡青葉、古鷹、衣笠）、および警戒艦として駆逐艦（吹雪、初雪、叢雲《むらくも》）だった。

日米両軍の艦艇は、サボ島北面八浬の地点で遭遇し、激しい夜戦を展開した。この海戦で、日本側は古鷹と吹雪を失い、青葉と衣笠が損傷し、五藤司令官は戦死した。

これに対して米側は、駆逐艦ダンカンが沈没、軽巡ボイスと駆逐艦ファーレンホルトが大破、重巡ソルトレイクシティが小破した。

この海戦で、それまで日本側のお家芸であった夜戦が、はじめて敗れた。その原因はレーダーにあった。

米艦隊は、この海戦ではじめてレーダーによる無照射射撃を行ない、第一撃から命中弾を浴びせてきた。かくして夜戦をお家芸とする日本海軍の前途に、暗雲が漂うことになった。①
五十六は、昭和一七年一〇月二日付で堀宛につぎの書簡を出している。

「こちらはなかなか手がかかって簡単には行かない。米があれだけの犠牲を払って腰を据えたものを、一寸やそっとで明け渡す筈がないのはずっと前から予想していたので、こちらも余程の準備と覚悟がいると思って意見も出したが、皆土壇場迄は希望的楽観家だから、しあわせ者揃いのわけだ。当面の戦局を片付ける為には、開戦以来の犠牲に劣らぬ損害を覚悟して居るから、自分としてはやり抜く事は確かだが、中央では少しは青くなるだらう。今のところは、皆おれがおれがのなぐさみの様のものだから気つけになろう（或はペタペタとなるかも知れない）」②
五十六の焦りと諦めが混在した気持ちが、この手紙によく表われている。

41　南太平洋海戦

一〇月一三日、栗田《くりた》健男《たけお》中将のひきいる金剛、榛名は高性能焼夷弾である三式弾をガ島飛行場に一〇〇〇発撃ち込んだ。このためガ島の米軍基地は、一時的に機能麻痺に陥った。

あくまでもガ島奪回を期す大本営は、ジャワにある第二師団（師団長丸山政男中将）のガ島投入を決定した。

第二師団の主力は、一〇月三日から一二日までの間に、ガ島へ駆逐艦輸送された。第一七軍司令官の百武晴吉《ひゃくたけはるきち》中将や大本営派遣参謀辻政信《つじまさのぶ》中佐も上陸した。かくして一〇月二四日午後五時を期して、総攻撃を行なうことにした。

この陸上の総攻撃に合わせて、連合艦隊としても、戦艦四、空母四、重巡八、軽巡二、駆逐艦二八、潜水艦一二という大編成で、海上決戦に挑むことにした。

一方、米軍側も、第二次ソロモン海戦で損傷した空母エンタープライズの修理を急いで終わらせ、空母二、戦艦二、巡洋艦九、駆逐艦二四という陣容を組んで、南太平洋で日本軍を待ち伏せした。

日米の機動部隊が激突したのは、第二師団の総攻撃が失敗した翌日の一〇月二六日のことであった。

この日の早朝、日本の索敵機は、サンタ・クルーズ島の北一〇〇浬で、米機動部隊を発見した。これとほとんど同時に、米索敵機も日本艦隊を発見した。

日本側は、五時二五分、空母翔鶴と瑞鳳から、村田重治少佐がひきいる第一次攻撃隊六二機が発進すると、米側も五分遅れて二九機の第一次攻撃隊が発進した。

さらに米軍は、午前六時に第二次攻撃隊一九機、六時一五分には第三次攻撃隊二五機を発進させた。第一次攻撃隊を発進させた直後、米軍の索敵機が落とした爆弾が瑞鳳に命中したため、瑞鳳は戦列を離れざるを得なくなった。

日本の攻撃機は、ホーネットに急降下爆撃と魚雷攻撃をかけて大破させた。さらに第二次攻撃隊は、無傷で残っていたエンタープライズに殺到した。しかし、致命傷をあたえることはできなかった。

これに対して米の第一次攻撃隊は翔鶴を攻撃し、その飛行甲板に爆弾を命中させて、飛行機の発着を不可能にした。

総員退去命令が出されたホーネットは、その日の真夜中、日本の駆逐艦の魚雷を受けて沈没した。

この南太平洋海戦においては、日本側に沈没艦はなく、瑞鳳、翔鶴、筑摩は損傷しただけに止まった。一方、米側は、ホーネットと駆逐艦ポーターが沈没し、エンタープライズが大破し、戦艦サウスダコタが損傷した。

艦船の損害は米側に大きかったが、八四機の飛行機と真珠湾攻撃以来のベテランパイロットが多数戦死してしまったことから考え合わせると、日本側の方にダメージが大きかった。

海戦の結果、太平洋上で活動可能な米空母はゼロとなったが、日本側も翔鶴、瑞鶴が修理のため本土にもどらなければならなくなった。このため米側が一時的に空母を失った隙に、付け込むことができなかった。

事実、一年半後のマリアナ沖海戦まで、空母同士の決戦は行なわれなかった。とはいえ空母がいなくなったところでガ島のヘンダーソン基地は健在であり、この付近の航空兵力では、米側がいっそう有利になった。①

機動部隊指揮官の南雲中将は、旗艦大和に幕僚をともなって戦闘経過報告をすませた。一同はあいついで長官室を退出したが、翔鶴艦長の有馬正文大佐（昭和一九年一一月一五日、比島南東海面にて戦死、中将）だけがまだ残っていた。

その有馬を五十六は呼び止め、「艦長、もう少し追撃はできなかったのか？」と訊ねた。戦闘時には南雲に追撃をつづけるように進言して、激しく争った有馬ではあったが、いま五十六に対してそれを暴くのは忍び難かった。

「はい、あれが精一杯のところでした」と答えると、そばにいた一参謀が、「北にばかり走りたがっていたのだから、追撃の考えは出なかったろう」と横槍を入れた。すると有馬は、ますます意固地になって、「爆弾の恐れのない所で、現地の状況はわからない！」と強弁して真相を語らなかった。

しかし後日、「なぜ長官の気心に叶う所見の者が、一人や二人は存在したことを告げなかったろうか……」と有馬はしみじみ嘆息した。②

この海戦ののち、南雲中将は佐世保鎮守府司令長官、草鹿龍之介少将、横須賀航空隊司令官にそれぞれ転出となり、機動部隊から去った。

五十六は、昭和一七年一一月付で郷里の反町栄一宛に、「一〇月二八日付貴書拝受、御祝辞御礼申上候。但し、郷党子弟の苦難（新潟県出身将兵がガ島にて悪戦苦闘中）を想見すれば、一向に快心ならず候（此項貴台限り）本年は放念の由、何卒来年もと祈居候」と、ガ島で戦っている郷里の将兵を非常に心配した手紙を送っている。

五十六は堀に対して、一一月三〇日付書簡において、「もう到頭開戦一周年となったが、あれだけハンデキャップをつけて貰ったのも、追々すり減らされる様で心細い」③と弱気な胸の内を吐露している。

五十六から堀宛の昭和一八年一月二八日付書簡では、「艦隊も八月以来泥田の足が未だ抜けないが、あと暫くで外科的手術が出来て（ガ島撤退の意味）命だけはとり止め度しと思って居る。さてそれから先が問題だが、此先は油にしろ食料にしろ、もっと真面目に考へなければなるまい。艦隊も夫れに応ずる様の作戦にしなければ、ヂリ貧処か下痢貧になって仕舞ふだらう。

出先の兵隊に食わせる魚や野菜迄内地から運ぶ様では、何時になっても船は足らぬから、断然自足の方針で進ませるつもりだが、なかなか皆其気にならぬ。昨今やっとガヤガヤ言い始めたが。開戦以来もう一五〇〇〇人もなくしたので、『一とせをかへりみすれば亡き友の　数え難くもなりにける哉』といふのを武井大人（武井大助海軍主計中将、歌人としても有名）に見て貰ったら、これ丈けは褒められたが憐笑の至りという次第だ」④と、だれにも見せない胸の内を打ち明けていた。

旗艦大和にある連合艦隊司令部の昭和一七年一一月のある晩のことである。

夜の一一時ごろ、作戦室において先任参謀の黒島亀人《かめと》大佐と作戦参謀の三和義勇大佐が声高に議論していると、五十六がヌッと入ってきた。

「なんだい、なにを喧嘩してるんだ？」と五十六が両者の間に割って入ったため、その場はなんとかおさまった。

そのとき五十六は黒島と藤井の二人に、つぎのように言った。

「黒島君が作戦に打ち込んでいる事は誰もよく知っている。黒島君は人の考えの及ばぬところ、気がつかぬところに着眼して深刻に研究する。時には奇想天外なところもある。しかしそれを直言して憚らぬ美点がある。こういう人が無ければ、天下の大事は成し遂げられぬ。だから僕は誰が何と言おうと黒島を離さぬのだ。そりゃ黒島だって人間だ。全知全能の神ではない。欠点もある事はよく知っている。黒島君だって自分で知っているだろう。そこを君が補佐すればよい。艦長をやらねば用兵者として前途がない、なんていう人もあるが、今時そんな馬鹿げた事があるものか。よしあったにしても、そんな事はどうでもよい。無論君たちも立身出世の事は考えていまい。各幕僚はその職において、この戦争に心身共すり潰してしまえばそれで良い。勿論君たちばかりではない。僕もそうだ。

秋山真之提督という人は、中佐大佐の時は成程偉い人だった。しかし秋山提督の本当に偉いところは、あの日露戦争の一年半で心身共にすり潰したところにある。そして東郷元帥を補佐して偉業を樹てられたのだ。軍人はこれが本分だ。お互いにこの戦争に心身をすり潰す事の出来るのは光栄の至りだ。わかったか！」⑤

この話を聞いた黒島は両手で頭を抱いて、机の上にワッとうつ伏せになった。

昭和一八年二月末付、五十六は反町栄一宛に、「二月七日付貴墨拝見、……ガ島方面郷党の子弟奮戦死闘にも拘《かか》らず、戦果半ばにして転向は遺憾至極の儀に御座候。小生海軍を率いて協同作戦の上は、亡き友軍将士の父兄に対し、面目なき次第と恥居候。……時局漸く本格的非常時と相成候。セッカク御自愛祈上候」⑥と書いた。

42　第三次ソロモン海戦とルンガ沖夜戦

昭和一七年一〇月二四、二五日の第二師団の総攻撃は、失敗に終わった。だが大本営は、まだガ島を諦めきれずにいた。

特別な戦略とか戦術とか言うものはなにもなかったが、ただ面子《メンツ》で戦力の逐次投入を繰り返した。

一一月中旬、第三八師団の主力七〇〇〇名が一一隻の輸送船に分乗してガ島に強行入泊することになった。

日本海軍は、輸送船団の護衛に第二水雷戦隊（田中頼三《らいぞう》少将）をつけ、また戦艦比叡、霧島を中核とする挺身攻撃隊を編成して、ヘンダーソン飛行場への砲撃を実施することにした。

一方、日本艦隊の接近を知った米側は、キャラガン少将がひきいる重巡二、軽巡三、駆逐艦八を出動させた。

一二日真夜中の二時ちかく、日米両艦隊はサボ島付近でいきなり遭遇した。このため両軍は至近距離で砲撃戦を行なうことになった。

この夜戦で、軽巡アトランタが沈没し、重巡サンフランシスコが大破した。これが第三次ソロモン海戦の第一ラウンドだった。この乱戦で、米艦隊は、アトランタとジュノーの巡洋艦二隻と駆逐艦五隻を失い、司令官のキャラガン少将とスコット少将は戦死して敗走した。

一方、日本側は、夕立と暁の駆逐艦二隻を失ったのみだった。

このあと午前二時二〇分、日本艦隊は、ガ島飛行場への砲撃を断念して、全速力で北上した。

しかし、戦艦比叡は、舵に被弾したため動くことができなくなり、翌一三日にサボ島沖で漂流中、米機に雷爆撃され、自沈に追い込まれた。これが日本側としては、開戦以来はじめての戦艦の喪失となった。

挺身攻撃隊の作戦失敗を知った五十六は、戦艦霧島および重巡愛宕、高雄を射撃隊として、ふたたびガ島砲撃を実施するように前進部隊（第二艦隊）指揮官近藤信竹中将に下令した。

近藤中将は、軽巡二、駆逐艦九からなる護衛隊を加えて、一四日、ガ島に向けて進撃した。

その日の夜、前進部隊は、サボ島かの北東からガ島沖に進入した。

時を同じくして米海軍は、飛行場を絶対に防衛すべしとする南太平洋部隊指揮官ハルゼー中将の厳命により、リー少将の指揮する戦艦ワシントン、サウスダコタ、駆逐艦四隻が一足早くサボ島沖海域に到着して、警戒にあたっていた。

一四日午後九時、戦闘が開始された。サウスダコタは、霧島以下三隻の集中砲火を浴びて大破し、戦列外に去った。米駆逐艦も四隻中三隻が沈没し、一隻が小破した。

一方、ワシントンが発射した一六インチ砲弾七五発中九発が、霧島に命中して大火災となり、左傾して沈没した。

このためガ島飛行場砲撃の企図は、ふたたび頓挫することになった。同時行動の輸送船団は、進撃途中で爆撃を受けて六隻が沈没し、一隻が引き返して、四隻が生き延びた。

この四隻は、一五日午前二時、タサファロング泊地に突入、擱座して揚陸を開始したが、夜明けとともに米軍機の爆撃を受けて、全船炎上した。

ガ島争奪戦で、多くの艦艇や輸送船を失った日本海軍は、これ以上の損害を避けるため、第三次ソロモン海戦を境にして、大規模な艦隊の投入を中止した。

すでに第二次ソロモン海戦後、日本陸軍は、輸送船による補給の被害があまりにも大きいため、海軍に依頼して駆逐艦による輸送に切り換えていた。しかしそれも、米軍機による襲撃を避けるため、夜間輸送を余儀なくされた。このため日本の駆逐艦乗組員は、みずからを「丸通」と名乗り、「ネズミ輸送」と自嘲した。

一一月三〇日夜、田中頼三少将指揮下の第二水雷戦隊の駆逐艦八隻は、「ネズミ輸送」に従事し、ガ島沖で物資の揚陸準備をしていた。

警戒隊の高波と、旗艦長波以外の巻波、陽炎、黒潮、江風《かわかぜ》、涼風の六隻は、それぞれの甲板に米を詰めた二〇〇本のドラム缶を括《くく》りつけていた。ガ島沖で綱を解いて海中に投じ、これをガ島の陸上部隊が小船で回収しようというものだった。

この物資輸送をするために、爆雷はもちろんのこと予備魚雷も降ろして、砲弾を半減にした。夜暗に敵艦隊に遭遇したときは、ドラム缶を放棄して、ただちに戦備について、もっぱら魚雷戦を行なうことになっていた。

ところが米軍は、すでに日本艦隊を発見していた。

米軍は重巡四、軽巡一、駆逐艦六の大部隊で、C・H・ライト少将が指揮していた。

午後九時六分、米側はレーダーで田中部隊を探知し、日本艦隊と並行反航の針路をとった。

日本側は米側に遅れること約一〇分。高波が「敵駆逐艦七隻見ユ」と報じた。田中少将は一分後、「揚陸止メ、全軍突撃セヨ！」と命じた。

午後九時二〇分、米巡洋艦部隊が発砲しはじめると、先頭の高波は、大火災を起こした。ところが、高波が砲火を一身に浴びている間に、ほかの七隻はつぎつぎと魚雷を発射した。

このため午後九時二七分、重巡ミネアポリスに二本命中大破、ニューオリンズにも一本命中大破、さらにノーザンプトンにも二本命中したため、あっという間に一万トン級重巡四隻が戦列外となった。四番目の軽巡ホノルルと駆逐艦五隻のみが日本側の魚雷攻撃から助かった。これらの戦果は、すべて九三式六一センチ酸素魚雷によるものだった。

昭和一七年一二月三一日、大本営はついにガ島放棄を決意した。

翌一八年二月一日に第一次、二月四日に第二次、そして三月七日夜、最後の部隊がガ島から撤退した。総計一万六六六五名、戦死者は第一七軍の報告では、二万一一三八名だった。①

43　第三段作戦(ソロモン、ニューギニア守勢作戦)—五十六の死

昭和一八年三月二五日、大本営は、守勢作戦を内容とする第三段作戦への移行を指令した。海軍作戦は、「南東方面作戦に関する中合覚書」によって指導されることになった。

この作戦は、ニューギニア、ソロモン、およびビスマルク方面における現勢力を確保することを絶対条件として、とくにニューギニアを重視するというものであった。

これに対して米軍は、ラバウルを最重要目標に置き、海軍部隊（南太平洋部隊）はソロモン諸島伝いに、陸軍部隊（南西太平洋部隊）は、ニューギニア南端から各地の日本軍の拠点を「蛙飛び」に進撃する作戦にでた。①

当時、ラバウル方面に展開していた日本の航空隊は、海軍の第二六航空隊の約一六〇機を主力として、ほかに陸軍の第六飛行師団（機数は海軍の約半数）があった。

一方、連合軍航空隊は、ジョージ・C・ケニー中将がひきいる南西太平洋方面軍連合航空軍が、豪州東部から東部ニューギニアに展開していた。

日本の連合艦隊司令部は、昭和一八年四月上旬、海上決戦兵力である第三艦隊の空母瑞鶴、瑞鳳、飛《ひ》鷹《よう》などの艦載機をラバウルの陸上基地に集結させ、一挙に連合軍の空母戦力を壊滅せんとした。

これが「い号作戦」だった。「い号作戦」のため増援された第三艦隊は、小沢治三郎中将が指揮していたが、海上士官名簿の順位は、第一一航空艦隊長官草鹿《くさか》任一《じんいち》中将、第一南遣艦隊長官大河内《おおこうち》傳七《でんしち》中将であった。

「い号作戦」の中心となる航空兵力は艦上機である。ところが、その指揮官である小沢中将は、艦上機を地上の消耗戦に投入することにはもともと反対であった。しかし、いまや兵力不足のため、泣く泣く繰り出すことにしたが、三人のうちの最後任指揮官では、麾下の虎の子の兵力とでも言うべき艦載機をみずからの責任で指揮することができなかった。

そこで連合艦隊司令長官である五十六みずからが、第一線に立って全軍を指揮する必要に迫られた。

「い号作戦」の第一期は、四月五日から一〇日までソロモン諸島方面、第二期は一一日から二〇日までニューギニア方面と予定された。

四月七日、「い号作戦」は開始された。参加する航空機は、基地航空隊の第一一航空隊の二二四機、第三艦隊の母艦機一九五機、合計四一九機が出撃態勢をととのえた。

目標は、ガダルカナルをはじめとするソロモン諸島と、ポートモレスビー、ラビなどニューギニア東部地区の連合軍飛行場と港湾の艦船だった。

計画はほぼ予定どおり実施され、一六日に作戦の中止が発令され、艦上機搭乗員とその基地員は原隊(母艦)に帰るよう命ぜられた。

参加兵力は延べ機数六八二機、戦果は撃沈巡洋艦一隻、駆逐艦二隻、輸送船二五隻、撃墜機数一三四

機で、味方の未帰還機は四二機、大破、不時着七機だった。

いま精鋭の母艦機を引き揚げるとなれば、残る基地航空兵力は未熟な技量にすぎないうえ、休みなしの激戦のため、まったく疲れきったものだけとなってしまう。

もし、第三艦隊の艦上機を留めて、航空決戦をつづけるとすれば、被害はますます増大して、基幹搭乗員まで失う危険性があった。

機動部隊の精鋭機が加勢しても苦戦したソロモンの前線に、疲労した基地航空部隊だけを踏み止まらせることは、五十六としては忍び難かった。

五十六がトラック基地からラバウルに長官旗を進めることを決意したころ、三月六日、親友の堀悌吉に宛てて、「夫《そ》れではお大事に……」と万感を込めた書簡を送っていた。

四月三日、五十六は宇垣纏参謀長や幕僚とともにラバウルに進出した。

駐米大使館付武官時代から五十六の部下として愛された三和義勇参謀は、開戦後も連合艦隊航空参謀として仕えていたが、一七年一二月、ラバウルの南東艦隊参謀兼第一一航空艦隊参謀に転じた。ところが、ちょうど「い号作戦」のころはマラリアに罹《かか》って伏せていた。

病状を心配した五十六から、「僕が帰るまで熱が下がらぬようでは帰還させるぞ！」と言われていた。

さらに、「レントゲンは撮ったのか」と五十六が聞いてきたので、「もう撮りましたが、べつに胸には異常ありません」と三和が答えると、「いかん、もう一度撮ってみよ！」と駄目を押された。その後、三和は山の病院に入院した。

入院して三日目のこと、三和が寝られぬまま寝椅子を病舎のベランダに出させて、明けて行く空を見ていると、三種軍装を着て略綬をつけて手袋まではめた五十六の副官がやって来た。

「この早朝から何事ぞ？」と思っていると、「長官の命でお見舞いに来ました。お言葉をお伝えします」と副官が言うので、三和は起き上がって襟を正した。

「当分の間、見舞ってやれぬが、けっして無理をせぬよう焦ってはいかぬ。充分静養せよ」との五十六からの伝言だった。

三和は、「もう病因も判明し、手当ての結果は非常に良好で、一週間もすれば退院できると思います。けっしてご心配くださいませんように……」と、お礼の言葉を伝えることを依頼した。

五十六一行は、その日、南の方の前線に視察に行くものの、すぐに帰還する予定だったので、副官に、「当分の間とはおかしいね……」と冗談まじりに言うと、副官もべつに気にとめるようなこともなく、「そういえばそうですな……」などと言った。

まもなく熱帯の朝日が昇って、ギラギラと照り出した。空には南方特有の積乱雲もなく紺碧に澄んでいた。

五十六の搭乗した中型攻撃機二機は、零式戦闘機に護られながら、朝の九時すぎ、轟々たる爆音をたてながら、南を指して飛んで行った。三和にすれば、そのわずか二時間後に五十六が帰らぬ人となることなど思いもよらぬことであった。②

戦闘機九機に送られた五十六と宇垣参謀長の二機は、ブーゲンビル島のブイン基地に向かった。

この朝、ブイン空襲の警報が出たものの、五十六一行のブイン着の電報が予定時刻になっても届かないため、ラバウルの司令部ではしきりに気を揉《も》んでいた。

すると一一時半ごろ、護衛戦闘機から、「米軍機と交戦して司令部搭乗機が行方不明!」との連絡がきた。

この朝、米陸軍第三三九戦闘機隊は、ミッチェル少佐のもとにP38ライトニング戦闘機一六機をもって迎撃し、その任務を果したのであった。

翌一九日、参謀搭乗の飛行捜索の結果、ブイン北方の密林に五十六の搭乗機が焼け落ちているのを発見した。

この墜落機は、付近守備中の陸軍部隊が発見して保護したが、焼け爛《ただ》れた機から、太刀を握り締めて天空を睨《にら》んだままの五十六の雄姿が発見された。その致命傷は、顎から斜めに顔面を貫通した一弾と、背中から入ったままの他の一弾の盲貫銃創であった。

五十六の遺骸のポケットからは、「大君の御楯と思ふま心を　残しおかまし命死ぬとも」③と書かれた和歌が発見された。

44　五十六死後の太平洋戦争

日本陸軍の作戦指導部は、ソロモン方面を諦めて、マリアナ諸島からニューギニア西部に連なる線に、新たに防衛圏を設けることを提案した。しかしながら海軍側は、まだ観念的にソロモン方面の死守を主張したため対立した。

この論争は九月になってもつづけられた。このため新作戦方針は、陸軍側が妥協するかたちで、トラック島を主陣地内（絶対確保要線）に入れ、マーシャル諸島は前進陣地ということになった。

九月二五日、陸海軍の妥協案は、「今後採るべき戦争指導の大綱」（一般には「絶対国防圏」と呼称）として政府連絡会議に出され、成案をみた。

〔方針〕

（1）帝国は今明年内に戦局の大勢を決するを目途とし、敵米英に対し、その攻勢企図を破摧しつつ、速やかに必勝の戦略態勢を確保すると共に、決戦戦力、特に航空戦力を急速増強し、主動的に対米英戦を遂行す。（2、3省略）

〔要領〕

（1）万難を排し概ね昭和一九年中期を目途とし、米英の進攻に対応すべき戦略態勢を確立しつつ、随時敵の反攻戦力を捕捉破摧す。
帝国戦争遂行上太平洋及び印度洋に於て絶対確保すべき要域を、千島、小笠原、内南洋（中西部）及西部ニューギニア、スンダ、ビルマを含む圏域とす。
戦争終始を通し圏内海上交通を確保す。（以下略）①

新作戦方針は、九月三〇日の御前会議で決定され、陸海は、ただちに北東方面と中南部太平洋方面（マーシャル、ギルバート方面をのぞく）の陸海軍中央協定の改定を行なった。

この中央協定に対して、連合艦隊側はつぎのように不満を顕《あら》わにした。

（1）新中央協定はやる必要なし。それに依り陸軍の出足が鈍る。
（2）根本思想の合っていないものを妥協して居るのは宜しくない。
（3）陸軍のケ号思想（後退思想）を打破せざるべからず。②

連合艦隊側の意気込みにもかかわらず前線では、たとえば大本営海軍部第一部長に同行して、トラックからラバウルを廻った源田実参謀の報告にもあるように、「南東方面航空戦力。実働の三分の一、病人多く最近四五～五〇％の罹病率、過労に起因す。中尉級優秀士官は、前線に出て殆ど戦死す。搭乗員交代を必要とす」という悲劇的な状況であった。

このように、新作戦方針の策定も、すでに時機を失っていたのである。

連合軍は、日本が絶対国防圏を決定する直前に、ニューギニアのラエとサラモアを占領し、九月二二日、フィンシュハーフェンに上陸し、一〇月にはラバウル空襲を強化して、一一月一日、ブーゲンビル島のタロキナに上陸し、はやくも日本の絶対国防圏内に攻め入って来た。

同年一一月、米国の統合参謀本部は、それまでのマッカーサー軍とニミッツ軍による二正面作戦は続行するものの、主攻撃面をニミッツ軍の中部太平洋に置くことに変更した。

この方針に沿って連合軍は、一一月二一日、中部太平洋のギルバート諸島のマキン、タラワ島に上陸した。このため同月二五日、両島の日本軍守備隊は全滅した。

越えて昭和一九年二月、米軍はマーシャル諸島に襲いかかり、同月一七と一八の両日、日本の一大海軍基地であるトラック諸島が空襲を受け壊滅した。

ここに、わずか数ヵ月前に決定したばかりの「絶対国防圏」は、脆《もろ》くも崩れ去った。

昭和一九年四月、五十六の後継の連合艦隊司令長官古賀峯一大将は、パラオからダバオに移る際に殉職した。

このため後任には、横須賀鎮守府司令長官の豊田副武大将が就任した。

日本海軍の作戦担当者は、消耗した航空兵力を一刻も早く再建して、米機動部隊にあたらなければ、戦局の転換は不可能であると判断していた。

五月二日、御前会議で、陸海軍両総長、次長、第一部長らが出席して、つぎのような「連合艦隊の準拠すべき当面の作戦方針」（あ号作戦・マリアナ沖海戦）が裁可された。

「我が決戦兵力の大部を集中して、敵の主反攻企図を挫折せしむ。之が為、
（1）速やかに我決戦兵力を整備して、概ね五月下旬以降比島並に豪北方面に亙る海面に於て敵艦隊主力を捕捉、之が撃滅を企図す。
（2）右決戦兵力整備以前に於ては、特定の場合の外、決戦を避くるを本旨とす」③
六月一五日、米軍のサイパン上陸に呼応して、あ号作戦が発令された。

同月一九日、日本海軍第一機動艦隊は、米機動部隊に対して、全力で航空攻撃をかけたものの、敵の恐るべき威力を持つVT信管装置の高角砲弾の前に、つぎつぎに撃墜された。米軍はこの様子を、「マリアナの七面鳥狩り」と呼んだ。

日本海軍は、この作戦において、空母大鳳と翔鶴を失った。かくして日本海軍は、正常に海上作戦をする能力を失った。

マリアナ防衛線を抜かれた日本は、南方フィリピンから台湾、沖縄はもちろんのこと、日本本土すら、連合軍の直接の脅威に曝《さら》されることになった。

「捷号作戦」と名づけられたフィリピン防衛では、母艦部隊を囮《おとり》として、わが水上部隊が、敵が上陸してきたレイテ湾に突入するという捨て身の作戦を行なったが、失敗に終わった。④

日本海軍は、囮に使った空母瑞鶴と戦艦武蔵を失った。あとに残る作戦は、特攻作戦しかなかった。

昭和二〇年四月六日、戦艦大和以下、日本海軍最後の水上部隊の出撃が行なわれた。

第二艦隊司令長官伊藤整一中将は、出撃に際して、この特攻作戦は、「帝国海軍の栄光を後世に伝えんためである」と訓示した。

このような日本海軍の特攻作戦は、近代軍隊の作戦範疇を大きく逸脱するものであった。

米国は、昭和二〇年七月に原子爆弾を開発した。七月二六日、ポツダム宣言が発表されたが、日本がこれを承諾しなかったため、八月六日に広島、そして八月九日に長崎に、それぞれ原爆が投下された。

日本は昭和二〇年八月一五日、天皇の玉音放送によって「終戦の詔勅」が下され、軍隊の解体をふくむいわゆる無条件降伏を受け入れた。

八月二二日午前をもって全海軍部隊の停戦が実施された。ここに海軍作戦は、惨憺たる敗北のうちに終わりを告げることになった。

八月一五日には宇垣纏第五航空司令長官が航空機に搭乗して沖縄に突入した。翌一六日には、大西瀧治郎軍令部次長は、特攻の生みの親としての責任をとって自刃した。

一〇月一〇日、七三年九ヵ月の歴史を刻んだ日本帝国海軍省が廃止された。

同日、最後の海軍大臣となった米内光政大将は、海軍省解散に際して、「三年有余の苦闘、遂に空しく征戦既に往時と化し、ここに海軍解散日を迎うるに至れり。顧みれば明治初海軍省の創設以来七〇余年、この間邦家の進運と海軍の育成に尽瘁せる先輩諸氏の業績を憶う時、帝国海軍今日において保全するの能わざりしは、吾人千載の恨事にして深く慙愧に堪えざる所なり」⑤との談話を発表した。

筆者の胸には、昭和一六年一〇月一一日付の書簡のなかで、堀悌吉宛に、「大勢は既に最悪の場合に陥りたりと認む。之が天命なりとは情けなき次第なり……」と認めた五十六の慙愧の念が、鋭く衝《つ》いてくるのである。

平成二〇年五月、世田谷区上馬の堀悌吉の旧宅から、新たに大量の史料が発見された。

これら史料は、堀が大分県杵築市の出身だったことから、現在、「大分県先哲史料館」に納められている。

私はこの史料館を都合二回にわたって訪れ、その史料的価値が非常に高いものであることを、実際この目で確かめてきた。

さらに初雪が間もなく降るという直前の二〇一四年一一月末、五十六の郷里である新潟県長岡市を二五年ぶりで再訪し、互尊文庫・長岡中央図書館付設の長岡文書資料室や、日本互尊社・如是蔵博物館、そして山本五十六記念館、および河井継之助記念館、そして悠久山などを見てまわった。

長岡市にある如是蔵博物館を訪問し、五十六に関する遺品のかずかずを見たとき、山本五十六を生んだこの旧長岡藩が非常な格式を備えていることを実感した。

このたび拙著が刊行されることは、筆者の大きな喜びである。

この出版にあたってご尽力いただいた潮書房光人社第一出版部部長の川岡篤氏には、厚く感謝申し上げるしだいである。

そして何といっても、NHKBS1のスペシャル番組『山本五十六の真実』の解説にお声がけいただいた渡邊裕鴻氏と中富智美さんに対して、衷心より感謝申し上げたい。
拙著を書くにあたっては、五十六の人間性とその戦略に関して、この一年間、渡邊氏とさまざまな角度から議論をかさねてきたことが大きな動機となっている。この点についてもかさねて御礼申し上げるしだいである。

工藤美知尋

平成二七年一〇月

【引用注】
［はじめに］
①社会科学上、一つの概念を筆者の嗜好によって左右することは慎まなければならないが、「海軍良識派」という概念は、『日本外交史⑯海軍軍縮交渉・不戦条約』（昭和四八年、鹿島平和研究所、二六五～二六六頁）のなかでも、一般的呼称としてすでに使われている。たとえば、昭和九年一月下旬、駐日米国大使のグルーは、国務省宛の報告のなかで、「岡田啓介大将、財部彪海相、山梨勝之進次官、谷口尚真などの予備役編入やあいつぐ辞任は、海軍条約派・良識派に対する、強硬派の巻き返しである」と述べている。
②矢部貞治『近衛文麿（全二巻）』昭和二七年、弘文堂。四二〇頁。

1、生い立ち
①長岡市の日本互尊社・如是蔵博物館、長岡中央図書館互尊文庫文書資料室。
②反町栄一『人間・山本五十六—元帥の生涯』。四頁。
③稲川明雄『新潟県人小伝・山本五十六』。一三～一六頁。
④稲川明雄「山本五十六と長岡時代」（『歴史と旅』平成一一年九月号）
⑤小原直『小原直回顧録』。一六頁。

2、海軍兵学校入学
①セシル・ブロック（西山真雄訳）『江田島—イギリス人教師が見た海軍兵学校』。一四～一六頁。
②鎌田芳朗「海軍兵学校時代」（『山本五十六のすべて』）昭和六〇年、新人物往来社。三四～三六頁。
③反町、前掲書。一二八頁。
④鎌田、前掲書。三八～四一頁。
⑤『山本五十六記念館展示図録』。九頁。
⑥反町、前掲書。一二八頁。
⑦鎌田芳朗、前掲書。四四～四五頁。

3、日本海海戦
①反町、前掲書。一四一頁。
②同上書。一四三～一四四頁。
③同上書。一四五～一四七頁。
④同上書。一四九～一五〇頁。

4、結婚
①反町、同上書。二一四～二二〇頁。
②山本義正『父・山本五十六』。九八～一〇〇頁。
③『山本五十六記念館展示図録』。一三頁。
④吉田俊雄「〔情〕で統率された連合艦隊」（『山本五十六のすべて』）一五九～一六一頁。
⑤『山本五十六記念館展示図録』。一三頁。

5、米国駐在
①反町、同上書。二二二～二二三頁。
②同上書。二二三～二二五頁。
③『山本五十六記念館展示図録』。一六頁。
④同上書。二三四頁。

6、石油に着目

①反町、同上書。二三七頁。
②同上書。二四〇〜二四一頁。
7、長男誕生と欧米視察
①山本、前掲書。二三七頁。
②高木惣吉『山本五十六と米内光政』。二六頁。
8、霞ヶ浦航空隊
①三和多美『海軍の家族―山本五十六元帥と父三和義勇と私たち』。一四四〜一四九頁。
②反町、同上書。二六八〜二六九頁。
③山本、同上書。一二三〜一二五頁。
④渡邊裕鴻『山本五十六元帥と渡邊家』（山本元帥景仰会）第三〇号。平成二六年四月。
⑤反町、前掲書。二七三〜二七四頁。
⑥山本、同上書。一三四頁。
9、駐米大使館武官
①反町、同上書。二八四頁。
②三和、同上書。一六四〜一六五頁。
10、赤城艦長
①反町、同上書。二九四〜二九九頁。
①三和、同上書。一七二〜一七四頁。
11、ロンドン海軍軍縮会議
〔1〕日本海海戦の大勝利によって、大艦巨砲主義と迎撃作戦が固定観念化する
①工藤美知尋『日本海軍と太平洋戦争（上）』。三〇〜三一頁。
②同上書。三八頁。
③同上書。七五〜七七頁。
④同上書。八〇頁。
⑤同上書。八一〜八二頁。
⑥同上書。八二〜八五頁。
⑦同上書。八七〜八八頁。
〔2〕八八艦隊建設へ
①工藤、同上書。八九〜九〇頁。
②同上書。一一二〜一一三頁。
③同上書。一一六頁。
④同上書。一一七頁。
〔3〕ワシントン海軍軍縮会議
①工藤美知尋『加藤友三郎と軍縮時代―米国を敵国とした日露戦争後の日本海軍』。二二三〜二二四頁。
②同上書。二三〇〜二三一頁。
③同上書。二三三〜二三四頁。
④同上書。二三四〜二三五頁。
〔4〕加藤友三郎の戦略思想
①工藤、同上書。二三七〜二三八頁。
②同上書。二三八〜二三九。
③工藤、『日本海軍と太平洋戦争（上）』一四八〜一五〇頁。
〔5〕補助艦の制限協定を目指して―ジュネーブ海軍軍縮会議
①工藤、同上書。一五六〜一六三頁。
〔6〕ロンドン海軍軍縮会議の開催
①工藤、『日本海軍と太平洋戦争（上）』。一六八頁。
②大分県先哲史料館『堀悌吉資料集（第一巻）』。一〇〇〜一〇一頁。
③工藤、同上書。一七一〜一七八頁。

④反町、前掲書。三〇三頁。
⑤反町、同上書。三〇二頁。
⑥東京12チャンネル報道部編『証言・私の昭和史』。一四五～一五三頁。
⑦工藤、前掲書。一八六～一八七頁。
⑧海上自衛隊幹部学校資料『堀悌吉資料』。
⑨同上資料。
⑩高木、前掲書。三八～四〇頁。

〔7〕ロンドン海軍会議以後の五十六
①反町、同上書。三〇四～三〇五頁。
②高木、前掲書。四〇～四一頁。
③同上書。四一～四三頁。
④反町、同上書。三一三頁。

12、第一航空戦隊司令官
①三和、同上書。一七一頁。
②反町、同上書。三二二頁。
③同上書。三二三頁。

13、海軍良識派の衰退

〔1〕戦時大本営条例、同勤務令の改定
①工藤、前掲書。二二五頁。
②同上書。二二六～二二七頁。
③同上書。二二七～二二八頁。

〔2〕新軍令部条例、省部互渉規定と井上成美
①工藤、同上書。二二九頁。
②同上書。二三〇頁。
③同上書。二三〇頁。
④同上書。二三一～二三二頁。
⑤同上書。二三二～二三五頁。

〔3〕五十六の親友堀悌吉、大角人事の犠牲となる
①「朝日新聞」昭和八年一一月一五日付。
②工藤、同上書。二三六～二三七頁。
③榎本重治「堀中将の思出」（堀悌吉君追悼録編集会『堀悌吉君追悼録』）。四四～四五頁。
④工藤『海軍良識派研究』、一八七頁。

14、五十六、第二次ロンドン海軍軍縮会議予備交渉の代表となる
①工藤『日本海軍と太平洋戦争（上）』、二三九頁。
②同上書。二四七～二五一頁。
③同上書。二四〇～二四一頁。
④同上書。二四一～二四二頁。
⑤同上書。二四二頁。
⑥同上書。二四二～二四三頁。
⑦同上書。二四二頁。
⑧防衛省防衛研究所戦史室資料。通称「海軍パンフレット」。
⑨工藤、同上書。二四五～二四六頁。
⑩同上書。二四六頁。
⑪工藤、同上書。二四六頁。『井上成美談話収録』。

15、板ばさみの中で苦悩する五十六
①反町、同上書。三三一頁。
②稲川明雄『新潟県人物小伝・河井継之助』。
③反町、同上書。三三一～三三二頁。
④同上書。三三二頁。
⑤同上書。三三四～三三五頁。

⑥「五峯録」（『堀悌吉資料集（第一巻）』）。三二六頁。
⑦堀内謙介監修『日本外交史（第一六巻）海軍軍縮交渉・不戦条約』。三二八～三三五頁。
⑧角田順「日本海軍三代の歴史」（『政治と軍事―明治・大正・昭和初期の日本』）。二二七頁。
⑨反町、同上書。三五〇～三六〇頁。

16、河合千代子（梅龍）との出会い
①中村喜春『江戸っ子芸者一代記』。
②工藤『劇物語山本五十六―稜線』。二一三～二一六頁。

17、海軍航空本部長に就任
①反町、同上書。三八三～三八四頁。
②同上書。三八四頁。

18、日本海軍を支配する大艦巨砲主義
①工藤『日本海軍と太平洋戦争（下）』、三三～三四頁。
②同上書。三四～三五頁。
③同上書。三六頁。
④同上書。三七～三八頁。

19、五十六、海軍次官に就任
①反町、同上書。三九三頁。高木、前掲書、五三頁。
②反町、同上書。三九三～三九四頁。
③高宮太平『日本宰相列伝⑯米内光政』。四九～五一頁。

20、日独伊防共協定強化問題と五十六
①高木、前掲書。五五～五七頁。
②工藤、同上書。一九～二八頁。
③同上書。四〇頁。
④同上書。一〇～一一頁。
⑤同上書。一一頁。

⑥同上書。四八～四九頁。
⑦同上書。五三～五四頁。
⑧同上書。五八～五九頁。

21、暗殺を覚悟する五十六
①実松譲『大海軍惜別記』。三六頁。
②反町、同上書。四〇七～四〇八頁。
③高木、前掲書。五八頁。
④木戸幸一『木戸幸一日記（下）』。七一〇～七一二頁。
⑤実松、同上書。三六～三七頁。
⑥同上書。三九～四〇頁。
⑦同上書。四〇頁。
⑧同上書。四二頁。原田熊雄『西園寺公と政局（全九巻）』（原田日記）。昭和一四年八月四日付。
⑨反町、同上書。四一九頁。
⑩「井上成美談話収録」。
⑪新名丈夫編『海軍戦争検討会議記録』。七四頁。

22、日独伊三国軍事同盟の成立
①工藤、前掲書、六八～六九頁。
②同上書。七〇頁。
③同上書。七三頁。
④同上書。七四頁。
⑤堀内謙介監修『日本外交史（第二一巻）日独伊三国同盟・日ソ中立条約』。二四〇頁。
⑥工藤、同上書。七八頁。
⑦同上書。八〇～八一頁。
⑧同上書。八一頁。
⑨同上書。八一～八二頁。

23、三国同盟と五十六
①工藤、同上書。八三～八五頁。
②同上書。八五頁。
③同上書。八六頁。
④高木、前掲書、七〇～七一頁。
⑤反町、同上書。四四六～四四七頁。
⑥近衛文麿『平和への努力』。三一～三二頁。
⑦反町、同上書。四四七頁。
⑧『原田日記（八）』。三三六頁。
⑨「井上成美談話収録」。
⑩『極東軍事裁判速記録』（書証）。五五三頁。

24、天皇の憂慮
①『原田日記（八）』。三四六～三四七頁。
②同上書。三四七頁。
③同上書。三四七頁。
④グルー（石川欣一訳）『滞日十年（下）』。六八～六九頁。

25、連合艦隊司令長官・五十六の深憂
①高宮、前掲書。一二二～一二三頁。
②反町、同上書。四三一～四三二頁。
③中沢佑刊行会『海軍中将中沢佑伝―海軍作戦部長、人事局長の回想』。四二～四五頁。
④実松譲編『最後の砦―提督吉田善吾の生涯』。七六～七七頁。
⑤実松、同上書。七九頁。
⑥近衛、前掲書。三〇～三一頁。
⑦反町、同上書。四四七頁。

26、海軍の立場
①防衛省防衛研修所戦史室『大本営海軍部・連合艦隊（一）』。五三七頁。高木惣吉『太平洋海戦史』。
②種村佐孝『大本営機密日誌』。七七頁。
③服部卓四郎『大東亜戦争全史』。九〇頁。
④参謀本部編『杉山メモ（上）』（大本営政府連絡会議等筆記・全三冊）。三〇四頁。

27、九月六日の御前会議
①『杉山メモ（上）』三一二～三一四頁。
②近衛、同上書。八六～八七頁。
③同上書。八七頁。
④同上書。八八頁。
⑤同上書。八九頁。
⑥外務省資料『日米交渉記録ノ部』。二〇九頁。
⑦『杉山メモ（上）』。三四二頁。
⑧『木戸日記（下）』。九一一～九一二頁。
⑨日本国際政治学界『太平洋戦争への道（七）』。二八六頁。
⑩同上書。二八七頁。
⑪『杉山メモ（上）』。三四五～三四七頁。
⑫『海軍戦争検討会議記録』。一七七～一八一頁。
⑬『木戸日記（下）』。九一四頁。
⑭近衛、同上書。九四頁。
⑮同上書。九六頁。
⑯同上書。九七頁。
⑰同上書。九七～九八頁。
⑱同上書。九八頁。

⑲反町、前掲書。四五二〜四五三頁。

28、東条内閣の出現と開戦決定

①田中新一『大戦突入の真相』。一三五頁。

②『木戸日記（下）』。九一七頁。

③同上書。九一八頁。

④「嶋田繁太郎大将開戦日記」（『文藝春秋』昭和五一年一一月号）。

⑤同上書。

⑥『杉山メモ（上）』。三八一頁。

⑦田中、前掲書。一五〇〜一五一頁。

⑧栗原健『天皇―昭和史覚書』。一七五頁。

⑨『杉山メモ（上）』。四一七〜四三一頁。

⑩来栖三郎『泡沫の三五年―わが外交』。一〜三〇頁。

⑪『日米交渉記録ノ部』。四六七頁。

⑫チャールズ・ビーアド（開米潤訳）『ルーズベルトの責任―日米戦争はなぜ始まったか（下）』。六八八頁。

29、真珠湾奇襲作戦

①『堀悌吉資料集（一）』。三三五頁。

②戦史室「現情勢下ニ於テ帝国海軍ノ執ルベキ態度」。

③工藤、前掲書。二七八〜二七九頁。

④同上書。二五〇頁。

⑤「井上成美談話収録」。

⑥戦史室「航空本部長申継書」。

⑦工藤、前掲書。二五二〜二五三頁。

⑧同上書。二五三頁。

⑨同上書。二五三頁。

⑩『堀悌吉資料集（一）』。三三五頁。

⑪福留繁『史観真珠湾攻撃』。一五一頁。

⑫『堀悌吉資料集（一）』。三〇八〜三一一頁。

⑬源田実氏への取材。

⑭戦史叢書『ハワイ作戦』。九一〜九二頁。

⑮同上書、一〇一頁。史料調査会『太平洋戦争と富岡定俊』。ゴードン・プランゲ（千早正隆訳）『トラ・トラ・トラ』。実松譲『真珠湾までの365日』。

⑯『ハワイ作戦』。一〇一頁。

⑰福留、同上書。一五四頁。

⑱源田実『真珠湾作戦回顧録』。一五三〜一五四頁。

⑲同上書。一五四頁。

⑳草鹿龍之介『連合艦隊の栄光』。二八頁。

㉑阿川弘之『山本五十六（下）』。四六頁。

㉒『ハワイ作戦』。一一二〜一一三頁。

㉓同上書。一一三頁。

㉔『堀悌吉資料集（一）』。三一八〜三一九頁。

㉕戦史室資料『大海令綴』。

㉖戦史室資料『大海指綴』。

㉗『大海令綴』。

㉘『大海指綴』。

㉙㉚。『大海令綴』。

㉛反町、同上書。四五九〜四六一頁。

㉜山本、前掲書。一五四〜一五八頁。

㉝反町、同上書。四五八頁。

㉞同上書。四六〇〜四六一頁。

30、戦術的勝利、戦略的失敗の真珠湾作戦

①反町、同上書。四四九〜四五〇頁。

②稲川明雄『山本五十六のことば』。一〇〇頁。
③工藤『日本海軍の歴史がよくわかる本』。三八六〜三八七頁。
④同上書。三八八〜三九〇頁。
⑤反町、同上書。四六三〜四六七頁。

31、五十六の目論見を打ち砕いた開戦通告遅延問題
①反町、同上書。四六七〜四六八頁。
②実松、前掲書。一二一〜一二四頁。
③反町、同上書。四六八〜四六九頁。

32、革命的な五十六の真珠湾奇襲作戦
①工藤『日本海軍と太平洋戦争（下）』三七頁。
②工藤「軍令部と海軍作戦」（『戦争と人物［七］―参謀本部と軍令部』）一一七頁。
③同上書。一一八頁。
④同上書。一一八頁。
⑤「井上成美談話収録」。
⑥同上書。
⑦工藤、同上書。一一八〜一一九頁。

33、第一段作戦（攻勢作戦）―ハワイ奇襲作戦と軍令部
①富岡定俊『開戦と終戦―人と機構と計画』。八七〜八八頁。
②同上書。九六〜九七頁。

34、南方進攻作戦とマレー沖海戦
①工藤『日本海軍の歴史がよくわかる本』。三九一〜三九四頁。
②ウェンストン・チャーチル『第二次大戦回顧録』。

35、第二段作戦―五十六の焦り
①工藤「軍令部と海軍作戦」。一二一〜一二二頁。
②反町、同上書。四七四〜四七五頁。
③『堀悌吉資料集（一）』。三一九〜三二〇頁。
④反町、同上書。四六二頁。

36、珊瑚海海戦
①工藤『日本海軍の歴史がよくわかる本』。三九八〜三九九頁。
②同上書。四〇〇〜四〇一頁。
③同上書。四〇二〜四〇三頁。

37、ミッドウェー海戦
①春山和典『渡邊専務参謀の語る山本五十六』。三三〜三五頁。
②工藤「軍令部と海軍作戦」。一二二頁。
③富岡、同上書。一一六頁。
④同上書。一一八頁。
⑤工藤『日本海軍の歴史がよくわかる本』。四〇五頁。
⑥同上書。四〇五〜四一一頁。
⑦近江兵治郎『連合艦隊司令長官山本五十六とその参謀たち』。一〇八〜一一〇頁。
⑧千早正隆『日本海軍の驕り症候群』。三八四頁。

38、ガダルカナル争奪戦と第一次ソロモン海戦
①工藤『日本海軍の歴史がよくわかる本』。四一二〜四一三頁。
②高木、前掲書。九九頁。
③工藤、同上書。四一四〜四一五頁。

39、第二次ソロモン海戦
①工藤、前掲書。四一六〜四一八頁。

40、サボ島沖海戦
①工藤、同上書。四一九～四二一頁。
②『堀悌吉資料集（一）』。三三一頁。
41、南太平洋海戦
①工藤、同上書。四二一～四二三頁。
②高木、前掲書。一〇〇頁。
③同上書。一〇一頁。
④反町、同上書。四九一頁。
⑤同上書。四八五～四八六頁。
⑥高木、同上書。一〇一頁。
42、第三次ソロモン海戦とルンガ沖夜戦
①工藤、前掲書。四二六～四二八頁。
43、第三段作戦（ソロモン、ニューギニア守勢作戦）―五十六の死
①工藤、前掲書。四二八～四三〇頁。
②三和、同上書。一九七～一九九頁。
③高木、同上書。一四六頁。
44、五十六死後の太平洋戦争
①工藤「軍令部と海軍作戦」。一二四頁。
②同上書。一二四頁。
③同上書。一二五頁。
④同上書。一二五頁。
⑤工藤『日本海軍の歴史がよくわかる本』。四〇〇頁。

【主要参考文献】


相澤淳『海軍の選択―再考・真珠湾時への道』平成一四年、中央公論新社。

阿川弘之『山本五十六（全二冊）』昭和四八年、新潮文庫。

池田清『海軍と日本』昭和五六年、中公新書。

井口武夫『開戦神話―対米通告はなぜ遅れたのか』平成二〇年、中央公論新社。

伊藤正徳『大海軍を想う』平成一四年、光人社NF文庫。

稲川明雄『新潟県人物小伝　山本五十六』平成二一年、新潟日報事業社。

稲川明雄『山本五十六のことば』平成二三年、新潟日報事業社。

稲川明雄『新潟県人物小伝　河井継之助』平成二〇年、新潟日報事業社。

稲葉・小林・角田編『太平洋戦争への道（資料編）』昭和三八年、朝日新聞社。

猪瀬直樹・平塚柾緒『目撃者が語る昭和史（全八巻）―第六巻太平洋戦争Ⅰ、Ⅱ』昭和六四年、新人物往来社。

生出寿『凡将・山本五十六』昭和五八年、徳間書店。

大分県先哲史料館編『堀悌吉資料集（全三巻）』平成一八年、大分県教育委員会。

大分県先哲史料館編（芳賀徹他）『堀悌吉（評伝）』平成二一年、大分県教育委員会。

近江兵治郎『連合艦隊司令長官山本五十六とその参謀たち』平成一二年、テイ・アイ・エス。

小原直『小原直回顧録』昭和六一年、中公文庫。

株式会社テレビ東京『証言・私の昭和史Ⅰ』昭和五九年、旺文社文庫。

鎌田芳朗『海軍兵学校物語』昭和五四年、原書房。

木戸幸一『木戸幸一日記（全二巻）』昭和四一年、東京大学出版会。

草鹿龍之介『連合艦隊の栄光と終焉』昭和四七年、行政通信社。

工藤美知尋『日本海軍と太平洋戦争（全二巻）』昭和五七年、南窓社。

工藤美知尋『劇物語・井上成美』平成二年、光人社。

工藤美知尋『劇物語・山本五十六―稜線』平成二年、光人社。

工藤美知尋『海軍良識派の支柱・山梨勝之進―忘れられた提督の生涯』平成二五年、芙蓉書房出版。

工藤美知尋『海軍良識派の研究』平成二一年、光人社NF文庫。

工藤美知尋『海軍大将加藤友三郎と軍縮時代』平成二三年、光人社NF文庫。

工藤美知尋『日本海軍の歴史がよくわかる本』平成一九年、PHP文庫。

工藤美知尋「軍令部と海軍作戦」（別冊［丸］二月臨時増刊『戦争と人物―参謀本部と軍令部』）平成八年、光人社。

工藤美知尋「真珠湾に至る日本海軍の相克と葛藤」（別冊［丸］一二月臨時増刊『日米戦争・真珠湾―トラ・トラ・トラへの道』）平成二年、光人社。

久野潤『帝国海軍の航跡―祖父たちの証言』平成二六年、青林堂。

栗原健『天皇―昭和史覚書』昭和六〇年、原書房。

軍事史学会編『大本営戦争指導班・機密戦争日誌（全二巻）』平成一〇年、錦正社。

源田実『海軍航空隊始末記』平成八年、文春文庫。

伊藤隆・工藤美知尋他編『高木惣吉・日記と情報（全二巻）』平成一二年、みすず書房。

長谷川・工藤他『日本近代と戦争（全六巻）』昭和六一年、PHP研究所。

工藤美代子『海燃ゆ　山本五十六の生涯』平成一六年、講談社。

斎藤充功『昭和史発掘　開戦通告はなぜ遅れたか』平成一六年、PHP新書。

実松譲『米内光政・山本五十六が最も尊敬した一軍人の生涯』平成二年、光人社。

実松譲『大海軍惜別記』昭和五四年、光人社。

実松譲『真珠湾までの365日』昭和四四年、光人社。

実松譲『提督吉田善吾』昭和五四年、光人社。

実松譲『ああ日本海軍（全二冊）』昭和五二年、光人社。

実松譲『海軍大将米内光政覚書』昭和五三年、光人社。

澤地久枝・半藤一利・戸高一成『日本海軍はなぜ過ったか―海軍反省会400時間の証言より』平成二三年、岩波書店。

史料調査会編『太平洋戦争と富岡定俊』昭和六二年、軍事研究社。

新人物往来社編『山本五十六のすべて』昭和六〇年、新人物往来社。

新人物往来社編『海軍江田島教育』昭和六一年、新人物往来社。

関静雄『ロンドン海軍条約成立史―昭和動乱の序曲』平成一九年、ミネルヴァ書房。

セシル・ブロック（西山真雄訳）『江田島　イギリス人教師が見た海軍兵学校』平成八年、文殊社。

反町栄一『人間山本五十六―元帥の生涯』昭和五三年、光和堂。

高木惣吉『山本五十六と米内光政』昭和二五年、文藝春秋新社。

高木惣吉『私観太平洋戦争』昭和四四年、文藝春秋。

高木惣吉『自伝的日本海軍始末記―帝国海軍の内に秘められたる栄光と悲劇の事情』昭和四六年、光人社。

高木惣吉『自伝的日本海軍始末記【続編】―帝国海軍の内に秘められたる栄光と悲劇の事情』昭和五四年、光人社。

高橋文彦『海軍一軍人の生涯』平成一〇年、光人社。

高宮太平『日本宰相列伝⑯米内光政』昭和六一年、時事通信社。

田中宏巳『山本五十六』平成二二年、吉川弘文館。

種村佐孝『大本営機密日誌』昭和六〇年、芙蓉書房出版。

千早正隆『日本海軍の戦略発想』昭和五七年、プレジデント社。

千早正隆『日本海軍の驕りの始まり―元連合艦隊参謀が語る昭和海軍』昭和六四年、並木書房。

千早正隆『日本海軍の功罪』平成六年、プレジデント社。

千早正隆「連合艦隊の栄光と最期」（別冊「丸」一月臨時増刊『連合艦隊の栄光と最期』）平成五年、光人社。

チャールズ・ビーアド（開米潤監訳）『ルーズベルトの責任―日米戦争はなぜ始まったか（全二巻）』平成二四年、藤原書店。

角田順『政治と軍事―明治・大正・昭和初期の日本』昭和六二年、光風社出版。

手嶋泰伸『海軍将校たちの太平洋戦争』平成二六年、吉川弘文館。

戸川幸夫『人間提督山本五十六』昭和五一年、光人社。

富岡定俊『開戦と終戦―人と機構と計画』昭和四三年、毎日新聞社。

豊田穣『波まくらいくたびぞ―悲劇の提督・南雲忠一中将』昭和四八年、講談社。

【主要参考文献】


豊田穣『海軍軍令部』昭和六二年、講談社。

豊田・吉田・半藤他『山本五十六―悲劇の連合艦隊司令長官』平成二年、プレジデント社。

鳥居民『山本五十六の乾坤一擲』平成二二年、文藝春秋。

鳥巣建之助『日本海軍　失敗の研究』平成二年、文藝春秋。

中島修三『山本五十六の書と書簡』平成二〇年、非売品。

日本国際政治学会・太平洋戦争原因研究部『太平洋戦争への道（全七巻・別巻）』昭和三七年、朝日新聞社。

野村實『山本五十六再考』平成八年、中公文庫。

野村實『太平洋戦争と日本軍部の研究』昭和五八年、山川出版社。

秦郁彦『検証・真珠湾の謎と真実―ルーズベルトは知っていたか』平成二三年、中公文庫。

波多野澄雄『幕僚たちの真珠湾』平成二五年、吉川弘文館。

原為一『帝国海軍の最後』平成二三年、河出書房新社。

原勝洋・北村新三『暗号に敗れた日本―太平洋戦争の明暗を分けた米軍の暗号解読』平成二六年、ＰＨＰ研究所。

原田熊雄『西園寺公と政局（全八巻・巻）』昭和二七年、岩波書店。

半藤一利『山本五十六』平成一九年、平凡社。

半藤一利『山本五十六の無念』昭和六一年、恒文社。

半藤一利『日本海軍を動かした人びと』昭和五八年、力富書房。

半藤一利『日本海軍の栄光と挫折―列伝で読む組織の盛衰』平成六年、ＰＨＰ研究所。

防衛庁戦史室公刊戦史（角田求士）『ハワイ作戦』昭和四二年。

防衛庁戦史室公刊戦史（角田求士）『ミッドウェー海戦』昭和四六年。

防衛庁戦史室公刊戦史（坂本金美）『マリアナ沖海戦』昭和四三年。

堀内謙介監『日本外交史（一二）・日独伊同盟・日ソ中立条約』昭和六二年、鹿島平和研究所。

堀内謙介監『日本外交史（一六）・海軍軍縮交渉・不戦条約』昭和四八年、鹿島平和研究所。

堀悌吉君追悼録編集会『堀悌吉君追悼録』昭和三四年、非売品。

松野良寅『遠い潮騒―米沢海軍の系譜と追憶』昭和五五年、米沢海軍武官会。

「丸」編集部編『山本五十六と連合艦隊司令部』平成二四年、光人社ＮＦ文庫。

宮野澄『不遇の提督　堀悌吉』平成二年、光人社。

御田俊一『帝国海軍はなぜ敗れたか』昭和五九年、芙蓉書房出版。

三和多美『海軍の家族―山本五十六元帥と父三和義勇と私たち』平成二三年、文藝春秋。

森山康平『山本五十六―戦争嫌いの司令官』平成二三年、ＰＨＰ文庫。

望月良夫『山本五十六の恋文』平成四年、考古堂。

森山優『日本はなぜ開戦に踏み切ったか―「両論併記」と「非決定」』平成二四年、新潮社。

森山優『山本五十六は何を見たか―日米開戦に反対したある軍人の本心』平成一七年、ＰＨＰ研究所。

矢部貞治『近衛文麿（全二巻）』昭和二七年、弘文堂。

山本五十六景仰会編『山本五十六記念館展示図録』平成一一年。

山本義正『「新装版」父山本五十六―家族で囲んだ最後の夕餉』平成一九年、恒文社。

吉田俊雄『日本陸海軍の生涯　相克と自壊』平成一三年、文春文庫。
吉田俊雄『大本営海軍参謀』平成二四年、光人社NF文庫。
吉田俊雄『栄光と悲劇　連合艦隊』昭和六一年、秋田書店。
吉田俊雄『日本帝国海軍はなぜ敗れたか』昭和六〇年、文藝春秋。
歴史読本編集部『日米開戦と山本五十六』平成二一年、新人物往来社。

【山本五十六年譜】

明治17年4月4日　新潟県長岡市に生まれる。
明治34年12月16日　海軍兵学校入校（32期）。
明治37年11月14日　海軍兵学校卒業。海軍少尉候補生として練習船韓崎丸乗組。
明治38年1月3日　装甲巡洋艦日進に乗組。
5月27日　日本海海戦で重傷を負う。
8月31日　海軍少尉。
明治40年8月5日　海軍砲術学校普通科学生。
9月28日　海軍中尉。
明治42年3月14日　横須賀発、北米へ回航（7月19日帰国）。
10月11日　海軍大尉で練習艦宗谷乗組。
明治43年2月～7月　オーストラリア方面へ遠洋航海。
明治44年5月22日　海軍砲術学校高等科学生。
12月1日　海軍砲術学校教官兼分隊長。経理学校教官。
大正元年12月1日　佐世保予備艦隊参謀。第三艦隊新高砲術長。
大正2年2月21日　父貞吉死亡。数え84歳。
8月27日　母峯子死亡。数え68歳。
大正3年12月1日　海軍大学校甲種学生。
大正4年12月13日　海軍少佐。
大正5年9月30日　山本と改姓の届け。元長岡藩家老山本帯刀の山本家を継ぐ。
12月1日　海軍大学校甲種卒業。第二艦隊参謀。
大正6年7月21日　海軍省軍務局員。
7月27日　海軍教育本部部員兼技術本部技術会議議員。
大正7年8月4日　会津藩士三橋康守三女礼子と結婚（8月16日結婚願認許）。
大正8年4月5日　駐在武官として米国へ（5月20日出航）。
12月1日　海軍中尉。
大正9年　ワシントン大使館付武官となり、米国内を視察。
大正10年8月10日　帰朝後、第二艦隊北上副長。
12月1日　海軍大学校教官。
大正11年10月7日　長男義正出生。
大正12年6月20日　ワシントン軍縮会議後の欧米情勢視察（13年3月31日帰国）。
12月1日　海軍大佐。
大正13年6月10日　横須賀鎮守府付。
大正14年5月14日　長女澄子出生。
12月1日　米国在勤帝国大使館付武官。
昭和元年
昭和2年7月28日　ワシントンでの国際無線電信会議に委員として参列（3年3月5日帰国）。
昭和3年3月15日　海軍軍令部出仕。
8月20日　五十鈴艦長。
12月10日　赤城艦長。
昭和4年5月12日　次女正子出生。
10月8日　海軍省軍令部出仕兼海軍省出仕（海軍省軍務局）。
11月12日　ロンドン海軍軍縮会議全権随員として渡欧。
11月30日　海軍少将。
昭和5年9月1日　海軍航空本部出仕。
12月1日　海軍航空本部技術部長兼技術会議議員。

昭和7年11月15日　次男忠夫出生。河合千代子と出会う。
昭和8年10月3日　第一航空戦隊司令官（旗艦・赤城）。
昭和9年9月7日　ロンドン海軍軍縮会議予備交渉の帝国代表として渡英。
11月15日　海軍中将。
昭和10年2月12日　帰国後、海軍省出仕兼軍令部出仕。
12月2日　海軍航空本部長。
昭和11年12月1日　海軍次官（海軍大臣・永野修身）。
昭和12年6月　兄・季八死亡。
昭和12年7月　海軍次官（海軍大臣・米内光政）。
昭和14年8月30日　連合艦隊司令長官兼第一艦隊司令長官。
昭和15年10月1日　紀元二千六百年特別観艦式指揮官。
11月15日　海軍大将。
昭和16年12月1日　極秘裏に上京。開戦決定される。
昭和17年5月29日　旗艦大和よりミッドウェー作戦支援。
昭和18年4月3日　前線将兵激励のためラバウルへ出発。
4月7日　「い号作戦」開始。
4月18日　ブイン視察のため出発。ブーゲンビル上空でＰ38に撃墜される（元帥の称号を賜う）。
6月5日　国葬が営まれる。

【山本五十六系図】

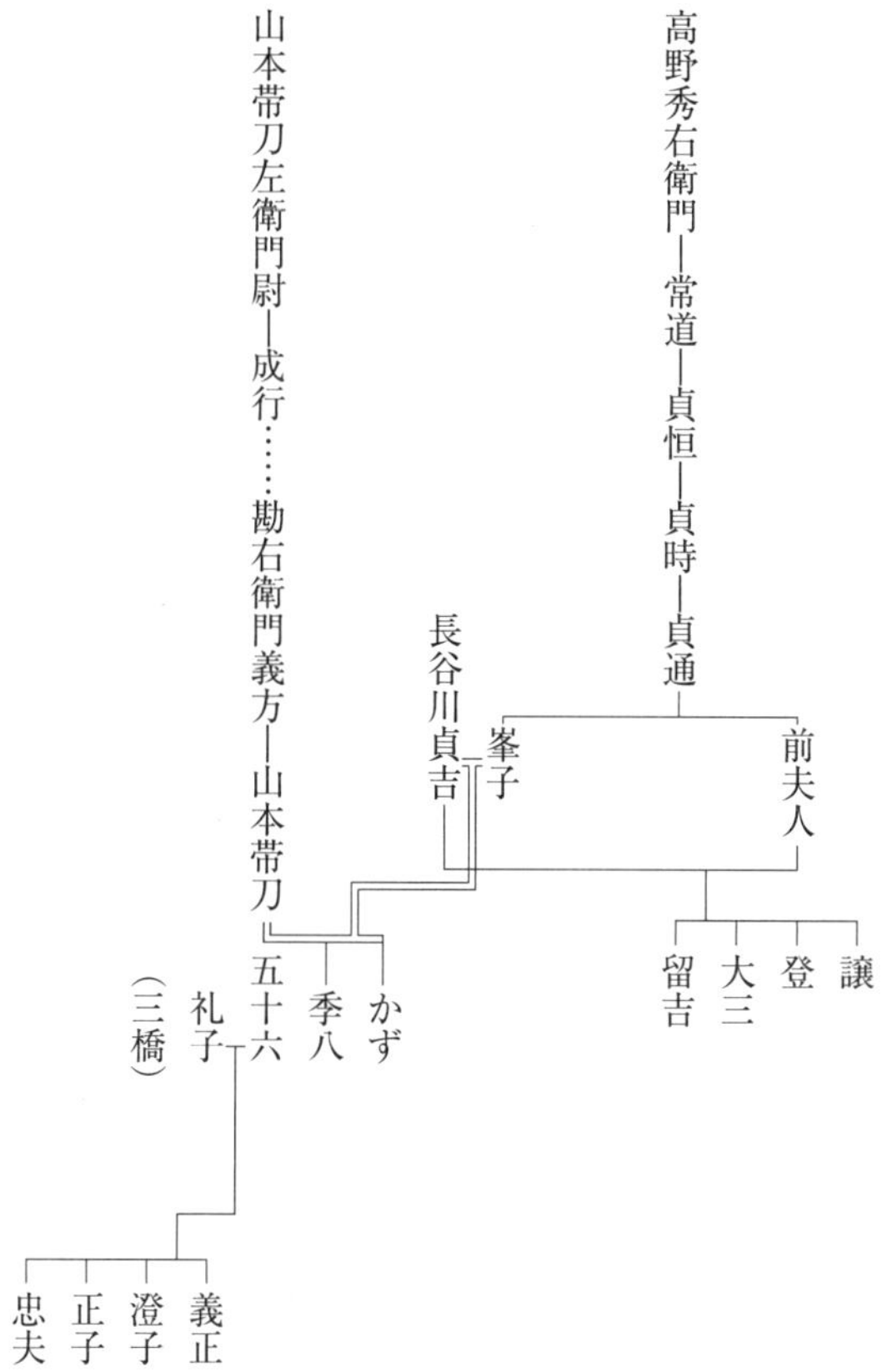
高野秀右衛門—常道—貞恒—貞時—貞通
前夫人
峯子
長谷川貞吉
譲
登
大三
留吉
山本帯刀左衛門尉—成行……勘右衛門義方—山本帯刀
かず
季八
五十六
礼子
（三橋）
義正
澄子
正子
忠夫

山本五十六の真実
連合艦隊司令長官の苦悩

2015年12月1日　印刷
2015年12月7日　発行

著　者　工藤美知尋

発行者　高城直一

発行所　株式会社　潮書房光人社
〒102-0073
東京都千代田区九段北1-9-11
振替番号／00170-6-54693
電話番号／03(3265)1864(代)
http://www.kojinsha.co.jp

装　幀　天野昌樹
印刷所　慶昌堂印刷株式会社
製本所　東京美術紙工

定価はカバーに表示してあります
乱丁，落丁のものはお取り替え致します。本文は中性紙を使用
©2015　Printed in Japan　ISBN978-4-7698-1607-2 C0095